JN135482

歴史の中の人物像

―二人の日本史―

樋口州男
戸川点
野口華世
小林風
中村俊之／編著

小径選書 4

目次

第1章　藤原氏をとりまく人物像

1　橘諸兄と藤原広嗣

●天平のパンデミック

古代史に興味をもつ人には周知のことだが、一九八六年の長屋王家木簡《ながやおうけもっかん》とそれに引き続く一九八八年の二条大路木簡の発見は古代史の常識を様々に塗り替える画期的なものであった。その中に次のような変わった木簡がある。

南山の下流れざる水あり。その中に一大蛇九頭一尾あり。余の物を食わず。但し唐鬼を食らう。朝に三千を食らい、暮れに八百を食らえ。急々如律令《きゅうきゅうにょりつりょう》。

南山のふもとに流れない水があり、そこに九頭一尾の大蛇がいて唐から来た鬼を食うというような内容である。何とも不思議なものだが、これは中国の伝説に材をとったおまじないの文句なのである。このようなおまじないの文句が書かれた木簡を呪符《じゅふ》木簡というのだが、天平《てんぴょう》七（七三五）年に中国から疱《ほう》瘡《そう》、天然痘が伝わり流行した際に、その天然痘を九頭一尾の大蛇に食らってもらい疫病平癒を願った木簡であるという（渡辺晃宏『平城京と木簡の世紀』講談社、二〇〇一年）。

この疫病は天平六（七三四）年一一月に帰国した遣唐使がもたらしたものとも言われているが、天平七年に流行する。その後一旦は落ち着いたようだが、天平九（七三七）年になって再び流行しだす。この時は天平九年一月に帰国した遣新羅使の大使が死没、副使が病で入京困難という状況なので、遣新羅使が伝染源となったのかもしれない。いずれにしてもこの時の再流行で当時、政界の中枢を占めようとしていた藤原不比等《ふひと》の四人の子ら、いわゆる藤原四兄弟をはじめ政府中枢の人間が相次いで死ぬことになるのである。そしてそのことによって大きく人生が変わった人物がいる。本稿の主人公　橘　諸兄《たちばなのもろえ》と藤原　広嗣《ふじわらのひろつぐ》なのである。

●橘諸兄

橘諸兄は美努王《みぬおう》と県犬養三千代《あがたいぬかいのみちよ》の間に生まれ、葛城王《かつらぎおう》と称していた。天平八（七三六）年に弟佐為王《さいおう》とともに臣籍に下り橘姓を称した。母の三千代は天武《てんむ》、持統《じとう》、文武《もんむ》、元明《げんめい》天皇に仕えた女官で、元明天皇即位の際にその忠誠が認められ橘姓を賜《たまわ》っていた。その母の姓を継いだのである。また、その母の三千代は美努王と別れ藤原不比等と再婚、聖武《しょうむ》天皇の后となる光明子《こうみょうし》と諸兄の妻となる多比能《たびの》を生んでいる。つまり諸兄は光明皇后と異父同母の兄妹であり、また異父同母の妹を妻としているのである。今日の感覚では考えにくい婚姻関係だが、このような形で諸兄は藤原氏とも密接に結び付いていたのである。

これ以前、葛城王と名乗っていた天平三（七三一）年より参議となり、政治に参画していたが、天平九年の疫病により藤原四兄弟はじめ上席の公卿《くぎょう》らが相次いで死没し運命が大きく変わる。この時の疫病では四位以上の官人の三分の一が死没したといい（中川収『奈良朝政治史の研究』高科書店、一九九一年）、諸兄自身は生き残ったものの弟の佐為は亡くなっている。この時の生存者の最高位は従三位で、鈴鹿王《すずかおう》と諸兄の二人のみであった。こうしたことから橘諸兄政権が誕生し、一躍奈良朝政治史のトップに立ったと言われる。

しかし実際には鈴鹿王を知太政官事《ちだじょうかんじ》、諸兄を大納言とする新体制が組まれたのである（『続日本紀』天平九年九月二八日条）。鈴鹿王が任じられた知太政官事とは、王家の人間が太政官の政務全般を総知するために置かれた官職であるが、この鈴鹿王との並立体制を重視する見解（大友裕二「橘諸兄とその時代」『皇學館論叢』四二―二、平成二一年）や、この諸兄や鈴鹿王を中心とする体制は議政官が不足する中で聖武天皇により緊急処置として作られた体制とする見解もある（中川前掲論文）。諸兄政権とは多数の貴族・官人を失った中で緊急措置として発足したこの三者による政権という性格をもつものだったのだろう。

●藤原広嗣

さて、諸兄政権はこのような危機状況の中でスタートしたわけだが、その諸兄政権に反旗を翻したのが本稿のもうひとりの主人公藤原広嗣である。

諸兄が大納言となった同じ日に、藤原広嗣も藤原乙麻呂《おとまろ》、藤原永手《ながて》らとともに三階級昇進して従六位上から従五位下となっている。ポスト藤原四兄弟として期待されていたものと思われる。天平一〇（七三八）年四月には大養徳守《やまとのかみ》に任じられ、順調に官途を歩むかに見えていたが同年一二月に突然大宰少弐《だざいのしょうに》に左遷されてしまう。その理由ははっきりしないが、広嗣が反乱を起こしてから出された聖武天皇の勅には「逆人《げきじん》広嗣は小来《もとより》凶悪にして、長《ひとと》なりて詐姧《さかん》を益《ま》す（小さいころから凶悪で長じて悪いことを企むようになる）」、そのため父親の宇合《うまかい》は常に除くことを望んでいたが、聖武天皇が許さなかった。しかし「このころ、京《みやこ》の中《なか》にありて親族《うがら》を讒《しこ》ぢ乱《みだ》す（ちかごろ親族を讒言してトラブルを起こしている）」ために改心することを願って大宰府に左遷させたとある（『続日本紀』天平一二年九月二九日条）。反乱後、大宰府管内の官人、百姓らに広嗣を討つよう呼びかける勅の中の言葉なので割り引いて考える必要があろうが、一族内のトラブルのために大宰府へ左遷されたようである。この親族とのトラブルがどのようなものだったかははっきりしない。広嗣が同族の藤原豊成《とよなり》、仲麻呂《なかまろ》、乙麻呂、永手らに藤原氏の復権と諸兄政権打倒への同調を求めたが同調得られなかったために讒乱《ざんらん》になったとする見解もある（木本好信『奈良朝政治と皇位継承』高科書店、一九九五年）。ポスト藤原四兄弟として期待されていた広嗣が藤原氏の復権を願っていたのは間違いないだろうが、緊急措置として作られた諸兄政権に対して広嗣がこの時点でそこまではっきりと打倒の意思をもっていたとはやや考えにくいように思うが、どうだろうか。

いずれにしても大宰少弐となった広嗣はその二年後、九州で挙兵する。挙兵に際して広嗣は上表して「時政の得失を指し、天地の災異を陳《の》べ（時の政治を批判し天変地異が起きたのは政治が悪いと述べ）」、「僧《そう》正《じょう》玄昉法師《げんぼうほうし》、右衛士督《うえじのかみ》下道《しもつみちの》朝臣《あそん》真備《まきび》を除く」ことを主張している（『続日本紀』天平一二年八月二九日条）。下道真備とはのちの吉備真備《きびのまきび》、玄昉とともに入唐し、多くの漢籍を将来し、帰国後重用された人物である。玄昉も帰国後僧正に任じられ権威を高めた僧侶である。一般に広嗣の乱は橘諸兄政権への反乱と考えられているが直接的には吉備真備と玄昉の排除を求めたものであった。

ではこの二人がとくに名指しされた理由はなんであろうか。その際注目されるのは、真備が中宮亮《ちゅうぐうのすけ》となり、藤原不比等の娘で、文武天皇夫人となり聖武天皇を生んだ藤原宮子《みやこ》に仕えたことである。宮子は聖武天皇を生んでから精神的に不調となり、一度も聖武天皇と会えずにいたが、おそらくは真備の手引きで玄昉が看病に当たり、ついに宮子と聖武天皇の面会が実現するまでになった。こうして真備と玄昉は宮子および聖武天皇の信任を得るに至ったのである。藤原四兄弟死後の藤原氏の権勢回復を願う広嗣にとって、地方豪族出身で立身しつつある吉備真備や玄昉の活躍に危機感を抱いたのであろうか。上述したが広嗣の乱といえば、一般的には橘諸兄政権に対する反乱と評される。もちろん先の上表でも時政の得失と天地の災異を論じて挙兵しているのであるから、幅広い意味では諸兄政権、あるいは聖武天皇の政権を批判していることにはなる。しかし実際に追討軍が派遣され、対峙する段になると広嗣は勅使に対し両段再拝《りょうだんさいはい》し「広嗣はあえて朝命を拒まず。但朝廷乱す人二人を請《こ》はくのみ」、と答えおり、広嗣がどこまで、何を考え反乱を起こすに至ったのか、その真意は極めてわかりにくい。

広嗣の挙兵は九月三日と伝えられるが、朝廷側は大野《おおの》東人《あずまひと》を大将軍に任じ、追討を命じた。これに対し広嗣軍は一万以上の兵士を動員したという。なぜ広嗣軍がこれだけの動員が可能であったか、これもはっきりとはしないが、大宰少弐としての権勢をフルに活用し、父宇合がかつて西海道節度使《さいかいどうせつどし》であり大宰帥であったことによる人間関係なども活用したものであろう（竹尾幸子「広嗣の乱と筑紫の軍制」『古代の日本』三、角川書店、一九七〇年）。しかし強固な主従制で結ばれたわけでもないそのような軍事動員がいつまでも戦い続けることは不可能であろう。挙兵後三か月にして広嗣は敗北、弟綱手《つなて》とともに捕まり斬られてしまう。藤原四兄弟没後の復権は広嗣ではなく、南家藤原仲麻呂の台頭まで待たなければならなかった。

●諸兄と広嗣

さて、本稿の表題のこの二人にどの程度の交流と関係性があったか、あまり詳らかではない。上述したように諸兄は母三千代や妻多比能を通して藤原氏と密接に結び付いていたから広嗣を知らないわけがない。また、このような関係性および疫病による議政官不足という危機状況の中で発足した諸兄政権は少なくとも当面は強力な政権ではありえず、広嗣が諸兄を憎み、打倒すべき政敵と認識したとも考えにくい。広嗣の乱は壬申《じんしん》の乱以来の、奈良時代前半の大きな反乱であるが、政治的にどれほどの意味があったのか。藤原宮子の体調を回復し、聖武天皇や橘諸兄の信任を得たであろう吉備真備と玄昉に対して大宰府にいる広嗣が焦りを感じたことは確かだろうが、大きな展望もなく藤原氏復権または自らの政治的地位回復に焦った広嗣の起こした反乱だったのではないだろうか。広嗣の乱という大きな反乱に対しては過小な評価にすぎるかもしれないが、ひとまずこのような見解を提出しておきたい。

諸兄と広嗣、パンデミックによりひとりは政界の中心に押し上げられ、片や地方で反旗を翻し滅亡する。二人の人生からは本人の意思、努力とともに歴史のなせる業というものも感じざるを得ない。

（戸川　点）

【参考文献】

中川収『奈良朝政治史の研究』（高科書店、一九九一年）
木本好信『奈良朝政治と皇位継承』（高科書店、一九九五年）
大友裕二「橘諸兄とその時代」『皇學館論叢』（四二―二、二〇〇九年）

2　花山天皇と藤原道兼

●突然の退位

寛和《かんな》二（九八六）年六月二二日の深夜、花山《かざん》天皇は蔵人藤原道兼《くろうどふじわらのみちかね》とともに密かに宮中を出て東山ふもとの花山寺《かざんじ》（元慶寺《がんぎょうじ》）に向かった。出家を遂げるためである。この花山天皇の突然の退位によって懐仁《やすひと》親王が即位した。一条《いちじょう》天皇である。一条天皇の即位に伴い、外祖父藤原兼家《かねいえ》が摂政となる。兼家はいうまでもなく藤原道長《みちなが》の父であり、この時から道長・頼通《よりみち》に至る摂関政治の最盛期が始まるということもできる。この花山天皇の出家は摂関政治の歴史においても大きな意味をもつ事件であった。一体この事件はどのような事件だったのだろうか。花山天皇と藤原道兼はどのような関係だったのか。本章ではこの問題についていて見ていく。

●花山天皇

花山天皇が即位したのは永観《えいかん》二（九八四）年、円融《えんゆう》天皇の退位に伴うものだった。円融天皇即位時に生後一〇か月で立太子《りったいし》され一七歳での即位であった。譲位した円融天皇もまだ二五歳という若さであった。一方で花山天皇の即位とともに東宮には藤原兼家の外孫、円融天皇と藤原詮子《せんし》の子、懐仁親王が立てられた。このことから二五歳での円融天皇の譲位は藤原兼家が懐仁親王の立太子を急いだためとも噂された。花山天皇の外祖父にあたる伊尹《これまさ（これただ）》はすでに亡く、兼家から見れば花山天皇は亡くなった兄伊尹の孫という、外戚関係としては遠い存在であった。花山天皇を中継ぎとして一日も早く外孫である懐仁親王（後の一条天皇）の即位を実現させ、自身が摂関の座につきたい。兼家にはこんな思惑があったのだろう。

さて、花山天皇については「内劣《うちおと》りの外《そと》めでた」、「冷泉院の狂ひよりは、花山院の狂ひは術なきものなれ」（いずれも『大鏡』伊尹）などしばしばその狂気が伝えられる。その即位についても『古事談《こじだん》』は、即位式の際に馬内侍《うまのないし》という女官を高御座《たかみくら》の内に引き入れ犯したという話を伝え異常な天皇像を伝えるが、すでに今井源衛氏が指摘するように即位の日の『小右記《しょうゆうき》』（永観二年一〇月一〇日条）にはそのような記事はなく、この話は事実ではないものと思われる。その代わりに『小右記』は花山天皇が王冠が重くてのぼせそうだから脱がせてくれと要望したことを伝えている（今井源衛『花山院の生涯』今井源衛著作集九、笠間書院、二〇〇七年）。さきの『大鏡』の「冷泉院の狂ひよりは、花山院の狂ひは術なきものなれ」も「冷泉院の狂気は誰が見てもはっきりしているので対処のしようがあるが、花山院の狂気はもともとの本性が常軌を逸しているので扱いにくい」といった意味で、冷泉院の狂気の方が重症なのである。花山天皇の狂気がどの程度のものであったか慎重に判断が必要であろう。倉本一宏氏は花山天皇の狂気に関する説話を分析され、それらの説話がいずれも政治性の強いもので花山天皇をことさら狂気の人物と貶《おとし》め、冷泉天皇―花山天皇の皇統から円融天皇―一条天皇への皇統の移動を正当化するために創作されたものであるとしている（『平安朝　皇位継承の闇』角川書店、二〇一四年）。従うべき見解であろう。

スタートした花山朝は「内劣りの外めでた」、すなわち「私生活はだめだが、政治面はすぐれる」（橘健二・加藤静子訳『大鏡』新編日本古典文学全集、小学館、一九九六年）と言われるように政務には意欲的に取り組まれた。関白は円融朝から続いて藤原頼忠《よりただ》が任じられていたが、外戚関係になく、実際に政治を主導したのは外伯父《そとおじ》の藤原義懐《よしちか》であった。義懐は伊尹の子で、妹が花山天皇の母懐子《かいし》であるという関係であった。花山天皇は即位後まもなく破銭《はせん》を嫌うことの停止や格後《きゃくご》の荘園の停止などの政策を打ち出している。さらに寛和二年（九八六）には沽価《こか》法も制定している。これらの政策の実効性については史料が少ないため明らかにすることができないが、花山天皇のもと義懐によって進められた政策であった。義懐は花山天皇即位後まもなく権中納言《ごんのちゅうなごん》に取り立てられており、外戚でもあり将来的には大きな権力を握る可能性もあった。こうした諸政策の推進と外戚義懐の台頭。これらが兼家を焦らせることにもなっただろう。

●退位の背景

このように意欲的に政治に取り組んでいた花山天皇だったが、在位わずか二年で突然退位してしまう。その理由について『栄花物語《えいがものがたり》』は寵愛《ちょうあい》していた女御忯子《しし》の死によるものであると伝えている。

忯子は藤原為光《ためみつ》の娘で花山天皇即位後、入内《じゅだい》、女御《にょうご》として寵愛を受けていた。ところが子を身ごもったまま亡くなってしまう。忯子を失った花山天皇は落胆し、道心を起こし出家したというのである。わかりやすい話ではあるが、実際はこのように単純ではない。忯子が亡くなったのは寛和元（九八五）年七月一八日、花山天皇の出家は寛和二年六月二二日、つまり一年後なのである。一年間嘆き続けて出家を決意したということもありえない話ではないが、不自然にも思える。しかもこの間に為平《ためひら》親王の娘婉子《えんし》が入内しているのである。このようなことから花山天皇出家の原因を忯子の死を嘆いてのこととする『栄花物語』の記述はやや弱いように思える。そのため前述の今井源衛氏は花山天皇退位の理由を次のように指摘している。ひとつは義懐と進めてきた政策が行き詰まり政治的に追い詰められていたこと、忯子を失った悲しみは時とともに薄れ、婉子を迎え入れたが婉子では忯子の代わりにはならず、再び忯子への痛哭が心を揺さぶったこと、肉親や知人の出家の続出や死などに影響されたことなどを挙げている。こうした理由が複合的に花山天皇の気持ちに働きかけたものなのだろうが、それと同時に見逃せないのが藤原道兼の働きかけである。藤原道兼は当時蔵人として花山天皇に仕え、出家のため宮中を出る際に従ったのも道兼であった（『日本紀略』寛和二年六月二三日条など）。では道兼とはどのような人物だったのか。

●藤原道兼

藤原道兼は藤原兼家と時姫《ときひめ》の子で道隆《みちたか》の弟、道長《みちなが》の兄にあたる。花山天皇のもとで蔵人を勤める。蔵人は言うまでもなく天皇のそば近く使える役職であり、花山天皇とは近しい関係をもっていたものと思われる。そのような状況を示す説話が『大鏡』道長に伝えられている。道長の若かりし頃の話である。五月下旬の激しく雨の降る夜のこと、花山天皇が殿上《てんじょう》の間に現れ、道長らと話すうちに肝試《きもだめ》しをすることになり、道隆は豊楽院《ぶらくいん》、道兼は仁寿殿《じじゅうでん》の塗籠《ぬりごめ》、道長は大極殿《だいごくでん》へ行くことになり、道長だけが首尾よく肝試しを果たしたという話である。この話は道長の剛胆さを示す話で道兼は引き立て役にすぎず、話の真偽も不明だが、花山天皇と道兼はこのような近い関係だった。道兼と花山天皇のこのような近しさをうまく利用したのが道兼の父兼家だったのだろう。兼家が兄兼通《かねみち》と摂関の座を巡って熾烈な争いを繰り広げたことはよく知られていよう。危篤状態だった兼通が重病を押して最後の除目を行い、そのために兼通没後も兼家は関白の座を逃していた。その兼家が摂関の座に就くには、冒頭にも書いたように自身の外孫懐仁親王、一条天皇が即位することがぜひとも必要であった。こうした兼家の命を受け、忯子の死などを巧みに利用しつつ花山天皇を退位、出家に導いたのが道兼なのであった。道兼は自身もともに出家するともちかけながら花山天皇の退位を実現した。夜半、内裏を抜け出し花山寺に連れ出し、みごと花山天皇を出家させた。自身はというと「出家する前にもう一度親にこの姿を見せてくる」と言ってさっさと寺から出て行ってしまった。このようにだまし討ちの形で花山天皇の退位と一条天皇の即位、そして兼家の摂政就任が実現したのである。

●その後の花山天皇と道兼

このようにだまし討ちによって退位した花山天皇と、父の野望を実現した道兼であるが、その後の人生はだいぶ異なる。退位後の花山天皇に関しては様々な説話が伝えられ、どれが真実だか確定するのも悩ましいほどである。出家後仏道修行に励んだことは事実のようであるが、一方で色好みも続いたようである。忯子の妹のところに通い、それがもとで藤原伊周《これちか》・隆家《たかいえ》兄弟と乱闘に及んだ話も伝えられている。こうしたスキャンダラスな話もある一方で、道長と和歌の贈答を行うなど優雅な生活を行っていたようである。

片や道兼である。父兼家の死後、摂関の座は兄道隆にもっていかれてしまう。そもそも父が摂政になれたのは自分の活躍があったからではないか、といった思いもあったろう。兄道隆の死によりようやく関白となることができたが就任まもなく死んでしまう。その年京で猛威を振るっていた疫病にかかっての死であった。世間は道兼を七日関白と呼んだという。退位に追い込まれた者と追い込んだ者。その後の人生は逆転したようである。

（戸川　点）

【参考文献】

今井源衛『花山院の生涯』（今井源衛著作集九、笠間書院、二〇〇七年）
倉本一宏『平安朝　皇位継承の闇』（角川書店、二〇一四年）
阿部猛『平安前期政治史の研究』（大原新生社、一九七四年）
繁田信一『天皇たちの孤独』（角川書店、二〇一四年）

3　菅原道真と三善清行

●菅原道真と藤原時平

菅原道真《すがわらのみちざね》といえば、学者から異例の出世をとげた人物、さらに遣唐大使に任じられながら、唐の衰微や渡航の危険の増大を理由に遣唐使廃止を建議した人物などとしてよく知られる。また、大宰府《だざいふ》に左遷され失意のうちに没してからは、怨霊となって藤原氏や醍醐《だいご》天皇を苦しめたために、天神として祀られることとなり、現代においても「学問の神様」「受験の神様」として親しまれているなど、日本の歴史上特異な人物のひとりであろう。この菅原道真のライバル的な存在としては、まずは摂政・関白となって権勢をふるった藤原基経《もとつね》の長子時平《ときひら》を思いうかべる読者が多いのではないだろうか。基経の死後、親政を意図した宇多《うだ》天皇が藤原摂関《せっかん》家に対抗させるため菅原道真を積極的に登用したことから、時平にとって道真は常に政敵の立場にあり、結局は宇多天皇の後に即位した醍醐天皇のもとで、時平が讒言《ざんげん》によって道真を大宰府に左遷し中央政界から排除することになる。

しかし、そもそも貞観《じょうがん》一三（八七一）年生まれの時平と承和《じょうわ》一二（八四五）年生まれの道真には二六歳の年齢差があるだけでなく、摂関家の時平と道真の間には身分上大きな差があり、親政を意図し道真を重用した宇多天皇の存在がなければ、道真が時平の政敵たり得ることはなかったと言えよう。

●菅原氏と三善氏

これに対し、道真とほぼ同世代で、同じ文人官吏のライバル的存在としては、三善清行《みよしのきよゆき》がいる。文章《もんじょう》博士《はかせ》・参議などを歴任した清行は、中央政治改革、経費節減、地方行政改革などの対策をまとめた「意見封事一二箇条」を醍醐天皇に上奏したことでも有名である。ここではこの三善清行と菅原道真の関係について見ていきたいと思う。

菅原氏は、もと土師《はじ》氏といい、神代以来の名族とされる。道真の祖父清公《きよきみ》は、大学寮に学び、弁官・式《しき》部《ぶ》大輔《だゆう》・文章博士などを歴任し、七〇歳で従三位《じゅさんみ》に叙せられ公卿《くぎょう》に列せられている。この清公の子で道真の父が是善《これよし》で、彼もまた文章博士・式部大輔などを経て、参議従三位に至っている。道真は、すでに祖父・父がいずれも従三位に叙され公卿に列せられていて、学問の家としては名門の家柄の出身ということができる。

一方、清行の三善氏は、もとは百済《くだら》系渡来人の系統である錦織《にしごり》氏とされるが、清行以前の三善氏については史料がほとんどないため不明な点が多い。清行の父氏吉《うじよし》は、淳和《じゅんな》天皇の皇子で仁明《にんみょう》天皇の皇太子となった恒貞《つねさだ》親王の東宮坊の下級官を勤めていたようで、その後の天安元（八五七）年に、ようやく外従五《げじゅご》位下《いげ》に叙され、その翌々年の貞観元（八五九）年には淡路守《あわじのかみ》に任じられている。

●清行の方略試受験

道真とはわずか二歳の年齢差で、同じ文人官吏の道を歩んでいくうえでのライバル的な存在として清行の名をあげたが、このようにすでに祖父・父が従三位公卿に列せられている道真の家系と、父氏吉が外従五位下・淡路守止まりの清行の家系では、菅原氏と摂関家ほどではないにしろ現実にはかなりの差があり、年齢や学者・官吏としての能力以前に文人官吏としてのスタート地点で道真にはすでに大きなアドバンテージがあったと言えるのである。この差が両者の立場の違いとして顕著に現れることになったのは、まずは清行の方略《ほうりゃく》試《し》受験のときである。

大学寮で詩文・歴史を学ぶ学生のうち、式部省の文章生《もんじょうしょう》試《し》に合格したものが文章生で、さらにこの文章生の中からとくに成績優秀な者二名が選抜されて文章得業生《もんじょうとくごうしょう》となるが、この文章得業生に課せられる官吏登用の国家試験が方略試である。論文二題が出題され、文と内容によって五段階に評定され、上上・上中・上下・中上の上位四段階までが合格の及第で、最下位が不第つまり不合格とされた。貞観一五（八七三）年、二七歳で文章生となり一年後文章得業生に選ばれた清行は、この方略試を元慶《がんぎょう》五（八八一）年に受験することになった。この時、清行方略試の問頭博士《もんどうはかせ》となったのが道真で、清行と道真は方略試受験生とその試験官という立場で相まみえることになったのである。道真が清行に課した問題は「音韻の清濁」と「方伎《ほうぎ》の長短」の二題で、文の格調を高めるための音韻についての言語学的問題と、未来を予知する天文・暦数など特殊な方術に関する政治哲学的問題である。いずれも清行にとっては得意とする分野からの出題であったはずだが、道真が下した判定は不第であった。一旦不合格と判定されたが、その二年後の元慶七（八八三）年五月になって、「丁第」に改判されることになった。「丁第」とは、「甲・乙・丙・丁」で四番目の「中上」、つまり最下位の合格と考えられる。

ただし、この道真の清行に対する評定は特別に厳しいものとはいえない。方略試の判定はきわめて厳格に行われるもので、慶雲《けいうん》から承平《じょうへい》までの約二三〇年間で及第したものは六五名といわれている。したがって、清行が一旦不第とされたのも、とくに能力不足が指摘されたわけではなく、不名誉な結果というわけでもない。たとえば、道真は、貞観一二（八七〇）年三月に方略試を受け及第しているが、中上という合格ぎりぎりの判定であり、問頭博士の都良香《みやこのよしか》からは答案に多くの難点があることを厳しく指摘されている。

また、同時代の文人としては、弁官・大学頭・式部少輔などを歴任した藤原佐世《ふじわらのすけよ》などもいったんは不第とされ、暫くして「才学やや長ず」として「中上」に改判されるなど、合格者のほとんどは「中上」の評定か改判及第であり、清行が不第と判定された後に及第に改判されたことも特別な事ともいえないのである。それでも、清行晩年の随筆『詰眼文《きつがんもん》』に「吾、研精に志あり。また禄を干《もと》めんことを思い（中略）深く鎌細《けんしょう》の幽を究め、終《つい》に青雲の上を期す」とあるように、若いころより学問によって身を立てようと勉学に励んできた清行にとって、この改判及第という評定は不本意なものであり、納得のいく結果ではなかったのであろう。

一方、道真の漢詩文集『菅家文草《かんけぶんそう》』に、清行が方略試を受験した元慶五年作の「博士難」と題された漢詩があり、その詩のなかには、「才無くして　先に捨てられたる者　讒口《ざんこう》　虚名《きょめい》を訴《うった》ふるなり」という一節がある。「文才がないため、表現・内容ともに欠点があって、不合格となった者が、讒言して採否がその実力と一致していないと訴える」という意味で、ここでの讒言の主が清行であるかは必ずしも明らかではないが、道真による合否の判定に不服をとなえた者がいたということである。平安末期最大の知識人といわれる大江匡房《おおえのまさふさ》の談話を筆録した『江談抄《ごうだんしょう》』には、清行の師にあたる巨勢文雄《こせのふみお》が「清行の才名は時輩《じはい》を超越す」と評したのに対し、「菅家この事を嘲《あざけ》らしめ、すなはち『超越』を『愚魯《ぐろ》』の字と為す」とある。これは後世の記録であり、当時、巨勢文雄と道真の間でこうしたやりとりが本当にあったかは定かではないが、すでに清行の方略試の受験時には、道真は清行の才を評価せず、清行も道真の自分に対する過小評価に不満をもつといった関係性ができつつあったことは推測できる。

元慶七（八八三）年、改判及第が認められたとき清行は三七歳であった。その翌年正月、大学少允《しょうじょう》となり文人官吏としての船出をむかえた。その二年後の仁和《にんな》二（八八六）年には、式部少輔・文章博士の道真が讃岐守《さぬきのかみ》に任じられ、京を初めて離れ讃岐に赴いている。道真が式部少輔・文章博士の任を解かれ、地方に転任となった背景には、学者間の対立抗争があり、道真とその門下の勢力拡大を恐れた対立勢力の運動によるものとも考えられているようである。なお道真にかわり藤原佐世が式部少輔となった。また、この時清行は少内記に遷任されている。

●阿衡の紛議における二人の立場

仁和三年、光孝《こうこう》天皇の崩御《ほうぎょ》により、摂関家を外戚としない宇多《うだ》天皇が即位した。宇多天皇は一一月の即位式の直後、藤原基経に対し「皆太政大臣に関《あずか》り白《もう》せ」という詔を賜り、父光孝天皇と同様、基経に政務を委ねる意を示した。これが関白職の初めとされる詔である。基経は慣例によりこれを辞退したが、この辞退の上表に対する勅答に「宜しく阿衡《あこう》の任をもって卿の任となすべし」という文言があった。基経の家司《けいし》（摂関家の事務をつかさどる職）であった藤原佐世が、基経に阿衡の職は実権をともなわない名誉職的なものであると進言したため、基経は一切の執務を放棄して政務が著しく停滞することになった。このため天皇は改めて詔勅を発するとともに、勅答の起草者である橘広相《たちばなのひろみ》を処罰することで、基経もようやく翻意して政務も正常にもどることになった。この事件を阿衡の紛議あるいは阿衡事件とよぶが、この事件の背景には藤原佐世と橘広相による学者同士の確執があったと考えられるが、さらに基経自身も、娘義子を宇多天皇の女御とし、天皇の信任の厚い橘広相が勢力を強めることを警戒し、これを排除しようとした摂関家による他氏排斥事件の一例ととらえることができる。

この事件の際に、大内記の清行は、藤原佐世、少外記の紀長谷雄《きのはせお》の三名の連名で「阿衡勘文」を二度にわたって提出し、阿衡の官に職掌がないことを主張している。清行はこれまで摂関家と特別の結び付きをもっていたとは考えられないが、佐世・長谷雄とはともに文章院東曹の出身で、さらに佐世と清行は天台僧円珍に可愛がられていたということで、両者が親しい関係にあったことは疑いない。こうした佐世や長谷雄との関係から清行も勘文の提出に参加したものと思われるが、これが摂関家に清行が接近するひとつの契機になったと考えられる。

一方、讃岐守となり京を離れていた道真は、赴任先で阿衡の紛議の経過を聞き、上京して基経に長文の意見書を奉っている。道真はこの意見書で、広相が勅答において、「阿衡の任」の文言を用いたのは、『詩』『書』に反くものではあっても、『漢書《かんじょ》』以下の例には合うものであり、典職なしとしてこの文を作ったものではないため、もしこれによって広相を罰したならば、後の文を作る者はみな罪科を免れなくなるとして、堂々と広相を弁護している。この意見書には日付の明記がなく、この事件の解決にどのような影響を与えたかは明らかではないが、事件で窮地に追い込まれていた宇多天皇を感動させたようで、後に天皇が道真を頼りとする直接の契機をつくったと思われる。また、摂関家側に立って広相を非難している清行と道真の立場の違いはここでも明確となっている。

基経は、この事件により、親政への意欲を示した宇多天皇の機先を制し、天皇の信任を得た広相の排斥に成功して、その権力を一層強固なものとしたが、事件の決着からわずか二年半後の寛平《かんぴょう》三（八九一）年正月に病死した。これにより良房・基経の二代によって確立された摂関政治は一旦中断し、宇多天皇による親政が開始されると、天皇の信任を得た道真は同年二月には蔵人頭、三月には式部少輔に任じられて、政治の中枢に復帰することになった。一方、藤原佐世は基経の死の直後、陸奥守に転出となり、佐世に同調した清行も大内記から肥後介に転任となっている。この時清行は肥後に赴任はしていないが、二年後の寛平五年正月には、備中介となり任国へ転出しなくてはならなくなった。これに対し、道真はこの年の二月には参議兼式部大輔に抜擢されるなど、宇多天皇の親政のもとで、道真と清行の明暗はさらにはっきりと分かれることになった。

●宇多天皇の親政と道真の失脚

その後も、道真は宇多天皇の抜擢により官位の昇進を続けることになる。寛平六年一二月には侍従、翌年一〇月には中納言となり、従三位に叙した。さらに寛平九年六月には権大納言に任じられ右大将を兼ねた。この時時平は大納言となり左大将を兼ねている。

ところが、この年の七月宇多天皇は皇太子敦仁《あつぎみ》親王に譲位した。醍醐天皇の即位である。この時宇多天皇は三一歳、新帝はわずか一三歳であった。宇多天皇が醍醐天皇に与えた訓戒書である『寛平御遺戒《かんぴょうのごゆいかい》』によると、宇多天皇は、寛平五年の敦仁親王立太子の時も、また、皇太子への譲位の時も道真のみに相談していて、宇多天皇がいかに道真を深く信任していたかがうかがえる。そしてこの年七月、道真は時平とならんで正三位に叙せられ、つづいて昌泰《しょうたい》二（八九九）年には、道真は右大臣、時平は左大臣に任じられた。学者の家系の出である道真が五五歳にしてついに大臣にまで上りつめたのである。しかし、こうした道真の異常ともいえる栄達に反感を強めた勢力がいたことは想像に難くない。

昌泰三年五月、ようやく文章博士となった清行は、同年一〇月右大臣道真に一通の書を奉っている。その内容は、清行が修学のかたわら学んだ「術数」によると、明年二月建卯《けんぼう》は非常な変革動乱の時であり、その凶禍《きょうか》が異常な栄達をとげた道真に及ぶ危険があるとして、右大臣の職を辞するべきであると勧告するものであった。この勧告は表面的には道真の今後を心配した忠告のように読めるが、これまでの清行と道真の確執を考えると、額面通りにとらえることはできないだろう。さらに、続けて清行は朝廷に対して、明年二月が革命の期にあたるため、予想される混乱を未然に防ぐ必要があることを主張する建議を行っている。ここで清行は、「邪計」「異図」をもつ人物が「近侍」の者の中にいることを暗ににおわせているが、純粋に道真の将来を憂慮しているだけであるのならば、こうした建議を朝廷に提出する必要はないはずである。

昌泰四（九〇一）年正月、道真は突如として大宰権帥《だざいごんのそち》に左遷されることになった。自身の身分をわきまえないこと、さらに上皇を欺き、天子の廃立を行おうとしたというのがその理由とされる。また、長子の高視《たかみ》をはじめ四人の子も流刑となり、道真と親交のあった官人らにも左遷の処分が下されている。この政変を昌泰の変というが、その首謀者は左大臣の時平であり、この政変に清行がどこまで関与したかは明らかではないが、清行による道真辞職勧告や朝廷への建議が、道真を排斥する絶好の口実として用いられた可能性は考えられるだろう。

こうした処分が公表されると、さらに道真の門弟や文章生・学生らにも処分が拡大されるのではという懸念が広がるなかで、清行は時平に書を奉り、諸司の半数は道真の門弟であり、それらをみな左遷すれば、おそらく「善人」を失い、朝廷が混乱をきたすことになると諫言している。これもまた一見すると菅門弁護論と見ることができるが、道真を「悪逆の主」とよび、道真の大宰府左遷を「軽科」と評するなど、道真に対し同情を示すものとは到底考えられない。やはり道真門下の処罰が拡大することで、これ以上官界が混乱することを抑えるとともに、むしろ彼らを時平側に繋ぎ止めようとする意図があったのではないかと思われる。

●天神信仰と三善清行

左遷の宣命をうけた道真は、昌泰四年二月初め、追い立てられるように大宰府へ向かうことになる。この時自邸の梅の花に対して詠んだ、「東風《こち》吹かば匂ひおこせよ梅の花主《あるじ》なしとて春を忘るな」という歌はあまりにも有名である。道真が大宰府の配所に着いたのは二月下旬で、その二年後、延喜《えんぎ》三（九〇三）年二月、道真はこの地で失意のうちに没する。

道真の死後、延喜八年に、道真左遷に関与したとされる参議藤原菅根が没し、その翌年には、道真左遷の首謀者である藤原時平が三九歳で没することになった。さらに延喜二三年には、醍醐天皇の皇太子保明《やすあき》親王が二一歳という若さで薨じ、つづいて皇太子に立てられた慶頼王《よしより》も二年後の延長《えんちょう》三（九二五）年には、わずか五歳で夭折《ようせつ》してしまう。これらはいずれも道真の怨霊のしわざとされ、醍醐天皇をはじめ朝廷の人々を震撼させることになった。そして延長八年六月、清涼殿に落雷があり、藤原清貫《きよつら》が胸を焼かれ即死するなど多くの死傷者を出した。藤原清貫もまた道真左遷に関わった人物のひとりである。この事件は道真の怨霊に怯えおののいていた醍醐天皇に決定的な打撃を与えることになったようで、天皇は病に倒れ、九月に譲位するがまもなく崩御している。こうして道真の怨霊に対する恐怖が年々強まっていくなかで、清涼殿落雷事件によって道真の怨霊が雷神と結び付けられるようになり、道真の霊を天神として祀る天神信仰が形成されていくことになった。

こうして天神信仰が形成される過程の中で、数々の説話がつくられていくことになるが、その説話のなかに清行やその近親者が登場するものがある。

そのひとつは、平安末期の天台僧皇円《こうえん》が記した『扶桑略記《ふそうりゃっき》』に見える話で、時平が病に倒れたとき、清行の子で、傾いた京都八坂塔《やさかのとう》を一夜の加持で直すなどの験力《げんりき》をもつ天台僧として有名な浄蔵《じょうぞう》が招かれ、道真の怨霊調伏《おんりょうちょうぶく》の加持《かじ》を行うことになった。その最中に父の清行が時平の見舞いに来ると、道真の霊が時平の左右の耳から青龍となって現れ、「いま天帝の許しを得て、怨敵に復讐しようとしているが、あなたの息子が加持によりこれを邪魔しているので、宜しく加持を止めさせてほしい」と訴えた。状況を即座に理解した清行は浄蔵に加持を止めさせ、ともに時平邸から退出したため、時平は間もなく息絶えてしまったというものである。この話は当然のことながら事実としてとらえることはできないが、道真が左遷された時に、時平側に加担していたとも思われる清行が道真の霊に同調し、結局時平を見捨てるという役割を担っている点は興味深い。

もうひとつは、『道賢上人冥途記《どうけんしょうにんめいどき》』で、天神信仰の神学の基礎となり、天神信仰の深まりと展開に重要な役割を果たした書である。その概要は、僧道賢が吉野金峯山《きんぷせん》の奥の大普賢岳の洞窟にこもり修行をしていたところ、突然高熱を発し、呼吸もできなくなって息絶えてしまった。冥界で目覚めた道賢は執金剛神《しっこんごうしん》や釈迦牟尼《しゃかむに》の化身である蔵王権現《ざおうごんげん》の導きで太政威徳天《だいじょういとくてん》（道真）に出会い、さらに蔵王権現の案内で地獄を巡礼し、道真の御霊のために地獄の苦をうけている「延喜帝王」（醍醐天皇）に出会って、その抜苦《ばっく》のため現世において様々な仏事を行うよう依頼をうけて帰途につくことになり、もとの洞窟で蘇生したというものである。道賢は真言宗の僧で、のち名を日蔵《にちぞう》と改めるが、出身地や生没年など不明な点が多い。一説には清行の子あるいは弟とされるが、とすれば、ここでも天神信仰の展開の中で、清行の縁者とされる僧が重要な役割を果たしていることになる。

道真と清行は生前においては対立する立場にあり、とくに昌泰の変においては、すでに述べたように清行は道真に対する辞職勧告や朝廷への建議により、道真を左遷に追い込むうえで一定の役割を演じたともみられる人物である。したがって場合によっては、道真の怨霊に狙われる対象となってもおかしくないはずである。それが天神信仰にまつわる説話の中で清行自身やその縁者が活躍していることは不可解でもある。

天神信仰の形成には、清行が時平に菅家門下の処罰を思いとどまるよう求めた書の中で、「その門人門弟は諸司に半ばせり」といった道真の門弟たちが大きく関与していることが想像される。そして、時平に菅家門下への処罰の拡大を思いとどまるように求めたこの清行の建言が、天神信仰形成に関わる菅家門下の人々に一定の影響を与え、彼らが清行を反道真派の人物としてではなく、道真を擁護する立場に立つ存在として認識するようになる要因をつくったと想像することもできるのではないだろうか。

（中村俊之）

【参考文献】

坂本太郎『菅原道真』（吉川弘文館、一九九〇年新装版）
所功『三善清行』（吉川弘文館、一九八九年新装版）
藤原克己『菅原道真』（ウェッジ、二〇〇二年）
藤原克己『菅原道真と平安朝漢文学』（東京大学出版会、二〇〇一年）
河音能平『天神信仰の成立』（塙書房、二〇〇三年）
村山修一『天神御霊信仰』（塙書房、一九九六年）

4　中宮定子・彰子と敦康親王 ―二人の母―

●二人はライバルか？　一条天皇の二人のキサキ

『枕草子』と『源氏物語』は、それぞれ誰が書きましたか？　中学生以上ならほとんどの人々がほぼ正解でき、清少納言と紫式部はライバルだったと思われている。だから、二人の主、清少納言の藤原定子と、紫式部の藤原彰子もまたライバルだったと思っている人が多い。しかし、当人たちは、政治的背景に翻弄《ほんろう》されながらも、ライバルではなかった。

定子は、父兼家《かねいえ》男道隆《みちたか》（九五三～九九五）・母高階成忠《たかしななりただ》女貴子（？～九九六）の間に、貞元《じょうげん》元（九七六）年に誕生する。彰子は、父兼家男道長《みちなが》（九六六～一〇二七）・母源雅信《まさのぶ》女倫子（九六四～一〇五三）、永延《えいえん》二（九八八）年生まれである。二人は父方従姉妹《いとこ》で、定子が一二歳年上である。定子は、一条《いちじょう》天皇が正暦《しょうりゃく》元（九九〇）年正月三日に一一歳で元服すると、二五日に一五歳で入内した。そのとき、彰子は三歳だった。二人の祖父兼家は摂政だったが、定子入内の五か月後に亡くなり、直前に父道隆が摂政となる。一〇月五日、円融上皇の皇后遵子を「皇后」に、定子を「中宮《ちゅうぐう》」にする。これが大変ややこしい。それまでの中宮とは、皇后の別称であり、中宮とは皇后のことだった。ところが、皇后（＝中宮）は円融《えんゆう》上皇正妻藤原遵子、皇太后は円融上皇女御《にょうご》一条天皇生母藤原詮子、太皇太后は冷泉《れいぜい》上皇正妻昌子内親王、と三つの身位が空いていない。考え出されたのが、中宮と皇后を分け、別々の身位とすることだった。ただし、この時は、天皇の正妻はひとりとのルールは破られていない。

　さて、若い一条天皇は定子に夢中になる。豪放磊落だった父道隆の性格を受け継いだ定子が明るく機転《きてん》の利く理知的な女性だったことや、一条天皇と仲むつまじく一緒に女房たちに悪戯《いたずら》したことなどは、『枕草子』が活き活きと詳しく記している。

　定子の穏やかで幸せな時間は、しかし、長徳《ちょうとく》元（九九五）年四月一〇日に父関白道隆が没したことで断ち切られる。酒好きだったゆえの飲水病《いんすいびょう》、現在の糖尿病《とうにょうびょう》だった。父を継承したかった息子伊周《これちか》が望んだ天皇を輔佐する内覧《ないらん》の役職は、天皇生母で同母姉東三条院詮子の力で道長が獲得する。さらに、翌年正月一六日、伊周弟隆家《たかいえ》による花山《かざん》法皇狙撃《そげき》事件や、親族の国母詮子への呪詛《じゅそ》発覚などで、伊周兄弟は自滅する。ついに、伊周は大宰権帥《だざいのごんのそち》、隆家は出雲権守《いずものごんのかみ》に左遷《させん》される。いわゆる長徳の変である。五月、配流の途中、伊周は定子殿舎に逃げ込む。定子は頭髪の一部を切り、一条天皇に嘆願《たんがん》するが、許されなかった。懐妊《かいにん》中の騒動劇は、定子の心神をすり減らしたにちがいない。六月八日には定子の邸宅、二条第が焼亡する。放火の可能性が高い。

　九月頃、伊周が密かに上京し、定子御所に隠れているという中宮大進《たいしん》平《たいらの》生昌《なりまさ》の密告があり、一〇月一一日に大宰府に追われ、二〇日頃には母貴子が亡くなる。定子は一二月一六日第一皇女脩子内親王を出産する。頭髪を少し切ったゆえに出家したとされる定子を一条天皇は必死でかばいながらも、大納言藤原公季《きんすえ》女義子、右大臣藤原顕光《あきみつ》女元子の入内を認めたのは、定子と常に同居できない寂しさだろう。

　長保《ちょうほ》元（九九九）年二月、道長は、やっと一二歳になった彰子の裳着《もぎ》を行い、従三位に叙す。八月九日、再度懐妊していた中宮定子は、内裏内の職御曹司《しきのみそうじ》から伊周入京を密告した平生昌三条第に退出するが、道長が妨害のために上達部《かんだちめ》を引き連れ宇治の別荘に出かけたので、勅令を出しても誰も行啓《ぎょうけい》に付き従わない。

しかし、清少納言は、『枕草子』に平生昌の狭い邸宅や不躾《ぶしつけ》な態度にも鷹揚《おうよう》な中宮定子の様子を明るく記す。逆境でも懸命に明るく前向きな定子像である。

彰子は、一一月一日に入内し、七日に女御宣下《にょうごせんげ》を得る。入内年齢も従三位も五日後の女御宣下も前代未聞である。

●敦康親王誕生と定子崩御

彰子女御宣下の当日、一一月七日、中宮定子は三条第で「卯刻（午前六時）」に敦康《あつやす》親王を出産する。一条天皇には皇位を継いでくれる皇子、しかも寵愛する中宮定子が産んだ皇子であり、喜びも一入《ひとしお》だった。知らせを受けた天皇は、「中宮男子をうむ。天気《てんき》（天皇の様子）、快然《かいぜん》（気分が良いこと）」とあり、蔵人《くろうど》頭《のとう》藤原行成《ゆきなり》を早旦に召し、「七夜《しちや》に物等を遣はすべき事、例に依りて奉仕せしむべし」（『権記《ごんき》』）と命じる。しかし、藤原実資《さねすけ》は、「世に云はく、「横川《よかわ》の皮仙《かわひじり》」と」（『小右記《しょうゆうき》』）、出家者なのにと批判し、第一皇子の誕生の慶びは記さない。道長の日記『御堂関白記』には、皇子誕生記事は一行もない。ただ、喜んだ国母東三条院詮子が用意した御剱が賜与されたのは幸いだった。新生児誕生当日から七日間、朝夕に沐浴《もくよく》する御湯殿儀《おゆどのぎ》が行われるが、沐浴時刻になっても読書博士や邪気《じゃき》を払う鳴弦《めいげん》人さえ決まらないと、中宮亮《ちゅうぐうのすけ》藤原清通《きよみち》から天皇に奏されている。定子たちの悲痛の叫びである。

一方、午後になると、彰子の女御宣旨が下りる。申刻（午後四時）、左大臣道長以下、藤原氏公卿《くぎょう》が慶賀《けいが》を奏す。その後、天皇は女御彰子の殿舎に渡御する。御簾《みす》の中で彰子と天皇の二人が睦まじく過ごす間、上達部達は廂《ひさし》の間辺りで酒宴をはり、唱歌・朗詠《ろうえい》で賑やかに騒ぐ。皇子が誕生した生昌邸にお祝いに駆けつける上達部は誰もいない。新生児が誕生すると奇数日に産養《うぶやしない》の宴が開かれる。とりわけ、天皇の正妻皇后（中宮）が出産すると、第七夜は天皇主催で盛大な産養が行われる慣例だった。しかし、誰も参入せず、日記にも記さない。天皇の第一皇子誕生で、御湯殿儀も産養もこんなに貧相なのは前代未聞である。

翌長保二（一〇〇〇）年二月一〇日、女御彰子は立后《りっこう》するために内裏を出る。立后宣旨の日には、内裏で立后宣命《せんみょう》の儀式が行われた後、上層貴族たちは内裏から新后の邸宅に赴き、新后に拝礼をし饗宴を受けることになっていた。しかし、一条天皇には正妻として中宮定子がいるではないか。そこで知恵を絞ったのは、四納言と謳われた、道長に恩を売りたい蔵人頭行成である。「東三条院詮子、皇太后遵子、そして中宮定子、藤原氏出身の后全員出家しており、氏祭《うじまつり》に奉仕できないから、どうしても藤原氏出身の后が必要である」、と道長・国母東三条院詮子・一条天皇に助言したのである。渋る一条天皇に強要したのは国母詮子だった。

翌日、天皇は、彰子が去った内裏に中宮定子と皇子を迎え入れる。『栄花物語《えいがものがたり》』巻六には、道長が牛車を貸し、かいがいしく世話をしたとあるが、実際は、「神事の日、如何《いかが》」と批判しており、牛車を貸していない。たしかに、その日は春日祭使《かすがさいし》の出立の日で、一二日は春日祭だった。一条天皇は一日でも早く愛する定子と皇子に会いたかったのであろう。

二月一八日には、天皇が定子殿舎に渡り敦康親王の百日儀を行ったが、道長も実資も参加どころか日記にも全く記さない。後に彰子が敦成《あつひら》親王（後の後一条天皇）を出産した時の様々な華麗な生育儀礼と比較すると雲泥《うんでい》の差である。二月二五日、土御門第《つちみかどだい》で彰子立后儀が行われ、定子は皇后、彰子は中宮となる。一天皇に二人の正妻は前代未聞だった。

三月五日には国母東三条院詮子が参内しているので待望の皇子に対面したと思われる。三月二七日、定子は、内裏から生昌三条第に帰る。この一か月半ばかりの間に、定子は再び妊った。四月七日、中宮彰子は、立后後初入内し、五月二八日には内裏から出ている。八月八日から二七日の間、定子皇后は入内し、天皇と共にすごす。

一二月一五日、巳刻（午前一〇時）ころ、一筋の雲が后の象徴である月を挟む不祥雲《ふしょううん》が出現と噂された、ちょうどその頃産気づいた定子は媄子内親王を出産するが、後産《あとざん》がおりず、一六日寅刻（午前四時頃）に崩御《ほうぎょ》した。天皇は行成に「皇后宮すでに遁逝《とんせい》す。はなはだ悲し」と仰せる。定子が崩じたことを聞いた国母東三条院詮子は懊悩する。そこにいた一条天皇乳母で前典侍《さきのてんじ》藤原繁子に邪霊《じゃれい》が移って狂い、忿怒《ふんぬ》の形相で道長につかみかかる。道長は、道隆の霊のようでもあり、道兼《みちかね》の詞にも似ていた、と恐怖心が消えぬ面持ちで皆に語っている（以上『権記』）。その日、道長は、内裏にいた彰子殿舎の直廬《じきろ》に行っているから、彰子も一連の騒動は聞いたにちがいない。二人が一条天皇の妻同士だったのは一年ほどだったが、内裏に一緒に居たときはない。

道長を慮《おもんばか》って母方高階一家さえ葬送に駆けつけない定子の葬儀はあまりにも寂しかった。天皇が葬送費用を送り、二三日に六波羅蜜寺《ろくはらみつじ》に移し、二七日に鳥部野《とりべの》に土葬された。御帳台のとばりの紐に結び付けていた定子の歌である。

知る人もなき別れ路に今はとて心ぼそくもいそぎ立つかな　（『後拾遺和歌集』哀傷）

（誰も知る人のいない死出の旅路に、今はもうこれまでと心細い気持ちのまま旅立つことです。）

一条への別れの歌であった。

寂しく旅立った定子に、国母詮子は寄り添っており、長保三年正月一〇日の三七日法事には、黄金一五両、蘇芳《すおう》等を送っている。

●敦康親王二人の養母

定子が二五歳で亡くなった時、彰子は数え年一三歳（満一二歳）、今の中学一年生である。脩子内親王五歳、敦康親王二歳、媄子内親王一歳、誰が面倒をみるのか。媄子内親王は東三条院詮子が引き取り養育し、脩子内親王と敦康親王は、「弘徽殿《こきでん》」に居住していた。一条天皇は蔵人頭行成に全幅の信頼をよせていたから、長保三（一〇〇一）年二月二八日、敦康親王の家司に行成を任じ、様々な相談をする。行成は天皇に、漢の明帝《めいてい》が子どものいない馬皇后《ばこうごう》に粛宗《しゅくそう》を愛養させ、馬皇后は我が子同様に養育し質素倹約に努め私家の事を朝廷に求めない賢后《けんこう》だった故事から、敦康親王を中宮彰子に愛養させることを提案する。道長は、当分皇子を望めない彰子の年齢を鑑《かんが》み、さらに、唯一の皇位継承者である敦康親王を伯父伊周や隆家、高階家に抱え込ませないためにも、養母提案を承諾する。

八月三日、敦康親王は、弘徽殿から彰子の飛香舎《ひぎょうしゃ》（藤壺《ふじつぼ》）に初めて移り、一一日には家司・別当を任じ、真菜《まな》始《はじ》めを行った。いわば「養母はじめ」である。しかし、一一月一三日には同じく飛香舎で着袴《ちゃっこ》が行われるが、天皇が渡御後、「皇子、亦、渡御す」（『権記』）とあり、養母彰子とは同殿はしていない。弘徽殿で同居していたのは敦康親王の「母しろ（母代わり）」（『大鏡』）で、道隆四女御匣殿《みくしげどの》だった。定子似の御匣殿は一条天皇の寵愛を受け妊るが、長保四（一〇〇二）年六月三日に亡くなった（『権記』『栄花物語』巻八）。七日には、道長が敦康親王を引き取っている。伊周や道隆宅に引き取られるのを警戒したためだろう。母定子亡き後、二歳から四歳半まで、叔母が実質的養母だったが、以後、彰子が養母として本格的に養育することになる。

●皇儲《こうちょ》決定と敦康親王後見

寛弘《かんこう》八（一〇一一）年五月下旬から一条天皇が病になると、道長は譲位を迫る。敦康親王を皇嗣にしたい一条天皇の意向をうけても、行成は、敦康親王には経済的処遇を与えて、権勢第一の道長外孫の敦成親王にすべきことを提言する。道長は彰子には知らせず小躍りして譲位の準備をするが、彰子は道長を恨んだ（『権記』）と記録されている。彰子は、「養母馬皇后」をならい、まずは養育した敦康親王を皇嗣にして、その次ぎに実子敦成親王で良いと考えていた。道長は彰子の考えを知っていたから知らせなかったのである。敦成親王が新帝三条天皇の東宮に決定する。

長和《ちょうわ》二（一〇一三）年一一月九日、一五歳の敦康親王は、頼通妻の隆姫の妹具平《ともひら》親王女と結婚する。婚姻儀礼は、皇太后彰子第で、頼通が新婦の衣裳や部屋飾・饗饌《きょうせん》などを用意し、道長が敦康親王に牛車を貸し、二日目の後朝使《きぬぎぬのつかい》を命じるなどの世話し、婿取り儀式で行われた。新婚期間が過ぎると、頼通と合聟として同居する。頼通はまるで妻の父（舅）のように後見する。

長和五（一〇一六）年正月一九日、三条天皇が譲位し、敦成親王が後一条天皇として即位し、三条皇子敦明《あつあきら》親王が東宮になる。七月一九日、敦康親王第一子嫄子女王が誕生した。

寛仁《かんにん》元（一〇一七）年八月六日、東宮敦明親王が廃太子を申し出る。五月に父三条上皇が崩じ、粗暴で無能力だったためもあり親身な後見人もおらず、道長の暗黙の圧迫を自覚したためでもあった。道長は、今回も彰子所生の敦良親王（後の後朱雀天皇）を東宮に立てる。この時も彰子は怒ったとあり（『小右記』）、敦康親王を東宮にするつもりだったと推察される。

失意の敦康親王は、翌寛仁二年一二月一七日に亡くなる。おりしも、一四日から道長が上東門第《じょうとうもんだい》で両親供養のために法華八講《ほっけはっこう》を盛大に行っており、皇太后彰子も行啓していた。一六日は法華八講五巻日で、寝殿の池に浮かべた船で管弦の遊びがある予定だったが、敦康親王重悩のために中止されている。彰子は、仏に敦康親王の回復を祈っていたに違いない。しかし、ついに出家し、亡くなった。二〇歳だった。

敦康親王は、「御才《ざえ》いとかしこう、御心ばえ（気立て）もいとめでたうぞ」（『大鏡』）とあり、実際にも、藤原公任《きんとう》が「才智はなはだ朗、もっとも感歎に足る」（『小右記』長和二年一二月一〇日）と語っており、父一条天皇と闊達《かったつ》な母定子の気質を受け継いだ有能な皇子だったようである。彰子は、「故一条院が秘蔵っ子として大切に思っていたのに、可哀想に」（『栄花物語』巻一四）と嘆いている。

嫄子女王は、頼通が養女にして大切に育てていく。長暦《ちょうりゃく》元（一〇三七）年正月七日、嫄子女王は、前年即位した彰子所生の後朱雀天皇に入内し、三月一日には一皇子二皇女を儲けている禎子内親王を皇后においやり、中宮になる。長暦二（一〇三八）年四月二一日祐子内親王、翌年八月一九日に媒子内親王を産み、二八日二四歳の若さで亡くなった。頼通は二人の内親王を大切に後見していくが、子孫を残していない。

夫一条天皇は亡くなるまで故定子皇后への思慕をもち続けていたことを彰子は知っていたのではないか。しかし、彰子は夫一条を思慕していた。夢に見た夫一条を恋う歌を詠んでいる。

　　あふこともいまはなきねの夢ならで　いつかは君を又はみるべき
　　（『栄花物語』巻八）

一二歳だった彰子が成長しつつ育んだ一条天皇への情愛こそ、敦康親王をはじめ定子兄弟の子どもたちを後見した要因だったと思われる。彰子はけっして定子をライバルとして敵視しておらず、馬皇后の故事を学び定子の遺児敦康親王を愛情深く育てた。故一条天皇の意思を忘れる事無く、敦康親王を短くとも皇位に就ける所存だったと推察されるが、父道長のために阻止されたのであった。まさに、道長のライバル実資が「賢后」と称した、思慮深い国母だった。

（女性名は訓みが不明なのでルビを省略した）

（服藤早苗）

【参考文献】

山中裕「敦康親王」（『平安人物志』東京大学出版会、一九七四年）
倉本一宏『一条天皇』（吉川弘文館、二〇〇三年）
服藤早苗「『栄花物語』と上東門院彰子」（『歴史評論』六三七、二〇〇三年）
服藤早苗「懐妊の身体と王権」（『歴史評論』七二八、二〇一〇年）
服藤早苗「国母の政治文化」（服藤早苗編『平安朝の女性と政治文化』明石書店、二〇一七年）
服藤早苗『藤原彰子』（吉川弘文館、二〇一九年）

第2章　古代の対外関係を担った人々

1　大伴金村と磐井

●六世紀の倭国《わこく》と東アジア情勢

大伴金村《おおとものかなむら》と磐井《いわい》が活躍したのは六世紀前半である。奈良時代（八世紀）より前の日本（倭国）の歴史を知る手がかりには、中国・朝鮮の文献史料《ぶんけんしりょう》、稲荷山古墳《いなりやまこふん》出土鉄剣銘文《てつけんめいぶん》などの金石文《きんせきぶん》、考古学による古墳や遺跡の発掘成果と日本の文献史料として『古事記《こじき》』『日本書紀《にほんしょき》』『万葉集《まんようしゅう》』などがある。なかでも古事記・日本書紀には豊富な内容が記されている。しかし、これらは八世紀の編纂物《へんさんぶつ》であって、元となったさまざまな記録の中から取捨選択して、八世紀の編纂者たち・支配者層が自分たちにつながる過去はこうあるべきであると想定して組み立てられたものとなっており、過去の事実が忠実に記されているものではない。そこで、日本・中国・朝鮮に残された史料を比較検討して合理的に解釈する史料批判《しりょうひはん》が必要とされている。また、六世紀には「日本」「天皇」などの呼称は存在していなかったが、すべて八世紀の知識で統一表記されていることも注意しなければならない（本稿では煩雑を避けて統一表記を用いる）。さらに『日本書紀』では初代神武《じんむ》天皇（実在は疑わしい）から第四一代持統《じとう》天皇にいたるまで血筋で繋がる「万世一系《ばんせいいっけい》」の天皇系譜が記されているが、これも最終的には八世紀の認識によるものである。「神武」「持統」などの漢字二文字の天皇名も八世紀中ごろに贈られた中国風の諡名《おくりな》であり、本来『古事記』や『日本書紀』には記されていない。神武天皇の場合は古事記では「神倭伊波礼琵古命《かむやまといはれひこのみこと》」、日本書紀では「神日本磐余彦尊《かむやまといわれひこのみこと》」となっている。

六世紀の東アジアは、中国は南北朝に分れ、朝鮮半島では、北部にあった高句麗《こうくり》の南下策に新羅《しらぎ》と百済《くだら》が対抗しつつ、それぞれ最南部の加耶《かや》地域への進出を図っているという情勢であった。倭国においては、前段階（五世紀）のいわゆる「倭の五王」（中国の史書『宋書《そうじょ》』に記載されている）による中国との外交をみると、「倭王珍《わおうちん》」は中国の将軍号の除正《じょせい》（正式にその称号を認められること）を求めているが自分以外にも有力者一三人分の将軍号を要求しており、「倭王済《わおうせい》」の時には二三人に増えている。このことから、列島各地に有力者を戴く地域的なまとまりがあり、現在の近畿地方（ヤマト）の有力者（＝倭王）を中心とした連合政権が形成されていたことがうかがえる。これは、統一規格をもった前方後円墳が列島各地で造営されていることからも裏付けられる。「倭王」は連合政権を代表して外交を行っているが、その地位は絶対的なものではなく、特定の王家も成立していなかった。『宋書』の「倭の五王」が『日本書紀』のどの天皇に該当するかは諸説あるが、稲荷山古墳（埼玉県所在）出土鉄剣銘と江田船山《えだふなやま》古墳（熊本県所在）出土大刀銘の「獲加多支鹵《わかたける》大王」が雄略《ゆうりゃく》天皇（大泊瀬幼武尊《おおはつせのわかたけるのみこと》）＝「倭王武《わおうぶ》」であることは一致している。このような五世紀の状況は六世紀になって継体《けいたい》天皇の登場とともに一変する。

●継体天皇の登場

継体は近江（現在の滋賀県）を本拠地とした豪族出身の有力者で、琵琶湖と大阪湾を結ぶ淀川水系の交通を掌握し、越前《えちぜん》（現在の福井県）・尾張《おわり》（現在の愛知県）・河内《かわち》（現在の大阪府の一部）の豪族出身の女性を次々と妻にむかえて勢力を拡大していた。ヤマト政権において武烈《ぶれつ》天皇が継嗣のないまま崩じると大伴金村・物部麁鹿火《もののべのあらかひ》らによって天皇に推戴《すいたい》されたが、継体は二〇年かかって大和の磐余玉穂宮《いわれのたまほのみや》へ入ることができたと『日本書紀』に記されている。政権内部には反対する勢力も強かったと推定されるが、結局、継体が迎えられたのは、この段階では王位（天皇位）が特定の血統に固定化されていなかったからであろう。『日本書紀』では万世一系を貫くため、継体を応神天皇の五世孫と記している。

近年の研究では、この継体天皇の時代以降に氏姓制《しせいせい》（ウヂ・カバネ制）・部民制《べみんせい》・国造制《こくぞうせい》などが整えられ、ヤマト政権内部では王権を中心とした権力の結集が図られ、列島各地の有力者に対する優位性が確立されていったと考えられている。政策の決定は有力者による合議で決定された（継体天皇から欽明《きんめい》天皇の時代にかけて整えられた）。合議に参加した有力者を「マヘツキミ（大王の前に侍り、仕える者）」といい、『日本書紀』には「大夫」「群臣」「群卿」などと記されている。マヘツキミは大王から任命された。

継体天皇を支えたのが前述した大伴金村・物部麁鹿火である。大伴氏・物部氏というウヂは、さまざまな職掌をもった集団が大王に仕えるという部民制の成立とともに、その職名をウヂ名として誕生し、ともに「連《れん(むらじ)》」のカバネ（大王への従属を示す身分標識）を与えられた。両氏は大王の身辺や宮の警護などを職掌とし、騒乱の鎮圧・朝鮮半島への出兵などにも活躍した。

●大伴金村の立場

早くから継体を支持していた大伴金村は物部麁鹿火とともに「大連《おおむらじ》」に任じられ、執政官的地位にあった。「大連」は「大臣《おおおみ》」とともに合議における議長格で「オホマヘツキミ」と呼ばれた。

金村は朝鮮半島をめぐる外交に奔走している。朝鮮の文献である『三国史記《さんごくしき》』によれば、新羅は法興王《ほうこうおう》（在位五一四年〜五四〇年）の時に国家体制を整え領土の拡張に乗り出し、百済では武寧王《むねいおう》（在位五〇一年〜五二三年）が高句麗と戦いながら南の加耶地域への進出を目指していた。倭国も鉄資源などの入手の必要から加耶地域への影響力を保持していたが、百済との融和策が図られ、五経博士《ごきょうはかせ》や仏教、その他の先進技術の導入と引き換えに百済の南下策を認めた。『日本書紀』は「任那四県（上哆唎《おこしたり》・下哆唎《あろしたり》・娑陀《さだ》・牟婁《むろ》）の割譲」「己汶《こもん》・帯沙《たさ》の下賜」という形で百済の半島西南部領有の過程を記している。「任那四県割譲」は大伴金村が承認し、後にこのことが失策として物部尾輿《もののべのおこし》から追及され、金村の失脚に繋がったということになっているが、外交は金村個人の責任ではなく、倭国としての決定事項である。

他方、新羅に対しては軍事行動が計画された。新羅が加耶東部の「南加羅」（金官加羅）へ侵攻すると、倭国は「近江毛野《おうみのけぬ》」率いる六万の軍を派遣することとした。このときに発生したのが「磐井の乱」である。

●磐井の乱

磐井の乱は、『古事記』『日本書紀』のほか『筑後国風土記《ちくごのくにふどき》』逸文《いつぶん》や「国造本紀《こくぞうほんぎ》」にも関連記事があり、継体天皇の時代の一大事件として伝えられている。詳細な記述のある『日本書紀』によれば乱の経緯は以下の通りである。

継体天皇の二一（五二七）年六月、近江毛野の軍が北九州より朝鮮半島へ渡ろうとしたとき、かねてよりヤマト政権に不満をもっていた筑紫《つくし》（現在の福岡県）の磐井が、新羅からの援助を受けて毛野軍の渡海を妨害した。磐井の勢力は筑紫だけでなく「火の国・豊《とよ》の国（現在の熊本県）」にまで及んだ。継体天皇は大伴金村らと協議して、物部麁鹿火を将軍として現地へ征討軍を派遣（『古事記』では大伴金村も同行）した。一一月、激戦の末、磐井は斬殺され乱は鎮圧された。一二月、磐井の子の筑紫君葛子《つくしのきみくずこ》が「糟屋屯倉《かすやのみやけ》」を献上して死罪を贖《あがな》った（糟屋は現在の福岡県糟屋郡・福岡市東区に相当し、博多湾に面する。ヤマト政権の直轄地として外交の拠点とされた）。

なお、磐井の勢力の大きさは『筑後国風土記』逸文の磐井の墓（生前に造営された）の記事からも知ることができる。墳丘東北隅には正方形の「別区」があり磐井が裁判権を行使していたという。周囲に立てられていた多くの石人・石馬は征討軍によって破壊されたとある。その記述に該当する古墳が福岡県八女《やめ》市にある岩戸山《いわとやま》古墳といわれている。墳丘の長さが一三八メートルの前方後円墳で六世紀前半に築かれたものとしては、同時期の継体天皇の墓とされる大阪府高槻市の今城塚《いましろづか》古墳（一九〇メートル）に次ぐ大きさを誇る。

磐井の乱は、中央政権（ヤマト政権）に対する地方豪族（＝筑紫君磐井《つくしのきみいわい》）の反乱という位置付けであったが、近年の評価は大きく変わっている。六世紀初頭の倭国はヤマト政権による独占的な支配は確立しておらず、列島各地の有力グループとの連合政権であった。磐井（＝筑紫勢力）は新羅との関係を保つなど、主体的に朝鮮半島との交渉を行いながら倭国の一員として全体の外交政策も支えていた。その倭国の外交は、新羅・百済による加耶地域への進出により政策の転換を迫られ、親百済策を打ち出した。磐井の親新羅策は排除されなければならず、磐井の外交権もヤマト政権に一元化された。一方、大王を中心とした権力の結集を図ったヤマト政権は列島各地の有力グループを配下に置くべく、国造制を展開しつつあった。乱後、磐井の一族は滅ぼされたわけではなく、岩戸山古墳の属する八女古墳群ではその後も前方後円墳が造営されている。「筑紫国造」としての地位が与えられヤマト政権に臣従することとなったのである。磐井の乱が示すものは、ヤマト政権による列島支配の進行である。『日本書紀』には継体天皇の次の安閑《あんかん》天皇の時代に武蔵《むさし》（現在の埼玉県・東京都）争乱の記事があり、武蔵勢力の分裂に介入したヤマト政権の支配の進行が見てとれる。

六世紀前半、大伴金村と磐井は北九州の戦場で合まみえたか定かではないが、ともにヤマト政権による列島支配の進行のなかで、与えられた役割を全うしたはずである。

（丸山　理）

【参考文献】

篠川賢『継体天皇』（吉川弘文館人物叢書、二〇一六年）
『古代史研究の最前線　日本書紀』（洋泉社、二〇一六年）
柳沢一男『筑紫君磐井と「磐井の乱」　岩戸山古墳』（新泉社、二〇一四年）
吉村武彦編『古代を考える　継体・欽明朝と仏教伝来』（吉川弘文館、一九九九年）

2　山上憶良と粟田真人

●大宝年間の遣唐使

大宝《たいほう》元（七〇一）年正月二〇日、遣唐使《けんとうし》が任命された。前回が天智《てんち》八（六六九）年だから約三〇年ぶりの派遣となる。遣唐使は通常、大使・副使・判官《はんがん》・録事《ろくじ》の四等官《しとうかん》構成となっているが、今回は大使の上席に執節使《しっせつし》として粟田朝臣真人《あわたのあそんまひと》が加わっていた。当時、粟田真人は中央官庁である民官《みんかん》（後の民部省《みんぶしょう》）の長官の任にあり、直大弐《じきだいに》（後の従四位上《じゅしいのじょう》）という位階を帯びていた貴族官人である。中央貴族が遣唐使として渡海するのは初めてのことであった。また、大使以下の顔ぶれは、いずれも外交関係や律令制度に長けた者が選ばれており、書記官の末席に無位山於憶良《やまのうえのおくら》（山上憶良）が名を連ねていた。

日本の律令体制《りつりょうたいせい》は天武《てんむ》・持統《じとう》朝に整えられたと考えられているが、この間、朝鮮半島・新羅《しらぎ》とのかかわりはあったものの、中国への直接の遣使はなかった。大宝律令《たいほうりつりょう》が完成し、『続日本紀《しょくにほんぎ》』大宝元年正月朔《ついたち》条には「文物《ぶんぶつ》の儀、ここに備《そなわ》れり」と、体制が整ったことが記されている。このような情勢と人員構成から、大宝年間の遣唐使は中国・唐との関係を取り結ぶことを重視した任務を負っていたものと推定されている。粟田真人は四月に拝朝《はいちょう》し、五月に天皇より節刀《せっとう》を授かり、遣唐使一行は周防《すおう》国で建造された船で筑《つく》紫《し》へ向かった。海が荒れていたため、この年の渡海はかなわず、翌大宝二年六月に大陸へ渡った。以下の動向は『旧唐書《くとうじょ》』日本国伝と粟田真人の帰朝報告（『続日本紀』慶雲《けいうん》元〈七〇四〉年七月朔条）から知ることができる。中国の楚州《そしゅう》に到着した一行は長安に上京し、七〇三年の元日朝賀に参加している。日本側は唐の国号が周に変更された理由を尋ねており、皇帝となった則天武后《そくてんぶこう》による周の成立を知らなかったことが記され、中国側も倭国《わこく》から日本国への国号変更を認識していなかった。三〇年間の日中外交の空白がうかがえる。また、実際に長安を目の当たりにした遣唐使の報告により、日本初の条坊制《じょうぼうせい》を伴った都城《とじょう》として造られたばかりの藤原京《ふじわらきょう》は、内裏などの宮殿が都城の中央にある時代遅れのタイプであることがわかり、宮殿が都城の北に位置する長安を模した平城京の建設が始まる。また、以後の遣唐使の二〇年に一回の派遣約束、白村江の戦いで中国側に捉えられていた捕虜の最終帰国による戦後処理の完了などが行われた。このような影響をもたらした、大宝年間の遣唐使に加わっていた山上憶良と粟田真人にはどのようなかかわりがあったのだろうか。

●有能な官人、粟田真人

粟田真人は、白雉《はくち》四（六五三）年の遣唐留学僧であった道観《どうかん》が帰国後還俗《げんぞく》した人物その人であることが、佐伯有清氏・森公章氏によって指摘されている。中国留学の経験と豊かな才能により、有能な官人としてのキャリアを歩んだことが知られる。持統《じとう》三（六八九）年、筑紫大宰《つくしだざい》（後の大宰府長官）の任にあり外交の第一線で活躍し、文武《もんむ》三（六九九）年一〇月には山科山陵《やましなさんりょう》（天智天皇陵）の修造に責任者のひとりとして遣わされている。さらに文武四（七〇〇）年六月、大宝律令撰定の功績により禄《ろく》を賜った。このような経歴を背景にして、大宝年間の遣唐使の最高責任者に任命されたのであろう。

中国での評判も高く、『旧唐書』日本国伝には、

長安三（七〇三）年、其の大臣朝臣真人来りて方物《ほうもつ》を貢す。朝臣真人とは、猶中国の戸部尚書《こぶしょうしょ》の如し。進徳冠を冠り、其の頂に花をつくり、分れて四散せしむ。身は紫袍《しほう》を服し、帛《きぬ》を以て腰帯《おび》となす。

真人好んで経史《けいし》を読み、文を属《つ》くるを解し、容止温雅《ようしおんが》なり。則天、之を麟徳殿《りんとくでん》に宴し、司膳卿《しぜんきょう》を授け、放ちて国に還《かえ》らしむ。

とある。

日本からの使者、粟田真人の職責（民部省長官）は中国の戸部尚書に相当すること、その服装・立ち居振る舞いは中国風に洗練されており、教養も高い。そこで、則天武后は大明宮《たいめいきゅう》の麟徳殿で宴を賜い司膳卿（宴会や食膳関係を担当する官庁の長官。正三品クラス）の官爵《かんしゃく》を与えた。

慶雲《けいうん》元（七〇四）年七月帰国し、一〇月に帰朝報告をした真人には一一月に「使を絶域《ぜついき》に奉《う》けたまわるを以《もち》てなり」（『続日本紀』）として田二〇町などが与えられた。その後、中納言となり、和銅《わどう》元（七〇八）年には再び大宰帥《だざいのそち》（長官）に任じられた。外交官僚・実務官僚として活躍した粟田真人は、養老《ようろう》三（七一九）年二月五日、正三位で薨《こう》じた。

●万葉歌人、山上憶良

山上憶良といえば、

瓜食《は》めば　子ども思ほゆ　栗食めば　まして偲《しぬ》はゆ　いづくより　来りしものぞ　眼交《まなかひ》に　もとなかかりて　安眠《やすい》し寝《な》さぬ

銀《しろがね》も　金《くがね》も玉も　何せむに　まされる宝　子にしかめやも

（『万葉集』巻五　八〇二番歌・八〇三番歌）

など慈愛に満ちた作品を数多く残した万葉歌人として有名である。

他方で遣唐使の一員としての外交経験と伯耆守《ほうきのかみ》（伯耆国の国司の長官）・筑前守《ちくぜんのかみ》として地方政治に携

わった官人としての側面ももっている。官人としては大宝元年に遣唐使の一員に加えられたところから明らかとなる。在唐中の作といわれる歌が『万葉集』巻一に載せられている。「山上憶良　大唐にある時、本《く》郷《に》を憶《おも》ひて作る歌」の注があり、

去来子《いざ》ども　早く日本へ　大伴の　御津《みつ》の浜松　待ち恋ひぬらむ　（六三番歌）

と、遣唐使が出発した難波津《なにわのつ》（大伴の御津）の風景を織り込み、憶良らしい作風が既にみられる。帰国後、和銅七（七一四）年正月に正六位下から従五位下に昇り、霊亀《れいき》二（七一六）年四月、伯耆守となった。憶良はこのとき五〇歳を過ぎており官人としては遅い出世である。任期終了後の養老五（七二一）年正月、詔《みことのり》により東宮《とうぐう》の首皇子《おびと》（のちの聖武《しょうむ》天皇）に侍するよう命ぜられた。神亀元（七二四）年七月には左大臣長屋王《ながやおう》邸において七夕の歌を披露している（『万葉集』巻八、一五一九番歌）。この時期、中央貴族の一員としての活躍が見られる。

神亀三（七二六）年頃、筑前守として赴任したらしく、『万葉集』巻五に天平二（七三〇）年一二月筑前国司としての歌、

天離《あまさか》る　鄙《ひな》に五年《いつとせ》　住ひつつ　京《みやこ》の風俗《てぶり》　忘らえにけり　（八八〇番歌）

がある。この間、神亀五（七二八）年に大宰帥となった大伴旅人《おおとものたびと》との交流が始まってから多くの作品を生み出した。旅人を中心に憶良・大宰少弐《しょうに》（大宰府の次官）小野老《おののおゆ》・造観世音寺別当《ぞうかんぜおんじべっとう》（観世音寺造営の責任者）沙弥満誓《しゃみまんせい》（出家前は美濃守として活躍した笠朝臣麻呂《かさのあそんまろ》）・大伴坂上郎女《おおとものさかのうえのいらつめ》（旅人の異母妹）らが集い、後世「筑紫歌壇《つくしかだん》」と称せられた活動が展開された。『万葉集』巻五にはこの時期の歌が多く収められている。その中に憶良作「貧窮問答歌《ひんきゅうもんどうか》」がある。

風まじり　雨降る夜の　雨まじり　雪降る夜は　すべもなく　寒くしあれば　堅塩《かたしお》を　取りつづしろ
ひ　糟湯酒《かすゆざけ》　うちすすろひて　咳《しはぶ》かひ　鼻びしびしに　しかとあらぬ　髭《ひげ》掻《か》き撫《な》でて　我をおきて
人はあらじと　誇ろへど　寒くしあれば　麻衾《あさぶすま》　引き被《かがふ》り　布肩衣《ぬのかたぎぬ》　ありのことごと　着襲《そ》へども
寒き夜すらを　我よりも　貧しき人の　父母は　飢ゑ寒《こ》ゆらむ　妻子《めこ》どもは　乞ひて　泣くらむ　こ
の時は　いかにしつつか　汝《な》が世は渡る
天地《あめつち》は　広しといへど　我が為は　狭《さ》くやなりぬる　日月は　明かしといへど　我が為は　照りや
たまはぬ　人皆か　我のみやしかる　わくらばに　人とはあるを　人並に　我も作るを　綿も無き
布肩衣の　海松《みる》のごと　乱《わわ》け垂《さが》れる　かかふのみ　肩に打ち掛け　伏廬《ふせいほ》の　曲廬《まげいほ》の内に　直土《ひたつち》に　藁《わら》
解き敷きて　父母は　枕のかたに　妻子どもは　足《あと》の方に　囲《かく》み居《い》て　憂へ吟《さまよ》ひ　竈《かまど》には　火気《ほけ》吹き
立てず　甑《こしき》には　蜘蛛《くも》の巣かきて　飯炊《いひかし》く　ことも忘れて　ぬえ鳥の　のどよひ居るに　いとのきて
短き物を　端切ると　云へるが如く　苔杖《しもと》執る　里長《さとおさ》が声は　寝屋処《ねやど》まで　来立ち呼ばひぬ　かくば
かり　すべなきものか　世の中の道

（八九二番歌）

万葉集のなかで唯一、貧困問題を主題とした作品で、二人の農民の問答に仮託して奈良時代の農民の貧しさと律令国家の租税取立ての厳しさが述べられているといわれる。ただし、この歌の語句や表現には漢《かん》籍《ぜき》（中国の歴史書や文学作品）から引き写された箇所が多く、どこまで実態が描写されているか注意が必要ともいわれている。とくに、近年敦煌《とんこう》で発見された『王梵志《おうぼんし》詩集』のなかに本歌といえるほどモチーフの酷似した漢詩があるという。遣唐使の一員として中国に渡り、漢籍に触れることの多かった憶良の作歌のヒントが中国の作品にあったとしても、全くの虚構・想像とは思えない。国司の長官として現地に赴任し地方政治の実務に携わった経験から、当時の農民生活に直接触れる機会のあった憶良ならではの作歌といえよう。

●憶良と真人

さて、同時代に活躍した憶良と真人のかかわりはどのようなものであったのか？　キーポイントは、憶良が大宝元年に無位であったにもかかわらず、遣唐使の書記官に抜擢されたところにある。いかなる伝手《つて》があったのだろうか。

佐伯有清氏によれば、『新撰姓氏録《しんせんしょうじろく》』（平安時代、嵯峨天皇の命により編纂された古代氏族の出自をまとめたもの）の右京皇別《うきょうこうべつ》下に分類された粟田氏・山上氏や小野氏（遣隋使小野妹子を出した）などは春日《かすが》氏に連なる同族関係にあると記されており、これらの氏族出身者には外交や学問分野での活動が顕著な者が多いという。大宝年間の遣唐使の最高責任者に任命された粟田真人が同族の山上憶良を推挙したことによって遣唐使の一員に加えられたのではないかと推定されている。さらに粟田真人が学問僧であったように、山上憶良も四〇過ぎまで無位無官であったことから僧籍にあったのではないかともいわれている。根拠となる直接の史料は無いが、前半生の不明な真人と憶良が若い頃学問僧として学識を積み、その成果が両者の後半生の活躍を生んだと考えておきたい。

（丸山　理）

【参考文献】

佐伯有清『日本古代氏族の研究』（吉川弘文館、一九八五年）
森公章『遣唐使と古代日本の対外政策』（吉川弘文館、二〇〇八年）

森公章『遣唐使の光芒』（角川選書、二〇一〇年）
菊池英夫「山上憶良と敦煌遺書」『国文學　解釈と教材の研究』（一九八三年五月号）
義江明子「貧窮問答歌は事実を見て書かれたか」『歴史地理教育』（三九五、一九八六年）

3　入宋僧寂照と藤原道長 ―浄土教信仰と東部ユーラシアへのまなざし―

●寂照とは何者か

寂照《じゃくしょう》という僧侶の名をご存じだろうか。『日本往生極楽記《にほんおうじょうごくらくき》』（以下『極楽記』）を編纂した慶滋保胤《よししげのやすたね》（法名は寂心《じゃくしん》）の弟子で、『往生要集《おうじょうようしゅう》』を著した源信《げんしん》（九四二〜一〇一七年）、摂関政治の全盛期を担った藤原道長《ふじわらのみちなが》（九六六〜一〇二八年）とも交流があった人物である。それにも関わらず、最澄《さいちょう》、空海《くうかい》や円仁《えんにん》、円珍《えんちん》などといった高等学校の日本史の教科書に登場する平安時代前期の有名な僧侶たちのように知られているわけではない。

寂照は、参議《さんぎ》大江斉光《おおえのただみつ》（九三四〜九八七年）の子として、応和《おうわ》二（九六二）年頃に生まれ、長保《ちょうほう》五（一〇〇三）年に当時の中国北宋《ほくそう》に渡り、長元《ちょうげん》七（一〇三四）年に日本へは帰国せず、彼の地で没した。俗名は大江定基《おおえのさだもと》といい、文章・和歌に造詣が深く、蔵人《くろうど》、三河守《みかわのかみ》、図書頭《ずしょのかみ》を歴任し、従五位下《じゅごいのげ》に至っている（『尊卑分脈《そんぴぶんみゃく》』巻一九・大江氏）。受領として三河国に赴任中、後妻を亡くして恋慕の余り長く葬送しなかったため遺体が腐敗して悪臭を放ったことで無常を悟り、出家に至ったという説話が残されている（『今昔物語集《こんじゃくものがたりしゅう》』巻一九第二語）。なお、幸田露伴の最後の小説『連環記《れんかんき》』（一九四一年作）においてもこの説話は題材となっており、定基の人間的な心理描写を試みている。

しかし、定基の出家の動機は説話以外にはうかがえず、不明と言わざるを得ない。通説的には、永延《えいえん》二（九八八）年に寂心を師として出家し、京都東山《ひがしやま》の如意輪寺《にょいりんじ》に住した（『百練抄《ひゃくれんしょう》』同年四月二六日条）ことは間違いない。翌永延三（九八九）年、定基は入宋《にっそう》（北宋への渡航）を朝廷に申請したが、この時の申請は却下されている（『日本紀略《にほんきりゃく》』同年三月七日条）。その後、比叡山延暦寺横川《ひえいざんえんりゃくじよかわ》の僧源信に天台宗を、さらに醍醐寺《だいごじ》の僧仁海《にんかい》（九五六〜一〇四六年）に密教を学んだことは、入宋の手がかりを得るためとも考えられる。

大江定基が出家を決意し、寂照として入宋した理由とは何か。出家の動機・理由を探ることができる手がかりが先述の説話以外にはないので、ここでは寂照の入宋について、それをめぐる人間関係を中心に解きほぐし、寂照が生きた摂関政治期の一側面をみていく。

●寂照の師寂心（慶滋保胤）

永延二年、定基の師である寂心（慶滋保胤）は、陰陽家賀茂忠行《おんようかかものただゆき》の次男として、天慶《てんぎょう》六（九四三）年頃に生まれ、長保四年、弟子の寂照が入宋する直前に死去した。父とは異なり、紀伝道に進み、官職としては文筆官僚である内記《ないき》に至り、詔などの起草にも携わった。しかし、内記として職務を遂行した時期は、円融朝《えんゆうちょう》（在位九六九〜九八四年）末年から花山朝《かざんちょう》（在位九八四〜九八六年）にかけての五年ほどにすぎず、寛和《かんな》二（九八六）年に突然出家してしまい、比叡山横川に住した。

出家前には、康保《こうほう》元（九六四）年に、文人貴族や僧侶らと念仏結社である勧学会《かんがくえ》の結成に力を尽くした。また天元《てんげん》五（九八二）年に、当時の京の世相や自身の京での隠遁生活について伝える『池亭記《ちていき》』を著す。さらに、極楽浄土に往生したと認められる四〇余名の伝を編集した『極楽記』も出家前に著している。永観《えいかん》二（九八四）年に源信が『往生要集』を書き始め、翌寛和元（九八五）年に完成したが、その中に我が国の多くの往生者の詳細については「慶氏の日本往生記にあり」（慶滋保胤の『極楽記』に書かれている）と紹介している。源信は、少なくとも寛和元年以前に保胤の『極楽記』に接していたことになる。したがって、『極楽記』は寛和元年以前に成立していたとみられるが、それは初稿本とみられ、現在、流布しているものよりも杜撰なものとなっていたと言われている。『極楽記』の序には「若い頃より阿弥陀仏を念じ、四〇歳以降はとくにその志が激しくなった」（原漢文）と記し、保胤による浄土教信仰への熱い思いをうかがうことができる。『極楽記』の執筆は、出家に向けての準備だったのかもしれない。

●源信による中国へのまなざし

保胤が出家した二年後に、定基も息子の成人を待って、出家に踏みきっている（『続本朝往生伝《ぞくほんちょうおうじょうでん》』大江定基伝）。なぜ、定基が寂心（保胤）を師としたのかを明確に語る史料はないが、「良源《りょうげん》―源信―寂心―寂照」という系譜が残されている（『諸嗣宗脈紀《しょししゅうみゃくき》』上・天台宗）。出家後の保胤は比叡山横川に上ったが、この横川は延暦寺三塔（東塔・西塔・横川）のひとつで、円仁（七九四～八六四年）が開創したものである。円仁没後に衰退していた横川を、源信の師である良源（九一二～九八五年）が復興し、源信もそこに住し、保胤も出家の際にそこに身を寄せた。なお、定基の兄大江為基《おおえのためもと》（生没年不詳）は源信との親交を結んでいたようである。寛和元（九八五）年、為基は源信とともに天台宗の書写山円教寺《しょしゃさんえんきょうじ》に性空《しょうくう》（九一〇～一〇〇七年）を訪ねている。さらに、定基が出家した永延二（九八八）年、源信による横川首楞厳院《しゅりょうごんいん》根本如法堂《こんぽんにょほうどう》の修理に際して、為基が檀越《だんおつ》として経済的な援助をしている（『門葉記』巻第四一「新造堂塔記」）。そして、寂照は源信に天台宗を学ぶことになるわけである。このように、比叡山横川の地を中心に、「良源―源信―寂心―寂照」のつながりを確認することは可能である。

さて、話を寂照の入宋に戻したい。寂照が入宋した背景を考えると、浄土教信仰を推し進める源信の存在は見過ごすことはできない。長保五（一〇〇三）年に入宋に成功した寂照は、源信が江南《こうなん》の天台学僧知《ち》礼《れい》に提出する教学上の返答を求めた『天台宗疑問《てんだいしゅうぎもん》二七条』を託している（『四明尊者教行録《しめいそんじゃきょうぎょうろく》』巻第一など）。

　これ以前においても、源信は江南の僧侶たちとの交流を試みている。たとえば、永延元（九八七）年、大宰府に滞在していた宋海商朱仁聡と同船の杭州水心寺《すいしんじ》の僧斉隠《さいいん》に、源信は自著『往生要集』のほか、良源著『観音讃《かんのんさん》』、慶滋保胤著『十六想讃《じゅうろくそうさん》』『極楽記』、源為憲《みなもとのためのり》著『法華経賦《ほっけきょうふ》』などを託し、宋僧との縁を結ぼうとしている（『往生要集』跋文、『朝野群載《ちょうやぐんさい》』巻第二〇など）。斉隠は杭州奉先寺《ほうせんじ》僧源精《げんせい》にこれらの書籍を送り、長徳元（九九五）年、斉隠は再来日し、源精からの書状と書籍を返送している（仁和寺蔵《にんなじぞう》『法華経開題《ほっけきょうかいだい》』）。また、永延二（九八八）年、大宰府に滞在していた宋海商周文徳《しゅうぶんとく》に、前年と同様に自著を含む書籍を託し、天台山国清寺《てんだいさんこくせいじ》に贈り、正暦《しょうりゃく》二（九九一）年頃には同寺より周文徳を通じて源信に返報が届けられている。（『往生要集』跋文、『朝野群載』巻第二〇など）。そこには、国清寺に『往生要集』を安置したことによって、貴賤僧俗の帰依が盛んとなり、五〇〇余人の結縁者などの浄財施入で壮麗な廊屋が造られ、そして供養することになったことが記されている。

　さらに、正暦三（九九二）年、長保二（一〇〇〇）年と、源信は積極的に江南の天台宗僧との交流を試みている。その後の寂照の入宋も、このような源信の思惑によるところがあるようである。なお、源信が永延元（九八七）年以降、宋僧に対して積極的にコンタクトをとろうとした理由は、前年の寛和二（九八六）年に帰国し大量の経典類などを持ち帰った入宋僧奝然《ちょうねん》（九三八〜一〇一六年）や、永延二（九八八）年に新訳経典獲得のために弟子の嘉因《かいん》（生没年不詳）が入宋したことが影響していると考えられる。

●寂照の入宋実現の背景と藤原道長

長保四（一〇〇二）年、二度目の入宋申請を出した寂照であるが、朝廷の許可を得ることができていない。それにも関わらず、入宋が実現した背景について、長保四～五年の寂照の動きを確認してみたい。

【長保四年】三月一五日　寂照、入宋と五台山巡礼を申請
六月一八日　寂照、朝廷の許可を得ないまま京を出発
七月七日　筑紫に向けて乗船
八月一五日　寂照、大宰府へ向かう船中で病となり、長門国報恩寺《ながとのくにほうおんじ》で僧皇慶《こうけい》（九七七～一〇四九年）に両部伝法灌頂秘印《りょうぶでんぼうかんじょうひいん》を授ける
一〇月二一日　寂心、死去
一二月九日　寂心四九日で道長は諷誦文《ふうじゅぶん》と布施を出し、寂照が請文《うけぶみ》を出す
【長保五年】八月二五日　寂照、七人の僧を率いて北宋に向けて肥前国《ひぜんのくに》を出航
九月一二日　寂照ら、明州《めいしゅう》に到着

ここで注目したいのは、寂心四九日における道長と寂照との関係である。まず、諷誦文の作者は寂照の従兄である大江匡衡《おおえのまさひら》（九五二～一〇一二年）である（『本朝文粋《ほんちょうもんずい》』巻第一四）。次に、この諷誦文において、寂心は道長の「授戒《じゅかい》の師」であることが記されている。道長の出家は寛仁《かんにん》三（一〇一九）年とされており（『小右記《しょうゆうき》』『日本紀略』同年三月二一日条など）、ここでは菩薩戒《ぼさつかい》を受けたことを示しているのかもしれない。この受戒《じゅかい》の時期は明確ではないが、病で辞官と出家を願い出た長徳四（九九八）年、もしくは同じく病で辞官を願い出た長保二（一〇〇〇）年のいずれかを想定できる（『本朝文粋』巻第一四）。その

次に、道長による諷誦文に対する答礼の請文を提出したのが、寂心の弟子寂照である。入宋前の長門や九州あたりで寂心の危篤か訃報を知り、四九日の法要のために京に立ち戻った寂照は、道長との対面を果したかどうかは不明である。しかし、寂照の入宋後、道長との書状のやりとりが数度にわたり行われていることから、四九日後に、公式の許可なく入宋の旅に再出発しようとする寂照は、いったん帰京した機会に、道長の力によって入宋の許可を得た可能性がある。

寂照入宋後の寛弘《かんこう》元（一〇〇四）年、藤原伊周《ふじわらのこれちか》（九七四〜一〇一〇年）が、寂照の旧房（京都東山の如意輪寺?）を訪れ作詩したのに和して道長も作詩し伊周が応答して返した。また、一条《いちじょう》天皇が道長の詩を御覧に入れて、道長は御製の詩を賜り、さらに道長が天皇の詩にも和して（『御堂関白記《みどうかんぱくき》』〈以下、『御堂』〉同年閏九月二三日・二六日・二九日条、『本朝麗藻《ほんちょうれいそう》』巻下）、入宋中の寂照への思いを共有している。権力の中枢にいる三名によって公然と寂照への思いが示されていることからすると、公文書の発給の有無は不明だが、朝廷からの事実上の許可が出ていたことも想像できる。ただし、延久《えんきゅう》四（一〇七二）年に入宋した成尋《じょうじん》（一〇一一〜一〇八一年）は、密航という形をとりながらも、皇太后藤原寛子や藤原師信から写経などの五台山への施入を託され、さらに便乗船の宋海商に対して多額の渡航費用が渡っているので、朝廷の許可はないが公然と出航したことになる。寂照の入宋も、成尋のそれと同様に密航の形であった可能性も否定できない。

●藤原道長の浄土教信仰と東部ユーラシアへのまなざし

入宋後の寂照は、江南に滞在し、源信が望んだ江南の宋僧との交流を進めている。しかし、奝然のように入宋の目的のひとつである五台山への巡礼がなされたかどうかは不明であるが、それを実行する名目で宋皇帝への謁見は果たしている（『宋史《そうし》』巻四九一・日本伝、『参天台五台山記《さんてんだいごだいさんき》』延久四年一二月二九日条所引『楊文公談苑《ようぶんこうだんえん》』）。また、寂照と道長の書状のやりとりが、寛弘二（一〇〇五）年、寛弘五（一〇〇八）年、長和元（一〇一二）年、長和二（一〇一三）年、長和四（一〇一五）年、万寿四（一〇二七）年、長元五（一〇三二）（道長に代わって子頼通が送る）年などで確認できる。これに伴い、江南と日本を行き来する宋海商の商船は頻繁に来航し、道長は彼らがもたらす舶来品（唐物《からもの》）の入手にも力を入れている。

さらに、ここで注目したいのが、長和元年、大宰大弐《だざいだいに》平 親信《たいらのちかのぶ》が、宋海商周 文裔《しゅうぶんえい》来着の解文と寂照の消息書と天竺《てんじく》観音一幅・大僚《だいりょう》作文一巻を道長に送ったことである（『御堂』同年九月二一日条）。「大僚作文一巻」は、内容は不明であるが、当時の北宋を軍事的に脅かす遼《りょう》（契丹《きったん》）に関わる文献と見られる。背景として、中国では五代十国時代以降、周辺地域も含めて軍事的な対立が絶えなかった。北宋が中国全土をほぼ統一した九七九年以降も、遼による北宋や朝鮮半島の高麗《こうらい》への侵攻が行われていた。このような東部ユーラシアの混乱は、日本とも無関係ではなく、たとえば、長保四（一〇〇二）年、高麗の苛酷さに堪えかねた高麗人たちが日本への移住を申請し、朝廷で議論している（『百練抄』同年六月二七日条）。寂照が入宋した翌一〇〇四年に北宋と遼との間で澶淵《せんえん》の盟《めい》と呼ばれる和約が結ばれたが、遼は高麗への侵攻を一〇一〇年から九年間にわたり幾度となく続けている。寂照から道長に送られた「大僚《（遼）》作文一巻」も、まさにこのような政治情勢の中で必要とされたものであった。

一方、道長は寂照の入宋後に浄土教信仰への関心も示している。病気がちだった道長は、寛弘元（一〇〇四）年に病気だった源信に二度にわたり使者を送り（『御堂』同年六月二二日・二六日条）、翌寛弘二（一〇〇五）年には、藤原行成に道長が持っていた『往生要集』の書写を命じ、行成筆の新写本を手元に持ち、原本は行成に下賜している（『権記』同年九月一七日条）。また、長和二（一〇一三）年頃に帰国した寂照の弟子念救《ねんきゅう》（生没年不詳）に対して道長は、長和四（一〇一五）年に北宋へ戻る際、宋天台山大慈寺宛ての施送状を託し、加えて寂照宛に金一〇〇両を送り、一切経論《いっさいきょうろん》・諸宗章疏《しょしゅうしょうそ》を入手することを依頼している（『御堂』同年七月一五日条）。

このように、寂照の入宋は、藤原道長にとって、政治外交上の情報収集、唐物の効率的な入手、浄土教信仰による精神的な安定などをもたらすものであり、単なる巡礼の旅では収まらない重要な使命であり、寂照は、摂関政治全盛期を支える存在のひとりであった。

（皆川雅樹）

【参考文献】

榎本渉『僧侶と海商たちの東シナ海』シリーズ選書日本中世史4（講談社、二〇一〇年）
小原仁『源信』（ミネルヴァ書房、二〇〇六年）
小原仁『慶滋保胤』（吉川弘文館、二〇一六年）
上川通夫『日本中世仏教と東アジア世界』（塙書房、二〇一二年）
倉本一宏『藤原道長の日常生活』（講談社現代新書、二〇一三年）
手島崇裕『平安時代の対外関係と仏教』（校倉書房、二〇一四年）
西岡虎之助「入宋僧寂照についての研究」（同『西岡虎之助著作集　第三巻　文化史の研究Ｉ』（三一書房、一九八四年、初出一九二三年）
速水侑『源信』（吉川弘文館、一九八八年）
平林盛得『慶滋保胤と浄土思想』（吉川弘文館、二〇〇一年）

第3章　女院のネットワーク

1　待賢門院と藤原忠実

●「保安元年の政変」

保安元《ほうあん》（一一二〇）年一一月、関白藤原忠実《かんぱくふじわらのただざね》は突然、白河院《しらかわいん》によって文書内覧《もんじょないらん》を停止され、翌年正月には関白辞任に追い込まれた。忠実の側近であった藤原宗忠《むねただ》は、この事件以来、白河院の「聖徳《せいとく》」は滅んだとし、これが白河院政にとって変わり目となる事件だったと見ている（『中右記《ちゆうゆうき》』大治《だいじ》四〈一一二九〉年七月七日条）。この事件については、従来、とくに名称が与えられていないが、ここではとくに「保安元年の政変」と呼ぶことにしよう。

では、この「保安元年の政変」の原因は何だったのか。これについて、忠実の孫である慈円《じえん》は『愚管抄《ぐかんしょう》』で次のように記している。内覧停止前の同年一〇月、白河院は熊野御幸《くまのごこう》に出かけたが、その間に鳥羽《とば》天皇が忠実に対し娘を入内《じゆだい》させようと語っていた。これを聞いたある人物が熊野にいる院に「アシザマ」に申し、これを聞いた院は「ハタト御ハラヲ立テ」、帰京するや否や、忠実の内覧を停止させたというのである。

ただ、娘の入内をめぐる密談が、なぜ関白失脚という大事件になったのだろう。これまでに院が天皇の勝手な行動に危惧《きぐ》を感じたとする説や、后妃《こうひ》の決定は院の専権事項だったからとする説が出ているが、根本的な問題として、この時期の後宮《こうきゆう》のあり方にも目を向ける必要があるだろう。

というのも、摂関《せっかん》政治期以来、天皇の后妃は皇女《こうじょ》または摂関の娘からのみ選ばれてきた。ところが、この事件が起こる三年前、鳥羽天皇の中宮《ちゆうぐう》として入内・立后《りつこう》したのは、白河院の溺愛《できあい》する「姫君」で、摂関とは関係のない藤原璋子《しようし》（のちの待賢門院《たいけんもんいん》）だった。忠実がここで娘を入内させようとしたのは、こうした事情があったからなのである。

璋子の入内・立后はそれまでの後宮の秩序を変えることにもつながったと思われるが、同時に血縁関係にない忠実が摂関の座にそのまま居続けたとすれば、両者の関係に亀裂が生じるのは容易に想像されるところだろう。すなわち、「保安の変」とは、この亀裂が行き着いた結果かと思われる。そこで、ここでは忠実・璋子の関係から、この事件の意義と真相について改めて見直してみよう。

●璋子の入内・立后

まず、藤原璋子とは何者か。先に彼女について白河院の溺愛する「姫君」と述べたが、彼女は白河院の実の娘ではない。彼女の実の父は、白河院の母方の従兄弟《いとこ》に当たる閑院流《かんいんりゆう》藤原氏の公実《きんざね》だが、公実は璋子が七歳だった嘉承《かじよう》二（一一〇七）年に死去した。その後、璋子は白河院と寵妃《ちようき》である祇園女御《ぎおんにようご》に養女として引き取られたのである。

実は彼女は忠実とも深い因縁があった。本来、彼女は忠実の嫡男《ちやくなん》・忠通《ただみち》の妻になる予定だったのである。忠通も白河の猶子《ゆうし》（養子）とされており、忠通と璋子が結ばれれば、院の養子どうしのカップルが誕生するはずであった。しかも、このとき同時に忠実の娘と鳥羽天皇の結婚も計画されており、実現すれば、摂関家と天皇家との結び付きはより強化されるはずだったのである。しかし、この縁談は二度、三度と延期されて破談となってしまう。理由は璋子の奔放《ほんぽう》な男性関係で、忠実がこれに難色を示したのである（『殿暦《でんりやく》』永久《えいきゆう》五〈一一一七〉年一〇月一〇日条）。

ところが、忠通と璋子の結婚話の破談はかえって忠実の首をしめる結果になってしまう。結婚の破談に落ち込む璋子を気遣って、白河院は彼女を新たに女御として入内させることに方針を転換した。これにともなって、忠実は本来自分の娘がなると思っていた后妃の座を璋子に取られてしまったのである。こうして、璋子は永久五年一二月一三日入内、翌年正月二六日立后して、鳥羽天皇の中宮となった。

●璋子に車を貸さない忠実

摂関政治の時代、天皇の母たる母后《ぼこう》と摂関は一体になって天皇を後見・補佐した。璋子も将来的には天皇の皇子を産み、母后となることが期待されたはずである。だが、自分の娘を差し置いて入内した璋子に忠実はよい感情はもっていなかったであろうし、自分の結婚話を破談にした忠実に璋子もよい感情をもたなかったであろう。こうした二人の関係がうかがえるエピソードとして、璋子の利用する車に関する次のような話がある。

摂関家には、「貞信公青糸毛車《ていしんこうあおいとげのくるま》」といって、代々の后妃が内裏《だいり》の出入りに利用する車が伝えられていた。「貞信公」とは摂関家の先祖である関白藤原忠平《ただひら》のことなので、本来は后妃とは直接関わりなく、単に古くから摂関家に伝わる車だったのだろう。ところが、摂関政治期以降、多くの后妃が摂関家の娘から選ばれるとともに、この車に乗って入内したことで、この車は后妃の乗るべき車と見なされるようになったのである。

後朱雀天皇《ごすざくてんのう》以降、天皇は摂関家の娘のほか、摂関家の血を引く皇女を后妃として迎えることが多くなったが、彼女たちの入内に当たっても、摂関家から「貞信公青糸毛車」が貸し出され、御料車として利用された。堀河天皇《ほりかわてんのう》の准母《じゅんぼ》（母代わり）として入内した媞子内親王《ていしないしんのう》も寛治《かんじ》六（一〇九二）年、忠実の祖父師実《もろざね》からこれの提供を受けている（『為房卿記《ためふさきょうき》』同年三月四日条）。摂関家は娘が后妃にならなくても、この車を貸すことで、本来「后妃を出す家」であることを周りに示したのである。

ところが、元永《げんえい》元（一一一八）年、白河院から璋子の御料車《ごりょうしゃ》として「貞信公青糸毛車」の貸し出しを要請された忠実はこれを拒否している。表向きの理由は壊れたためであったが、これを受け、白河院が「他家出身の璋子の御料として貸すのを惜しんでいるのだろう」と述べているように（『桃華蘂葉《とうかずいよう》』）、断った本当の理由が、貸す相手が璋子だったからだったのは明白であった。忠実は代々の后妃が乗る御料車を貸さないことで、暗に璋子を后妃として認めないことを示したのである。

●白河院政と璋子

このように、璋子を后妃として認めなかったとしても、璋子の入内・立后は、天皇の后妃の座を他家の娘に奪われたというだけの問題では済まなかった。

この当時、政権を主導していたのは、いうまでもなく白河院であった。だが、院には退位とともに内裏を退去し、天皇とは同居できないという不文律《ふぶんりつ》があった。つまり、院は天皇の父祖として天皇の後見人でありながら、直接的に天皇を後見したり、指示を与えたりすることはできなかったのである。

そこで、院政が開始されて以降も、摂関が院に代わって天皇の側に仕え、内裏の中を取り仕切っていたのだが、璋子の入内は、このような忠実の役割にも大きな影響を与えたと考えられる。璋子は院の養女であり、内裏と院御所との往来が可能である。これまでは院は内裏の中への直接のパイプをもたなかったはずだが、璋子の入内によって、院は璋子という内裏への太いパイプをもつことになるのである。

事実、璋子は入内後もたびたび内裏を退出して里第《りてい》（内裏外の御所）に入ったが、璋子が里第に入ると、院もそこに入って対面することが多かった。このことは従来、院と璋子の「密会」とされ、璋子が立后以後も院との不適切な関係を続けたを示すものと理解されてきたが、このような理解は、崇徳天皇《すとくてんのう》が璋子と白河院の間に生まれたとする『古事談《こじだん》』の説話に引きずられたものである。近年、崇徳の実父が白河院とする説は否定されており、だとすると、右のような理解も修正を要する。そもそも院は璋子の父なのであるから、璋子が実家に帰ること自体は何も不自然なことではないはずなのである。

むしろ院が内裏の中に入れないという事実を踏まえるなら、璋子の里第参入は、院にとって璋子を介して内裏や天皇とつながる重要な場であり、政治的な問題として捉え直すべきだろう。これまでであれば忠実のところで止められていた内裏の中の情報も、璋子を介して院に筒抜けになっただろうし、逆に璋子を介して院の意向が天皇に伝えられることもあったと思われる。璋子の存在を介して、院は従来であれば入れなかった内裏の中への介入を強めた。これこそ忠実にとって深刻な脅威だったと考えられるのである。

●「保安の変」再考

このように、璋子が天皇と院をつなぐ重要な役割を果たしていたとすれば、璋子を后妃として認めず、彼女との良好な関係が築けなかったことは、忠実にさらに悪い影響を与えただろう。右に、璋子が入内すると、内裏の中の情報が璋子を介して院に筒抜けになったはずと述べたが、重要なのは、こうした情報とは、あくまで璋子の目を通したものであることである。すなわち、璋子と忠実との関係が悪かったとすれば、忠実に関する情報は璋子を通して、ゆがめられて院に伝わった可能性もあると思われるのである。

このことを踏まえて「保安の変」について見直してみると、実はひとつ興味深い事実がある。保安《ほうあん》元年一〇月三日、白河院は熊野御幸に出発した。この間、院が京都を離れているすきに、鳥羽天皇と忠実は、忠実の娘の入内に関する相談を行っていた。このことが発覚して院は忠実の内覧を停止したという『愚管抄』の話は、前述した通りだが、注目したいのは、忠実が内覧を停止された一一月一三日の直前の院の居場所である。

白河院は一〇月二一日、熊野から京都に戻ると、まず鳥羽殿《とばどの》に入った。先述のように、『愚管抄』は、忠実の娘の入内の話を熊野へ「アシザマ」に告げる者がおり、院は「御帰洛ノスナハチ」、忠実の内覧を停止したとする。だが、実際は、その後も半月ほどは、院は鳥羽殿にいて、何の指示も下していなかった。

ところが、実は内覧停止の前日である一一月一二日になって、三条烏丸殿《さんじょうからすまどの》に移っている。三条烏丸殿は璋子の里第で、一一月七日に璋子は内裏からここに下っていた。つまり、忠実が内覧を停止され、失脚したのは、院が熊野から帰京後、はじめて璋子と会ったその直後なのである。璋子が内裏の中と院をつなぐパイプとしての役割をもっていたこと、そして忠実との関係がよくなかったことからすれば、このことは単なる偶然ではあるまい。

忠実の娘の入内をめぐって、天皇と忠実の間に密談があったことは、すでにこれ以前から噂になっていたので、入内問題が忠実失脚のきっかけとなったことは間違いない。だが、内裏の中に入れない院は、直接事の真偽を確認する術をもたなかった。一方で璋子が内裏の中とのパイプ役だったことから考えると、璋子と会った直後に、忠実の内覧が停止されたのは、院が璋子に会って事情を確認したためと考えるのが妥当だろう。院は璋子と対面して、そのときに噂の真偽を確かめようとしたのである。

しかし、忠実と折り合いがよくない璋子が、ここで忠実をかばうことなどありえまい。ましてや彼女が悪意をもって忠実を陥《おとしい》れようとして根も葉もないことを言っていたとしても、溺愛する璋子の口を介して語られたものであれば、白河院はそれを盲信《もうしん》したのではないだろうか。つまり、天皇と忠実の密談があったにしろ、なかったにしろ、最終的に璋子の一刺しは大きかったはずである。忠実にとっては璋子との関係の悪さは思わぬ命取りとなったのである。

●その後

内覧を停止された忠実は、翌年正月二二日、関白の地位も辞して息子の忠通に譲った。以後もしばらくは京内の自邸にいたようだが、のち高齢の大伯母・太皇太后《たいこうたいごう》藤原寛子《かんし》に仕えるため、宇治に下っていった。

一方、璋子は保安四年、皇子顕仁《あきひと》を即位させ（崇徳天皇）、念願の母后になる。天治《てんじ》元（一一二四）年には、院号を宣下《せんげ》されて待賢門院となった。彼女は、藤原道長《みちなが》の娘として後一条《ごいちじょう》・後朱雀の二代の天皇を生み、母后として五〇年以上にわたって宮中に君臨した上東門院《じょうとうもんいん》彰子《しょうし》のあとを継ぐ存在となったのである。

ただ、璋子の栄華は上東門院のように長くは続かなかった。大治《だいじ》四（一一二九）年、璋子の後ろ盾となっていた養父白河院が没した頃から、鳥羽院は藤原長実《ながざね》の娘・得子《とくし》を寵愛するようになっていった。しかも、鳥羽院政が開始されると、鳥羽院は忠実の復権を認め、かれを内覧に再任したのである。

復権した忠実は鳥羽院や得子と結ぶことで、積年のリベンジを果たしていく。まず、長承《ちょうしょう》三（一一三四）年、忠実はついに娘の勲子《くんし》（のち泰子《たいし》）を鳥羽院の皇后として立后させた。そして、永治《えいじ》元（一一四一）年、得子の生んだ皇子体仁《なりひと》が即位すると（近衛《このえ》天皇）、忠通の娘聖子《せいし》が養母として内裏に天皇と同居することになる。近衛の即位によって璋子は母后としての地位から転落し、翌年二月、出家した。

璋子と得子はライバルとして激しい火花を散らしたといわれるが、得子の生んだ皇女叡子《えいし》が泰子の養女として迎えられるなど、得子と忠実は親密な関係にあった。得子の向こうには忠実がいたのであり、忠実こそが璋子の本当のライバルだったといえるかもしれない。

（樋口健太郎）

【参考文献】

河内祥輔『日本中世の朝廷・幕府体制』（吉川弘文館、二〇〇七年）
角田文衛『待賢門院璋子の生涯―椒庭秘抄―』（朝日選書、一九八五年）
樋口健太郎『中世摂関家の家と権力』（校倉書房、二〇一一年）
樋口健太郎『中世王権の形成と摂関家』（吉川弘文館、二〇一八年）
美川圭「崇徳院生誕問題の歴史的背景」（『古代文化』五六―一〇、二〇〇四年）

2　美福門院と信西

●政治史に描かれない女性

藤原信西《ふじわらのしんぜい》（通憲《みちのり》）といえば、保元《ほうげん》の乱に勝って権力を手中にしたものの、平治《へいじ》の乱では藤原信頼《のぶより》と敵対し、命を落とした人物として有名であろう。

日本史の教科書にも保元の乱については、「後白河《ごしらかわ》天皇は、（藤原）忠通《ただみち》や近臣の藤原通憲（信西）の進言により、平清盛《たいらのきよもり》や源義朝《みなもとのよしとも》らの武士を動員し、崇徳上皇《すとくじょうこう》方を攻撃してやぶった」とある。また平治の乱は、「院政《いんせい》をはじめた後白河上皇の近臣間の対立から、平治元（一一五九）年には、清盛と結ぶ通憲に反感をいだいた近臣の一人藤原信頼が源義朝と結んで兵をあげ、通憲は自殺した」と記述される。このように藤原信西は保元の乱から平治の乱のころに活躍した院近臣《いんのきんしん》であり、後白河院や平清盛と連携して内乱を戦ったとイメージされることが多い人物であろう。

しかし、信西は一方で、美福門院藤原得子《びふくもんいんふじわらのとくし》という女院《にょいん》とも、保元の乱後の大事な時期に政治的連携を深めていた。このことはもちろん当該期の政治史とも大きく関わるが、なかなか教科書のような一般的な歴史のなかで描かれることはない。結論からいえば、政治史のなかに美福門院が分け入る余地は多いにある。このことについて、美福門院と信西との関係から述べていきたいと思う。

●美福門院藤原得子

まず美福門院藤原得子は、鳥羽院の晩年の正妻であり、崇徳天皇のあとに即位した近衛《このえ》天皇の生母である。ほかに娘を三人生んだが、その一人が八条院《はちじょういん》である。ちなみに鳥羽院の最初の正妻は、待賢門院《たいけんもんいん》藤原璋子《しょうし》である。璋子の実父は鳥羽天皇の外伯父権大納言《ごんのだいなごん》藤原公実《きんざね》で、当時は外戚として摂関家をもしのぐ勢いがあり、璋子自身は白河院《しらかわいん》の養女となり、院の娘として鳥羽院と結婚した。白河院が璋子を寵愛したことから、鳥羽院と璋子の子崇徳天皇は、白河院と璋子の不義の子と疑われ、鳥羽院から生まれながらに叔父である子という意味で「叔父子《おじご》」と言われたと語られる。

美福門院藤原得子は、待賢門院より一六歳年下であり、待賢門院にかわり鳥羽院の正妻の地位を得た。父藤原長実《ながざね》は院や摂関家に奉仕して身を立てるいわゆる諸大夫《しょだいふ》層で、当然摂関家やそれにつぐ家格の公実の家とは段違いに家格差があった。鳥羽院は史上初めて諸大夫レベルの娘を、そして史上初めて自分で選んだ妻を后位《こうい》（皇后）につけたのであった。得子は皇子を生み、その子がわずか三歳で崇徳天皇に代わって天皇位につくと（近衛天皇）、天皇の母として皇后となる。このとき鳥羽院と待賢門院の子であった崇徳上皇の妻藤原聖子《せいし》は皇太后となった。崇徳上皇から見れば父鳥羽院の妻美福門院が皇后で、子である崇徳上皇自身の妻聖子が皇太后という、ある意味ねじれた逆転現象が起こったことになる。そうまでしても諸大夫の娘である得子を皇后にし、国母《こくぼ》として優遇したことには、鳥羽院の強い意志があったろう。それはともかくも、近衛天皇が天皇位につくことによって、得子は国母となり、皇后を経て女院ともなったのであった。しかし、近衛天皇は久寿《きゅうじゅ》二（一一五五）年、一七歳の若さで亡くなってしまう。近衛天皇に子どもはいなかった。

次の天皇を誰にするかということを、鳥羽院・美福門院・関白藤原忠通そして院近臣らで模索した結果、後白河天皇が即位する。はじめは、美福門院が養育していた後白河天皇の子でのちの二条《にじょう》天皇を即位させようとしたが、父が存命であるのに子が即位することの是非が問われ、まずは父後白河天皇が中継的に即位することになった。ちなみに、このときに女帝候補としてあがったのが、先述の美福門院所生の娘、八条院である。

翌年鳥羽院が没すると、保元の乱が起こる。保元の乱の結果は周知のとおり後白河天皇側の勝利となったが、結局のところ摂関家の力が衰微し、ある意味一人勝ちしたのは院近臣であった。その中でも随一の院近臣が、藤原信西だったのである。信西については、このあと詳述するが、保元の乱後において信西のような旧鳥羽院近臣を従えたのは後白河天皇ではなく、美福門院であった。美福門院と信西が後白河天皇の践祚《せんそ》からわずか三年後の保元三（一一五八）年に、いよいよ美福門院養子の二条天皇への譲位を実現させる。この譲位の決行は、「仏と仏の評定《ひょうじょう》」で決められたと記されている（『兵範記《ひょうはんき》』保元三年八月四日条）。仏と仏とは、このときすでに出家の身であった美福門院と信西のことで、この二人によって譲位が決定されたと同時代の人もみなしていたのである。

●藤原信西

次に藤原信西について述べよう。信西は出家前の名を通憲といい、父は文章生《もんじょうしょう》藤原実兼《さねかね》で学問、とくに儒学《じゅがく》を司る家に生まれた。父実兼も非常に才智あったと言われたが、若いうちに急死した。そのときまだ七歳であった幼い通憲は、豊かな受領《ずりょう》で、やはり学問の家であった高階経俊《たかしなのつねとし》の養子となり、さらに高階重仲《しげなか》の娘と結婚した。彼自身も博学の才を受け継ぎ、おそらくはその才智をもって、生家や養家の家柄のわりには若くから朝廷で重用された。待賢門院判官代《ほうがんだい》から鳥羽院判官代をつとめて、鳥羽院に近しく仕えた。しかしやはり出自が影響してか、出世が芳しくなく官途に見切りをつけて鳥羽院に出家を願い出た。

鳥羽院は通憲の才器を惜しんで出家を思いとどまらせ少納言《しょうなごん》に任じたが、通憲は程なく病気になり、結局半年ほどで官を辞して出家した。出家に先立ち「氏神のたたり」により藤原姓に復したという。藤原復姓は高階という氏での出世を見切ったためともいい、出家もまた俗界の身分秩序を克服しようとしたものであったという。このようにして通憲は少納言入道《にゅうどう》信西となった。

信西は出家後、院の近臣としての地位を確保していった。彼はその比類無い学才をもって鳥羽院近臣として信任を得ていった。さらに彼にとって好都合だったのは、鳥羽院近臣の筆頭格であった藤原顕頼《あきより》、藤原家成《いえなり》が次々と亡くなり、必然的に彼が鳥羽院近臣の第一人者となったことである。またそのタイミングで、鳥羽院と美福門院の子近衛天皇が亡くなり、次の天皇の選定の際、第一候補は美福門院の養子であった守仁親王《もりひとしんのう》（二条天皇）だったが、先述のように結局はその父である雅仁親王（後白河天皇）がまず即位した。父雅仁親王が先に即位したのは、現存の父王を超えて子が即位するのは当時の常識からみても不自然であったためであるが、信西はその雅仁《まさひと》親王（後白河天皇）の乳母《めのと》の夫でもあったのである。

さらに信西の子成範《しげのり》は美福門院判官代、娘二位局《にいのつぼね》は美福門院女房となっており、また信西は美福門院が鳥羽院から受け継いだ上総《かずさ》国橘木荘《たちばなのしょう》の知行者《ちぎょうしゃ》でもあることから、信西の家は美福門院の信頼をも得ていたと考えられる。このように信西は鳥羽院・美福門院の信任をもって院近臣第一人者の地位を獲得しており、鳥羽院が没すると信西と美福門院の政治的立場は重みを増し、保元の乱へと突入することになる。

保元の乱後は、鳥羽院の流れを引き継いだ治天の君の代替者である美福門院と院近臣第一人者信西が政治の中心となっていった。一般的に信西の政治力のうしろだてとも言われている後白河天皇は、当時まだ中継天皇とみなされており政治力を発揮する立場にはなかった。それは先述した美福門院と信西の「仏と仏の評定」による後白河天皇譲位の決定という事実からも納得できよう。この決定こそが、保元の乱後の政治の中心に美福門院と信西がいたことを示す象徴的な出来事なのである。

●安楽寿院新御塔造営からみる美福門院と信西

少し時代が遡るが、鳥羽院は京の南、鳥羽殿《とばどの》に自らの終焉の地および墓地として、御願寺《ごがんじ》安楽寿院《あんらくじゅいん》を創建した。保延《ほうえん》三（一一三七）年に御堂《みどう》（阿弥陀堂《あみだどう》）を建立したことに始まる。ただし、これをもって安楽寿院の完成なのではなく、その後、保延五（一一三九）年の本御塔《ほんみとう》、翌年平等王院《びょうどうおういん》、久安《きゅうあん》元（一一四五）年御所と三昧僧坊《さんまいそうぼう》、久安三（一一四七）年無量寿院《むりょうじゅいん》、久寿二（一一五五）年不動堂《ふどうどう》、そして保元二（一一五七）年の新御塔の建立まで、実に二〇年にわたって、堂舎《どうしゃ》が建てつづけられ寺院の伽藍《がらん》が整備され、拡充していった。

各堂舎には、それぞれ造営担当者がおり、造営費を供出するとともに、その堂舎を維持・運営していく経費確保のために、全国から荘園《しょうえん》を集め、立荘《りっしょう》することによって堂舎に附属する荘園群を形成した。堂舎の造営担当者はほとんどの場合院近臣が担った。安楽寿院には安楽寿院領と称される御願寺領荘園群が形成されたが、その内実は安楽寿院の中の堂舎別に荘園群が形成され、各堂舎ごとの荘園群の総体が安楽寿院領と称されたのであった。

最初に建てられた御堂（阿弥陀堂）と本御塔は、鳥羽院の御願をうけて当時の院近臣筆頭である藤原家成が造営担当者となった。御堂（阿弥陀堂）は安楽寿院の根幹をなす堂舎であり、本御塔は鳥羽院の墓所である。この重要な両堂舎を院近臣の代表格藤原家成が建立したのである。保元元（一一五六）年に鳥羽院が没すると、実際に鳥羽院は本御塔に葬られた。

この本御塔に対して新御塔は、美福門院の墓所として、鳥羽院死後の保元二（一一五七）年に建てられた。安楽寿院に塔を二基建てて、鳥羽院・美福門院の墓とするということは、そもそも鳥羽院の構想であったという（『山槐記《さんかいき》』永暦元年一二月六日条）。鳥羽院没後で保元の乱直後というこの時期に、新御塔の造営を積極的に推し進めていった造営担当者は誰か。これこそ藤原信西なのである。新御塔という目立つ高い建物は、鳥羽殿の新しい政治的モニュメントともなったに違いない。当時は先述したように院近臣の双璧藤原家成・顕頼はすでにこの世を去っており、信西が院近臣の第一人者となっていた。そこで信西は、美福門院が鳥羽院の遺志を引き継いだことを示すためにも、新御塔という視覚的にも権力をシンボリックに表現しうる建造物を、家成の手法を引き継ぎつつ、自らが担当者となって造営しようと考えた。この造営にあたり、新御塔にも附属の荘園群を形成していくことになったが、信西は故家成の近親者から荘園を集めることに成功している。つまり家成を中心に形成されていた院近臣グループは、家成にかわって院近臣第一人者となった信西を支持したことを意味しよう。むしろここからも信西が名実ともに院近臣の筆頭となっていたことが浮き彫りとなるのである。

また、新御塔の落慶供養《らっけいくよう》は、先述の「仏と仏の評定」で二条天皇が即位した直後に行われた。新御塔の造営と二条天皇の即位決定は、ほぼ同時期だったと言える。この時期、美福門院と信西の関係は、より一層強固なものとなっていたことが、この新御塔造営によっても明らかとなるのである。

●美福門院の墓所変更

鳥羽院の遺志を受け継いだ美福門院と院近臣信西との強固な関係は、平治の乱での信西の自害で終焉する。美福門院もまた平治の乱から一年足らずで病気により没する。美福門院は自らの墓所について遺言を残した。それは自分の遺骨を安楽寿院の新御塔ではなく、高野山に埋葬して欲しいというものであった。安楽寿院両塔供僧となっていた天台僧による抗議はあったものの、美福門院の遺志が貫かれ、結局女院は高野山に埋葬された。このことの意味を明確に分析する研究はいまのところ出ていないが、夫婦同墓を企図していた鳥羽院の遺命に美福門院が背いたとみなすのが一般的である。美福門院は最後の最後に夫鳥羽院を裏切った、という見方である。

しかし、このことについては次のように考えられるのではないだろうか。新御塔の造営担当者信西は塔完成直後に平治の乱で没し、信西が死去した以上、新御塔を支える勢力が維持されることは考えにくい状況となった。前述のように、信西は家成を中心とした院近臣グループを継承し、その院近臣グループが新御塔附属荘園群の形成に協力していた。しかし、そもそも平治の乱は院近臣グループの内紛だったとも言われている。信西とその一族は従来の伝統的な院近臣の職務を押さえて政権の中枢に躍り出たため彼らの反感を買い、それが平治の乱へと繋がったのだというのである。そうであるならば、美福門院は平治の乱で信西を失っただけではなく、信西が継承していた院近臣グループによる支援をも失ったといえるのではないだろうか。つまり、院近臣たちの支援のもとに運営・維持されるはずだった美福門院墓所＝新御塔は、将来的にたちゆかなくなるという見通しが容易に立ってしまった。それならば、美福門院は平治の乱の直前に鳥羽院の供料として紀伊《きい》国荒河荘《あらかわのしょう》を高野山に寄進しており、その高野山こそ、自分の墓所としてふさわしいと、平治の乱後には考えを改めざるをえなかったとも考えられるのである。

ここまで日本史上有名な藤原信西と、美福門院との関係を、安楽寿院新御塔造営という視点もまじえて見ることにより、信西政権が美福門院とともにあったという一面を明らかにしてきた。信西が平治の乱で敗れ、院近臣グループの支持も得られなくなり、美福門院は政権の中枢にいることはできなくなった。美福門院墓所が土壇場で変更されたことは、このことの結末であろう。それでも、美福門院は諸大夫の娘ながら、ほんの短い期間ではあるが政権の中枢にいた女院であることは明らかな史実なのである。

（野口華世）

【参考文献】

栗山圭子「准母立后制にみる中世前期の王家」（『中世王家の成立と院政』（吉川弘文館、二〇一二年、初出二〇〇一年））
五味文彦「信西政権の構造」（『平家物語、史と説話』（平凡社、一九八七年、初出同年）
佐伯智広「二条親政の成立」（『中世前期の政治構造と王家』（東京大学出版会、二〇一五年、初出二〇〇四年）
角田文衛「通憲の前半生」（『王朝の明暗』東京堂出版、一九七七年、初出一九七四年）
野口華世「安嘉門院と女院領荘園―平安末・鎌倉期の女院領の特質―」（『日本史研究』四五六、二〇〇〇年）
野口華世「中世前期の王家と安楽寿院―「女院領」と女院の本質―」（『ヒストリア』一九八、二〇〇六年）
橋本義彦「頼長と信西」（『平安の宮廷と貴族』吉川弘文館、一九九六年、初出一九七四年）
橋本義彦「美福門院藤原得子」（『平安の宮廷と貴族』吉川弘文館、一九九六年、初出一九八七年）
橋本義彦「保元の乱前史小考」（『平安貴族社会の研究』吉川弘文館、一九七六年、初出一九六二年）
元木泰雄「院の専制と近臣」（『院政期政治史研究』思文閣出版、一九九六年、初出一九九一年）

3 建春門院と後白河院

●日本史上最大の格差婚

近年しばしば聞く言葉に、「格差婚」というものがある。「新郎新婦の収入・社会的地位・容姿・人気が釣り合わない結婚」という意味だ。筆者は正直あまり好きになれない言葉であるが、かつては「女性が金持ちの男性と結婚すること」を表す「玉の輿」という言葉しかなかった（男性が金持ちの女性と結婚することは、「逆玉」＝「玉の輿の逆」）ことを思えば、それだけ男女の社会的関係も変わってきたと言えるのかもしれない。

日本史上最大の格差婚とも言えるのが、本稿で取り上げる、平滋子《たいらのしげこ》（建春門院《けんしゅんもんいん》）と後白河院《ごしらかわいん》との結婚である。後白河院については、保元《ほうげん》の乱当時の天皇として、あるいは、院政を行い、平清盛《きよもり》や源頼朝《みなもとのよりとも》に対した人物として、よく知られているところであろう。これに対して、建春門院はどのような女性なのか。また、なぜ二人の結婚が史上最大の格差婚と言えるのか。

現代社会と異なり、院政期の貴族社会は、厳然たる階級社会であった。貴族たちは、それぞれの位階と官職によってランク分けされるのだが、それとは別に、父系の血統、すなわち、生まれによってもランク分けされるのである。

貴族たちは、具体的には、上から順に公達《きんだち》・諸大夫《しょだいぶ》・侍《さむらい》という三ランクに分かれていた。公達は、藤原《ふじわらの》忠平《ただひら》（八八〇～九四九年）の子孫、および、宇多《うだ》天皇（八六七～九三一年、在位八八七～八九七年）以後に賜姓された源氏で構成されており、公卿《くぎょう》の大多数を占める階層であった。これに対し、その他大勢というべき諸大夫は、ほとんどが四・五位止まりであり、院政期の初めには、公卿に到達した場合でも、中納言《ちゅうなごん》が昇進の上限となっていた。さらにその下の侍は、五位にたどりつくのが精いっぱいという、貴族社会の最下層というべき存在である。

当然のことながら、天皇・院の后妃となる存在も、公達以上の出身の女性に限られていた。この壁を初めて破った女性は、永治《えいじ》元（一一四一）年に鳥羽院《とばいん》の皇后となった藤原得子《とくし》（美福門院《びふくもんいん》）であったが、得子の父藤原長実《ながざね》は、白河院《しらかわ》の近臣筆頭というべき存在であり、諸大夫とはいえ、大治《だいじ》五（一一三〇）年に権中納言《ごんのちゅうなごん》に昇進していた。これに対し、滋子の父平時信は、同じ諸大夫とは言っても正五位下《しょうごいのげ》止まりの人物であり、長実には遠く及ばない。

また、滋子より後の例として、承安《じょうあん》二（一一七二）年に平徳子《とくこ》（建礼門院《けんれいもんいん》）が高倉《たかくら》天皇の中宮《ちゅうぐう》となっているが、徳子の父平清盛は、諸大夫でありながら、その武力を背景に太政大臣《だじょうだいじん》まで昇進していた（入内時《じゅだい》にはすでに出家）。しかも、徳子は入内に際し、後白河院の猶子とされており、院の娘としての入内であった。このように、同じ諸大夫の出身とはいえ、得子・徳子と比して、滋子の立場はさらに下であったと言えるのである。

●二人のなれ初め

身分の低い生まれの滋子が、後白河院と結ばれた直接のきっかけは、滋子が、後白河院の姉上西門院《じょうさいもんいん》に、女房として仕えていたことにあったと考えられている。二人の出会いがいつのことであったのかは史料が残されていないが、応保《おうほう》元（一一六一）年九月三日に、二人の間に憲仁《のりひと》親王（のちの高倉天皇）が生まれていることから、二人の関係が少なくともその前年には始まっていたことは確かである。憲仁誕生時点で、後白河院三五歳、滋子二〇歳（いずれも数え年）。

だが、この時点で、滋子は、後白河院の后妃として遇されていたわけではない。後白河院と法住寺殿《ほうじゅうじどの》で同居し、「東御方《ひがしのおんかた》」と称されていた（『玉葉《ぎょくよう》』仁安《にんあん》二〈一一六七〉年正月二〇日条）ものの、その立場はあくまで私的なものであり、公的に位置づけられたものではなかった。滋子が初めて后妃としての公的な処遇を受けたのは、憲仁が皇太子に立てられた翌年の仁安二年正月、女御《にょご》とされたことによってである。その後、翌仁安三（一一六八）年に高倉天皇が即位すると、滋子は皇太后となり、さらに翌嘉応《かおう》元（一一六九）年、滋子は院号宣下を受けて女院《にょいん》となった。このとき受けた女院としての院号こそ、「建春門院」にほかならない。

滋子に仕えた女房健御前《けんごぜん》の日記『たまきはる』などによると、滋子は非常に美しく、また、芯の強い女性であったらしい。そんな滋子に対する後白河院の寵愛は、非常に深いものであったが、一夫多妻制の当時、寵愛を受けたからといって、それが后妃の地位へと直結していたわけではない。また、後白河院には、高倉天皇のほかにも多くの男子が存在しており、母への寵愛のみを理由に、高倉天皇が皇位に即けるわけもない。そこには、相応の政治的事情が存在していた。

高倉天皇が生まれた頃、後白河院は院政を行っていたが、その地位は決して安泰ではなかった。息子である二条《にじょう》天皇との間で、政治的主導権を巡る争いが生じていたためである。二条天皇は、後白河院と藤原懿子《いし》との間に康治《こうじ》二（一一四三）年に生まれた皇子であり、母懿子は出産直後に亡くなっていたが、幼少時から美福門院の養子として育てられていた。久寿《きゅうじゅ》二（一一五五）年に近衛《このえ》天皇が死去すると、後白河天皇が即位したものの、当時院政を行っていた鳥羽院と、その妻である美福門院にとって、本命の後継者は二条天皇だったのである。保元三（一一五八）年には、後白河天皇の退位と二条天皇の即位が行われたが、これは、美福門院と、もと鳥羽院の側近で、鳥羽院が保元元（一一五六）年に死去してからは政務の実権を握っていた信西《しんぜい》との間で決定されており、後白河院はかやの外に置かれていた。

その後、平治《へいじ》元（一一五九）年に平治の乱が勃発し、信西一門が討たれたが、後白河院の近臣も、乱の首謀者である藤原信頼《のぶより》が処刑されるなど、大きな打撃を蒙った。ところが、乱の直後の永暦《えいりゃく》元（一一六〇）年には、二条天皇のおじ藤原経宗《つねむね》が配流されるなど、二条天皇の側近にも処罰が及んでいる。後白河院の滋子に対する寵愛は、このように後白河院・二条天皇の双方が政治的主導権を握れない中で生じたのであった。

実は、滋子は、出自こそ低いものの、政治的には非常に重要なコネクションをもっていた。滋子の異母姉時子《ときこ》は、平清盛の正妻だったのである。二人の関係が始まった時点で、この滋子の人脈を後白河院がどのように考えていたかについて述べた記録は存在していないが、全く意識していなかったと考えるのも不自然であろう。現実に、憲仁誕生の直後、憲仁擁立を図ったとして、平時忠《ときただ》（滋子の異母兄、時子の同母弟）、平教盛《のりもり》（清盛の異母弟）が解官《げかん》されているが、彼らの行動は、滋子との関係があればこそのものであった。

だが、この時点で、清盛自身が、滋子との関係によって動くことはなかった。清盛は、正統の皇位継承者である二条天皇を支持したのである。憲仁の誕生をきっかけに、逆に後白河院は政務から排除され、二条天皇の親政を、摂関《せっかん》家や清盛が支える政治体制が構築されたのであった。

●二人の婚姻がもたらしたもの

結局、後白河院の復権は、永万元《えいまん》(一一六五)年に二条天皇が死去し、さらに、仁安元(一一六六)年に摂政《せっしょう》藤原基実《もとざね》が死去したのちのことであった。先述の如く、仁安三年には高倉天皇が即位し、滋子も公式に後白河院の后妃として遇されることとなったが、それに高倉天皇の誕生から七年もの時間を要した背景には、こうした事情が存在していたのである。

二条天皇を支持していた清盛は、娘の盛子を基実の正妻としていたが、二条天皇・基実の両者が相次いで死去してしまっては、後白河院を支持せざるをえなくなっていた。後白河院と清盛とが協調する上で、滋子と清盛との姻戚関係は、重要な役割を果たす。先に述べた、承安元年の高倉天皇と平徳子(清盛の娘)との婚姻に際し、直前に後白河院と滋子が摂津国福原《せっつのくにふくはら》に御幸《ごこう》して清盛を訪問していることは、まさにその現れであろう。事ここに至って、滋子と清盛との間の人脈が、有効に作用することとなったのである。

だが、後白河院と清盛との間の連携は、長くは続かなかった。もともと、院近臣としてのし上がってきた平氏は、後白河院の近臣たちと、政治的地位をめぐって競合関係にあった。それゆえに、滋子を通じての紐帯がなおさら重要であったわけだが、肝心のその滋子が、腫物が原因で安元《あんげん》二(一一七六)年七月に亡くなってしまったのである。このとき、滋子は三五歳。惜しまれる早世であった。

協調の要であった滋子の存在が失われたことで、後白河院と清盛との関係は、急速に破局を迎えた。滋子の死から一年も経たない治承《じしょう》元(一一七七)年六月、清盛は、反平氏の陰謀を企んだとして、藤原成親ら後白河院の近臣たちを処罰する(鹿ケ谷《ししがたに》事件)。そして、二年後の治承三(一一七九)年、清盛はついにクーデターによって後白河院政を停止し、政権を掌握する(治承三年政変)。翌治承四(一一八〇)年二月、高倉天皇から安徳天皇へと譲位が行われ、清盛は天皇の外祖父《がいそふ》となったのである。

とはいえ、その清盛の権勢も、短くはかないものであった。治承四年五月、後白河院の皇子以仁王《もちひとおう》の挙兵をきっかけに、全国に内乱の火の手が上がる。戦乱の最中の翌養和《ようわ》元（一一八一）年閏二月、清盛は熱病で死去、残された一門の者も、ほとんどが寿永《じゅえい》二（一一八三）年に都落ちし、文治《ぶんち》元（一一八五）年に壇ノ浦《だんのうら》の合戦で敗れて滅亡を迎えたのである。

治承三年政変で、後白河院は京の南方の鳥羽殿《とばどの》に幽閉されていたが、内乱の発生後に幽閉を解かれ、院政を再開している。そして、平氏の都落ちの際には、平氏の隙を突いて延暦寺に逃れ、京都に残留することに成功した。その後は木曽義仲《きそよしなか》・源頼朝と交渉しながら院政を維持し、建久三（一一九二）年に死去している。

思えば、後白河院の治世における最大のハイライトは、安元二年三月に催された、五十の御賀であった。後白河院と建春門院の暮らす法住寺殿に高倉天皇が行幸《ぎょうこう》し、廷臣たちがこぞって後白河院の五〇歳を祝ったのである。平氏一門も、すでに出家していた清盛こそ出仕していないものの、清盛の嫡子である大納言《だいなごん》平重盛を筆頭に、大挙して法住寺殿に参じた。これを受けて、後白河院も、平氏一門の貢献を賞する院宣《いんぜん》を、清盛に送っている（『安元御賀記《あんげんおんがのき》』）。

滋子の死は、それからわずか四か月後のことであった。そして、一〇年後の文治二（一一八六）年、後白河院は六〇歳を迎えるが、後白河院は六十の御賀を行わなかった。前年三月の壇ノ浦の合戦で源平の争乱は終結していたものの、一〇月に源義経が兄頼朝に対する挙兵を行った影響で、軍事的緊張が続いていたからである。後白河院自身も、義経に対して頼朝追討の宣旨を下すなど、挙兵に深く関わっていた。

後白河院の晩年においても、平氏の焼打ちによって焼失した東大寺大仏の再建供養（文治元年）などの事績はあるが、やはり華やかさに欠ける面は否めない。後白河院にとって、滋子との死別こそ、その治世における最大のターニングポイントであったと言えよう。

（佐伯智広）

【参考文献】

角田文衞「建春門院」（古代学協会編『後白河院　動乱期の天皇』吉川弘文館、一九九三年）
玉井力「「院政」支配と貴族官人層」（『平安時代の貴族と天皇』岩波書店、二〇〇〇年、初出一九八七年）
五味文彦『平家物語、史と説話』（平凡社、二〇一一年、初出一九八七年）
元木泰雄『保元・平治の乱　平清盛勝利への道』（角川学芸出版、二〇一二年、初出二〇〇四年）
佐伯智広「建春門院平滋子―後白河院の寵姫―」（服藤早苗編著『「平家物語」の時代を生きた女性たち』小径社、二〇一三年）
佐伯智広『中世前期の政治構造と王家』（東京大学出版会、二〇一五年）

4　八条院と藤原定家

●女院に奉仕する和歌の家

鎌倉時代の歌人としてあまりにも有名な藤原定家《ふじわらのていか》。後鳥羽院《ごとばいん》の命をうけて『新古今和歌集《しんこきんわかしゅう》』を編纂した一人として、歴史の教科書のみならず古典の教科書にも必ず掲載されている。また、定家は日記『明月記《めいげつき》』を残していることでも著名である。『明月記』の自筆本は定家の流れを伝えた冷泉家《れいぜいけ》（財団法人冷泉家時雨亭文庫）に五四巻が現存し、重要文化財指定を受けている。自筆本に見る彼の独特な書体は「定家《ていか》様《よう》」とも称され、書道史のなかにも位置づけられている。

後鳥羽院の命によって編まれた『新古今和歌集』の編纂者の一人であるため、藤原定家は後鳥羽院の側近と認識されることが多い。承久《じょうきゅう》の乱直前に後鳥羽院と決裂したという事実をふまえても、定家が後鳥羽院に和歌をもって奉仕し、出世を遂げたということは周知のことであろう。しかし、後鳥羽院よりも長いあいだ彼が奉仕しつづけた天皇家の人物がいた。それが八条院暲子内親王《はちじょういんしょうしないしんのう》という女院《にょいん》であった。しかもそれは、定家自身のみならず、父藤原俊成《しゅんぜい》、子の為家《ためいえ》と、代々彼らの主な奉仕先は女院であった。それはどういうことなのであろうか。

●代々の奉仕

八条院暲子内親王は、鳥羽院とその晩年の寵妃美福門院藤原得子《びふくもんいんふじわらのとくし》との娘で、保延《ほうえん》三年（一一三七）に誕生した。二人の間の二番目の子で鳥羽院鍾愛の娘だったという。しかし、その父鳥羽院を二〇歳の時に失って保元の乱を経験し、その翌年に出家、その後院号宣下《いんごうせんげ》を受けて女院となり、八条院と称した。

八条院は、院号宣下のタイミングや、治承《じしょう》・寿永《じゅえい》の乱における以仁王《もちひとおう》との連携、また二度にわたり女帝候補にあがるなど、政治史のなかで近年注目されてきた人物である。また、「八条院領《はちじょういんりょう》」という全国二〇〇箇所以上にわたる膨大な女院領を所持したことは、戦前から注目され、日本史の教科書にも両統迭立《りょうとうてつりつ》期の大覚寺《だいかくじ》統《とう》の経済基盤として、「八条院領」あるいは「八条女院領」と古くから記されてきた。教科書の記載は両統迭立期ということで鎌倉時代後期だが、八条院その人自身は院政期から鎌倉初期に生きた女院なのである。

この八条院と藤原定家の接点はというと、定家は八条院に仕える院司《いんじ》であった。しかも、このような女院—院司のつながりは、定家の父俊成の時代からのものである。俊成は八条院の母美福門院に仕える美福門院院司であり、また俊成の妻で定家の母も美福門院加賀《かが》といって美福門院の女房であった。そして定家が美福門院の娘である八条院の院司であったことは、彼の日記『明月記』からも確認できる。つまり、藤原俊成・定家親子は、美福門院・八条院母子に代々人的に奉仕する関係にあったのである。

この母子女院に奉仕することによって、藤原俊成・定家親子は何を得ていたのであろうか。もちろん、女院に奉仕するよりも、治天の君である院に奉仕することが廷臣《ていしん》として最大の功績であったが、保元の乱以降、治天の君の浮き沈みの激しさを経験した俊成・定家親子は、女院への奉仕によって、自らの出世の地盤固めや、経済的後見を得ていたのだと思われる。実際に、父俊成は従五位下から従五位上、従五位上から正五位下、また従四位下から従四位上と位階をあげる際、美福門院の御給《ごきゅう》によりこれを遂げている。定家も寿永二（一一八三）年の年末に八条院の年給で正五位下に叙《じょ》されている。このような女院との関係は、俊成・定家親子に限らず、多くの中下級貴族に見られた現象であった。女院からの御給や、女院の知《ち》行《ぎょう》国《こく》における国司任命を、多くの中下級貴族が出世の足がかりとしていたのである。俊成・定家親子も美福門院・八条院母子に奉仕することによって、自らの地盤を固めたのであった。さらにもうひとつ、女院との関わりが見られることがある。それは改めて次に述べよう。

●女院領知行

八条院は先にも述べたように、膨大な数の荘園を有して八条院領を形成していた。八条院領は、父鳥羽院と母美福門院それぞれから継承したものを元として、一一七〇年代に約一〇〇箇所、八条院が没した一三世紀の初頭には約二〇〇箇所以上にのぼっていたとみなされている。実はその八条院領のなかに、藤原定家が領《りょう》家《け》となっていた近《おう》江《み》国吉《よし》富《とみの》荘《しょう》と播《はり》磨《ま》国細《ほそ》川《かわの》荘《しょう》が含まれていた。このころの中世荘《しょう》園《えん》は、重層的な領有構造をもち、本家は天皇家の院や女院で、その下で在地との折衝も担当しながら実際に荘園経営を行う領家を中央貴族層が担い、彼らはこれを家領とし経済基盤としていた。吉富荘・細川荘は本家が八条院で、領家が藤原定家ということになる。

近江国吉富荘は、安《あん》元《げん》二（一一七六）年二月の八条院領目録の中に見え、この時期にはすでに八条院領のひとつに含まれていたことが確認できる。また、『明月記』にも吉富荘についての記事が散見される。定家が使者忠《ただ》弘《ひろ》を派遣し現地との調整を行ったり（建《けん》暦《りゃく》二年八月二二日条など）、鳥羽院の仏事執行のために吉富荘から年貢を徴収する（正治二年八月二日条）など、八条院領吉富荘領家としての知行の実態をうかがい知ることができるのである。ずっとのちの史料ではあるが、正《しょう》和《わ》二（一三一三）年の関東下《げ》知《ち》状《じょう》（『鎌《かま》倉《くら》遺《い》文《ぶん》』二四九二八）によれば、本荘の領家は藤原定家から子の為家に、そして為家からさらにその子為氏《ためうじ》に相伝《そうでん》されていたことがわかる。

もうひとつの定家領であり八条院領であった荘園、播磨国細川荘についても述べていこう。細川荘も同様に本家が八条院で領家が定家である。本荘の領家の相伝も、吉富荘同様正和二(一三一三)年の関東下知状により、藤原定家からその子為家に、そしてその子為氏に譲られたことがわかる。さらに、為氏への譲りを悔い返し(取り返し)て為相《ためすけ》に改めて譲られ、それが鎌倉幕府によって安堵されているのである。為相の母阿仏尼《あぶつに》が争ったのは本荘の地頭職《じとうしき》であったが(定家の時代に地頭職も認められていた)、この関東下知状による領家の安堵が出た背景には彼女が自ら関東へ赴いて幕府に訴えたことが大きい(鎌倉末期には幕府の安堵も求められた)。その関東へ渡る際の紀行文が阿仏尼による『十六夜日記《いざよいにっき》』なのである。領家が藤原定家とその子孫であったことは今述べてきたが、さらにさかのぼると、建暦二(一二一二)年に細川荘が俊成の娘で定家の姉にあたる九条尼《くじょうのあま》から定家に譲られていたことがわかる。ここから、九条尼の領家も父俊成からの譲りであった可能性が考えられ、そうなると、俊成→九条尼→定家→為家→……という譲与の流れが想定でき、父俊成時代から定家の家は細川荘の領家であったと考えられよう。

細川荘の本家に関しては、実は八条院時代に八条院領であったことを示す史料はない。八条院の没後、八条院領は後鳥羽院が管領することになったが、承久の乱で後鳥羽院が敗れると、八条院領は幕府に没収される。ほどなくして後鳥羽院の異母兄で天皇位を経ずに院政《いんせい》を行うことになった後高倉院《ごたかくらいん》に返付されるが、定家は後高倉院の下文《くだしぶみ》によって細川荘の預所《あずかりどころ》(領家)に補任されている(承久三年九月二八日後高倉院下文案〈『鎌倉遺文』補七七〇〉、ちなみに『鎌倉遺文』では「後鳥羽院下文案」となっているが、時期的に後鳥羽院ではなく後高倉院が発給者である)。さらにその後、後高倉院の娘安嘉門院《あんかもんいん》邦子《ほうし》内親王が八条院領を伝領し、その安嘉門院時代には、細川荘預所職の、為家から為相への譲りを安堵する下文を安嘉門院が出している（文永《ぶんえい》一一年一二月日安嘉門院庁下文案〈『鎌倉遺文』一一七八四〉）。つまり史料上本家として確定できるのは、承久の乱後の後高倉院から安嘉門院なのであるが、先にも述べたように俊成の時代から領家だったと考えられること、また俊成が美福門院院司としても奉仕していた事実を考えあわせるならば、俊成時代からの本家として、八条院（もしくは美福門院）は十分想定できるのである。

●女院司家としての藤原定家

ここまで述べてきたように、藤原定家は、父俊成の代から、のちに八条院領と称される女院領の領家をつとめ、その荘園を知行していたと考えられる。そしてそれは子、孫へと継承されていった。また、父俊成は八条院の母美福門院に仕え、定家も八条院に仕える女院司であった。さらにそれは子の為家、孫の為氏にも継承され、為家と為氏は、鎌倉中期に八条院領を継承していた安嘉門院の女院司として活躍している。

安嘉門院は、八条院の異母兄にあたる後白河院の孫後高倉院の娘であり、後鳥羽院が承久の乱で敗れたのちに天皇を経ずして院政を行ったのが、後高倉院である。したがって、八条院と安嘉門院の間には、直接的な系譜上のつながりはない。しかし、承久の乱という天皇家として大きな歴史的事件を経てさえ、藤原定家とその子孫たちは、女院領の知行を継承していき、また、それをたとえ系譜上直接のつながりがない女院が伝領しても、その女院への人的奉仕も継続していたことがわかる。このように、王統《おうとう》や世代をも越えて、「女院」という地位にある女性に仕え、さらにその女院領を数世代にわたり継続して知行する人々の家を「女院司家」と定義できるが、まさに藤原定家の家は「女院司家」の典型であった。

●女院と女院司家

藤原定家とその家は、歌人としてまた歌人の家としてあまりにも有名であるが、その歌人藤原定家やその家の背景に注目してみると、女院の存在は欠かせない。定家の家の存続基盤として、女院が経済的にも政治的にも重要だったのである。定家は文治《ぶんじ》五（一一八九）年以降、二一年間も官位をあげることができず苦難の日々を過ごしたが、その定家を経済的にバックアップしたのがおそらく八条院であったと考えられる。八条院は異母姉の待賢門院《たいけんもんいん》などとは異なり、自らのサロンにおいて歌会を催したなどの記録は全く残っていない。にもかかわらず八条院院司には、歌人の家としてやはり有名である六条家《ろくじょうけ》や、定家の異母兄弟でかつ似絵《にせえ》で有名な藤原隆信《たかのぶ》などもおり、八条院の周辺に文人《ぶんじん》がいたことは確かである。八条院は若くして出家し、不婚のまま父鳥羽院や母美福門院の菩提《ぼだい》を弔《とぶら》い続ける人生を送った。膨大な数にのぼる八条院領のほとんどは、八条院が主催する仏事のための経費であった。そして、八条院が主催する仏事に女院司として奉仕しながら、一方で和歌や芸術の研鑽をつむという家が少なからず存在し、藤原定家の家はその典型であった。藤原定家の歌人としての活躍の背景として、八条院は必要不可欠な人物なのである。

最後に定家の孫にあたる藤原為相について述べておこう。為相は異母兄の為氏とは異なり、安嘉門院に人的に奉仕したという形跡は見出せない。これは単純に史料がないということも考えられるが、鎌倉後期、両統迭立期にいたり、女院領は両統のどちらかに属し、女院領としての意義は失われていく。それにともない「女院司家」という存在もかつての意味を失って、奉仕と知行をともなわない為相のような人物の出現を容認していったのではないかと考えられる。

（野口華世）

【参考文献】

荒木敏夫『可能性としての女帝　女帝と王権・国家』（青木書店、一九九九年）
五味文彦『院政期社会の研究』（山川出版社、一九八四年）
五味文彦『藤原定家の時代　中世文化の空間』（岩波新書、一九九一年）
高松百香「八条院―〈鍾愛の女子〉の系譜」（野口実編『中世の人物　京・鎌倉の時代編　第二巻』清文堂出版、二〇一四年）
永井晋「十二世紀中・後期の御給と貴族・官人」（『國學院大學大學院紀要―文学研究科―』一七、一九八五年）
野口華世「安嘉門院と女院領荘園―平安末・鎌倉期の女院領の特質―」（『日本史研究』四五六、二〇〇〇年）
野口華世「中世前期の王家と安楽寿院―「女院領」と女院の本質―」（『ヒストリア』一九八、二〇〇六年）
野口華世「中世前期公家社会の変容」（『歴史学研究』八七二、二〇一〇年）

第4章　武士と合戦

1　木曾義仲と大夫房覚明

●木曾義仲の右筆

寿永《じゅえい》二（一一八三）年七月、平家が都落ちし、木曾義仲《きそよしなか》等の反乱軍が入京した。この転換期に、義仲の帷幄《いあく》にあって活躍したのが大夫房覚明《たゆうぼうかくめい》である。覚明は木曾義仲の右筆《ゆうひつ》であり、『平家物語《へいけものがたり》』の一情報源としても注目されている。

『平家物語』に記される覚明の動向を、覚一本《かくいちぼん》（日本古典文学大系・日本古典文学全集など）によって示すと、次の通りである。

寿永二年五月、京から平家主体の北陸追討軍が迫るなかで、それを迎撃すべく義仲たちが越中国に進軍した。巻七〔願書〕に、義仲の右筆覚明が戦勝の願文を執筆して、八幡宮（埴生《はにゅう》護国八幡宮。現富山県小矢部《おやべ》市）に奉納したことが記される。

果たして義仲は北陸の合戦で平家に勝利し、上洛を始めるが、巻七〔木曾山門牒状《さんもんちょうじょう》〕には、その過程で覚明が執筆して比叡山にあてた牒状が所見する。当初、比叡山の内部では、義仲等の源氏方と平家方のどちらを支持するかで紛糾していたが、最終的には源氏方の上洛を黙認することとなった。なお『平家物語』には、叙述の細部が異なる異本が複数あるが、他の諸本でも、義仲上洛過程の覚明と比叡山のやり取りは文書の引用を伴って叙述されている。

さらに入京後の寿永二年一一月、法住寺《ほうじゅうじ》合戦で後白河院に勝利した義仲が、戦に勝ったので関白になろうかと言うと、覚明が「関白は大織冠鎌足《たいしょくかんかまたり》の末裔の藤原氏がなる官職なので、殿は源氏だから無理でしょう」と進言したことが、巻八〔法住寺合戦〕に見える。

以上のように、覚明は文筆能力に長《た》けるだけではなく、義仲の助言役としても活躍する人物として描かれるのである。しかし、その後『平家物語』では覚明の姿が見えなくなる。

既往の研究では、『源平盛衰記《げんぺいじょうすいき》』を根拠に、覚明の動向が七月二日以降見えなくなることを以て、義仲のブレーンの席から姿を消したとし、以後は義仲が朝廷内での発言力が小さい官人しか自派に組み込めなかったために、京都での立場が悪化したと評している。こうした評価の前提には、義仲自身は京都や朝廷のことに無知で、覚明以外に義仲を補佐する吏僚がいなかったという理解があろう。

しかし、義仲が戯画的なまでに無知だとするのは『平家物語』の作為的な人物造型である。実在の義仲は、官位上昇や在京を重視して、院・女院・摂関家といった権門に接近していた。摂関家松殿《まつどの》家は家政関係者を挙げて義仲を支持しており、義仲の猶子《ゆうし》として丹波守となる藤原済基や、義仲の後援をうけて天台座主となる俊堯《しゅんぎょう》（『吉記《きっき》』寿永二年一二月一〇日条）のごとく、公家政権内部にも義仲と結んだ者達がいたのである。

義仲のもとには入京前の覚明の役割を果たす人材が集まったのであり、その結果として覚明の存在感が後景に退いたと考えるべきであろう。

●大夫房覚明の経歴

覚明の前半生について、覚一本『平家物語』巻七〔願書〕は次のように記す。

覚明は儒家、すなわち大陸の古典に通じて朝廷や上流貴族の各種文書の勘申・作成を担った廷臣の家の出身であった。俗名は道広《みちひろ》、蔵人という官職をもち、藤原氏出身の学生が寄宿する勧学院《かんがくいん》に学んでいたが、出家して最乗房信救《さいじょうぼうしんぎゅう》と名乗り、奈良で僧侶として活動していた。治承四（一一八〇）年五月の高倉宮以《もち》仁王《ひとおう》の挙兵の際、園城寺《おんじょうじ》から奈良に届いた牒状の返事を書いたのが、この信救であった。その返牒に平清盛を侮辱する内容を書いたために清盛の怒りを買い、追われる身となって奈良を逃れ、北陸で義仲に属し、大夫房覚明と名乗ったという。

延慶本《えんぎょうぼん》『平家物語』第三末（巻七）―一七（俗名を道康とする）、長門本『平家物語』巻一四、『源平盛衰記』巻二九―六にもこれと同様の説明があり、さらに覚一本には見えない説明として、覚明が漆を浴びて顔を変え、奈良から鎌倉に下向する途中、洲俣合戦に敗れて三河国府にいた源行家に属し、治承五（一一八一）年頃に行家の伊勢神宮への願書を執筆したとする。

なお、出家前の藤原道広の家系や親族については未詳である。興味深い説として、京都・福勝寺《ふくしょうじ》が所蔵する「伝解脱上人筆断簡」の「添書」には、寛政《かんせい》七（一七九五）年の年紀とともに、「木曾義仲ニ仕ヘタリシ太夫房覚明ト云ル法師武者ハ上人ノ叔父ニテ明遍ノ弟也」とあって、解脱上人貞慶の叔父、すなわち信西の子とする血縁が記されている。覚明の学識や経歴に照らして大きな齟齬はない説だが、その根拠は未詳で、ほかに同様の伝承は見出せない。

また覚明は、義仲が討たれた後、いつからか明確にはわからないが、関東に拠点を移している。『吾妻鏡《あづまかがみ》』建久《けんきゅう》六（一一九五）年一〇月一三日条に、義仲の右筆大夫房覚明は、もと南都の学侶《がくりょ》であったが、義仲が誅された後、本名の信救得業《とくごう》を号して箱根山に住していた、そのことを知った頼朝が信救を箱根山から鎌倉や近国に出してはならないと箱根山別当に命じたことが記される。すでに『吾妻鏡』建久元（一一九〇）

年五月三日条や建久五年一〇月二五日条にも、信救が勝長寿院《しょうちょうじゅいん》の供養導師や願文起草をつとめたことが記されるので、関東に移ったのはそれ以前であろう。

その後、信救は元久《げんきゅう》二（一二〇五）年まで存命であったことが確認できる。南北朝・室町頃の書写とされる醍醐寺所蔵『白氏新楽府略意《はくししんがふりゃくい》』上巻の本奥書《ほんおくがき》には、醍醐寺の深賢《じんけん》が元久二年二月に大和の信貴山《しぎさん》で信救がもっていた信救直筆の草本を什円《じゅうえん》に書写させたこと、同下巻には、上巻書写の事情と合わせて信救がかつて「信阿」という名であったことが記されるという。

『白氏新楽府略意』の他にも、信救の著作として、『和漢朗詠集注《わかんろうえいしゅうちゅう》』『三教指帰注《さんごうしいきちゅう》』が知られている。やはり覚明の文筆能力は相当に高かったといえるだろう。

この覚明＝信救について、やや不可解なのは、山門《さんもん》（比叡山延暦寺）僧だとする史料があることである。すなわち『仏法伝来次第《ぶっぽうでんらいしだい》』奥書（『続群書類従』二五輯下・釈家部）は、作者の信救が台嶺《たいれい》すなわち比叡山の黒谷《くろだに》で出家したとする。しかし既述の通り、他の史料では、覚明・信救について南都僧の経歴のみを記す。また『沙石集《しゃせきしゅう》』（『日本古典文学大系』五〇六頁）には、「東大寺法師」の信救が、山法師（山門僧）に対して腹黒・欲深と侮辱する一巻を記したとあって、興福寺僧か東大寺僧かの違いはあるものの、およそ山門僧とは考えがたい。

こうしたことから佐々木紀一氏は、山門僧とされる覚明の経歴は事実ではなく、『皇代暦』に見える七月二一日「夜半、源氏方古山法師并びに源氏方人等、叡山に打ち登る」の古山法師を覚明に付会した『平家物語』南都本《なんとぼん》や四部合戦状本《しぶがっせんじょうほん》、『源平盛衰記』の影響を受けて、『仏法伝来次第』も作られたと論じた。佐々木氏の見解は妥当だと考えられるが、加えて山門僧とする説に関わって注目したいのが、清閑寺《せいかんじ》における覚明の伝承である。

●覚明筆の大般若経

室町時代の東福寺僧である雲泉太極《うんせんたいぎょく》の日記に次の記述がある。

『碧山日録《へきざんにちろく》』応仁二（一四六八）年八月八日条（原漢文）

清閑に高倉帝絵する所の鳧雁《ふがん》の屏風《びょうぶ》、覚明筆する所の大般若経有り。経は兵卒のために掠《かす》め散らされ、屏は幽深に慝《とく》すなり。

覚明が筆写した大般若波羅蜜多経《だいはんにゃはらみたきょう》が清閑寺にあったが、応仁・文明の乱の最中に軍兵に掠め散らされたという。この『碧山日録』の記事は従来から知られていたが（大津雄一「覚明」〔『平家物語大事典』東京書籍、二〇一〇年〕）、この覚明筆の大般若経について、これ以上の詳細は知られておらず、特段の考察はなされてこなかったと思われる。そこで注目されるのが次の史料である。

『康富記《やすとみき》』の記主である中原康富が少納言清原業忠のもとを尋ねると、次のような話を聞いたという。

『康富記』宝徳三（一四五一）年七月一一日条（原漢文）

清閑寺の法花堂一見の為、本堂に罷り上る。本堂先年焼失し、いまだ造られず。法華（花）堂を見了んぬ。……高倉院遊ばさるる鳥の御屏風一双これ在り。……木曾大夫覚命（明）一筆書写の大般若経一部これ在り。取り出だされて一見し了んぬ。第六百巻の奥書に云はく、仁安四年四月より、元暦二年二月五日に至り、一部の功を終ふるの由、書き付け了んぬ。これまた奇特の名物なり。

清閑寺法花堂に種々の名物が納められており、その中に木曾大夫覚明が書いた大般若経があった、大般若経第六百巻の奥書には、覚明が仁安四（一一六九）年四月から元暦二（一一八五）年二月までに全六〇〇巻一揃い（「一部」）を書写したことが記されていたというのである。

大般若経は唐の玄奘三蔵《げんじょうさんぞう》が集大成した大乗仏教の基礎経典で、全六百巻という大部に及ぶ。全てを書写するには一定の期間を要し、書写後に全てを保管するにも一定の空間を要する。

覚明が大般若経六百巻を写し終えた元暦《げんりゃく》二年二月といえば、義仲が寿永三（＝元暦元年＝一一八四）年正月に討たれた一年後のことである。元暦二年二月一九日には屋島合戦、三月二四日には壇ノ浦合戦で源義経が平家に勝利している。三月三日には、義仲の遺臣が義仲の妹を推戴して在京し、権門の所領を掠奪しているとして、頼朝が遺臣の捜捕を近藤国平等に命じるという事件もあった（『吾妻鏡』）。やがて同年一一月には源義経が都を追われることとなる。

ここで注目されるのは、当時の清閑寺が山門派の末寺だったことである。京都市東山区に所在する清閑寺は、近世以降は真言宗智山派《ちさんは》だが、鎌倉初期には比叡山延暦寺を頂点とする天台宗山門派の末寺であった。のち建暦三（一二一三）年八月には、清閑寺と清水寺との相論に発して、清閑寺側の山門悪僧と、清水寺側の南都悪僧とが衝突している。

寺院に、ゆかりある人物に関わる什宝《じゅうほう》が伝来することはしばしばある。実際に、前掲の『碧山日録』や『康富記』には、清閑寺に高倉帝の描いた屛風があったことが記されるが、清閑寺は高倉天皇が治承五（一一八一）年正月に亡くなると葬られた寺であった（『高倉院昇霞記《たかくらいんしょうかき》』、『明月記《めいげつき》』正月一四日条）。覚明筆の大般若経も、彼が清閑寺に滞在しているときに書写の功を終え、そのまま寺内に伝わったものという可能性がまず考えられよう。

この考えが妥当であれば、覚明は、寿永三年正月の義仲の討死後も、元暦二年二月（以降）まで清閑寺に滞在したことになる。覚明が山門派の清閑寺に寄寓する契機として、寿永二年六月〜七月の牒状授受を通して、彼の実力が山門僧に評価されたという事情もあったのかもしれない。

もちろん、この大般若経を本当に覚明が筆写したのかを確認する術《すべ》は、奥書などが引用されていないこともあり、我々にはない。この大般若経が実在の覚明とは無関係で、後世に覚明筆と偽作・仮託されたという可能性も否定はできない。大般若経の奥書に記されていたという「木曾大夫覚明」との表現は、『平家物語』の延慶本・長門本に見え、これらに類する『平家物語』の広がりに伴って彼の名も著名になっていたと考えられる。

ただし、一五世紀の時点で、清閑寺僧は寺内に伝存する大般若経一揃いの筆者を覚明と信じていた。実際には南都僧であった覚明を山門僧とする説は、こうした山門派寺院に伝来する什宝の存在をも「推進力」として、広まっていたのではないだろうか。

（長村祥知）

【参考文献】

浅香年木『治承・寿永の内乱論序説』（法政大学出版局、一九八一年）

太田次男「釈信救とその著作について」（『斯道文庫論集』五、一九六六年）

佐々木紀一「矢田判官代在名・大夫房覚明前歴」（『米沢史学』一七、二〇〇一年）

下出積與『木曽義仲』（吉川弘文館、二〇一六年。原版一九六六年）。

長村祥知「木曾義仲の畿内近国支配と王朝権威」（『古代文化』六三―一、二〇一一年）

2　北条泰時と北条時房 ―承久の乱前後―

●泰時が義時の後継者となったのは？

挙兵以来　源　頼朝《みなもとのよりとも》の側に仕え、さらに承久《じょうきゅう》の乱（承久三〈一二二一〉年）で幕府を主導したのは北　条《ほうじょう》義時《よしとき》・北条政子《まさこ》であった。彼らが没した後、北条泰時《やすとき》が義時の後継者として執権《しっけん》に就任し、北条時房《ときふさ》がそれを補佐する連署《れんしょ》に就任することとなった意義について考察したい。

泰時が義時の子息であるのに対して、時房は義時の弟であることなどから、両者が執権・連署に就任する経緯は当然のことと見なされがちである。しかし、承久の乱以前の両者を比べてみると、幕府内部における立場は泰時よりも時房のほうが上位に位置付けられていたと見られるのである。そうであるならば、泰時が義時の後継者として幕府を主導することになった経緯やその理由も、あらためて考えてみる必要があるのではないだろうか。

●官位秩序・御家人の序列からみる泰時・時房

まず泰時・時房の承久の乱前における幕府での立場を確認しておこう。

両者は、年齢差が八で、執権・連署に就任した時点（嘉禄《かろく》元〈一二二五〉年七月以降）でともに従五位《じゅごいの》上《じょう》、時房が相模守《さがみのかみ》で泰時が武蔵守《むさしのかみ》であった。最後は両者とも正四位下《しょうしいのげ》に至る。

初任時の年齢は時房が三一才で、泰時が二九才であり、任官の年次は時房が先行するが、任官時の年齢の比較では泰時のほうが二才早かったことになる。その後の叙爵《じょしゃく》（従五位下《じゅごいのげ》への昇進）の年齢は、時房のほうが初任と同じ元久《げんきゅう》二（一二〇五）年、三一才の時点であり、建保《けんぽ》四（一二一六）年に三四才で叙爵した泰時より年次・年齢とも早かった。また、以後の昇叙《しょうじょ》もつねに時房が泰時に先行し、両者とも正四位下に至ったのは先述の通りである。

朝廷の官位秩序は幕府内部の序列にも反映されるが、時房と泰時の官位は、初任のときを除いて、常に時房が先行していたのである。だとすると、幕府においても時房は泰時より上位に位置付けられる存在であり、その関係は時房が死没するまで一貫していたのである。

また、鎌倉幕府内の御家人の序列を示すとされる歳首椀飯《さいしゅおうばん》でも、両者の関係が示されている。毎年正月に行われる歳首椀飯について、泰時と時房がそれぞれ執権・連署に就任した後の比較では、時房が元日、泰時が二日でほぼ固定されており、時房が上位に位置付けられていたことが明瞭である。また、時房が歳首椀飯をはじめて勤めたのは、源実朝《さねとも》が将軍であった建暦《けんりゃく》三（一二一三）年正月である一方、泰時が歳首椀飯を勤めたことが確認できるのは、九条頼経《くじょうよりつね》が元服して以後（嘉禄二〈一二二六〉年以後）のことであり、これも時房のほうが先行し、上位に位置付けられていたのである。

●幕府の職制からみる泰時・時房

時房上位の傾向は、幕府運営に関わる事柄（職制《しょくせい》）においても見出すことができる。

幕府運営の中枢を担う政所別当《まんどころべっとう》への就任について、泰時が実朝将軍期の将軍家政所下文《くだしぶみ》では政所別当として見出せないのに対して、時房は承元《しょうげん》三（一二〇九）年の将軍家政所下文（「将軍家政所下文案」〈『筑《ちく》前宗像神社文書《ぜんむなかたじんじゃもんじょ》』、『鎌倉遺文《かまくらいぶん》』第一七九七号〉）に「駿河守平朝臣《するがのかみたいらのあそん》」として見出すことができる。すなわち、実朝将軍期の時点では泰時に政所別当として活動した様子が見られないのに対して、時房はその頃からすでに政所別当として幕府運営の中枢を担っていたのである。

また、武蔵国の運営からも両者の関係を窺い知ることが出来る。

武蔵国の国内行政について、時房が「興行沙汰《こうぎょうのさた》」（国務の振興）を進めようとして郷司職《ごうじしき》を補任《ぶにん》していこうとするのに対し、北条泰時がなにごとか「執申《とりもうし》」しようとした。泰時が郷司職について何者かを推挙しようとしたと見られるが、武蔵国の国内行政については平賀義信《ひらがよしのぶ》が武蔵守であった時代のことを先例とすべきとの方針であるため、泰時の「執申」はできないこととなった（『吾妻鏡《あづまかがみ》』建暦二〈一二一二〉年二月一四日条）。したがうべき先例が存在するとはいえ、武蔵国の国内行政について泰時から時房への進言は必ずしも容れられなかったのである。

のちに両者の関係が「執権—北条泰時—主導、連署—北条時房—補佐」であることから、泰時を上位であると捉えがちであるが、その関係は当初から固定していたわけではない。武蔵国の国内行政に関していえば、この当時従五位下・武蔵守である時房が、叙爵していない修理亮《しゅりのすけ》であった泰時の上位に位置したことを示している。

このように、幕府内部の職制においても時房が泰時に先行し、上位に位置付けられていたのである。

●貴族社会での人脈について

このほか、京都の貴族社会における時房の人脈も注目される。

建保六（一二一八）年、北条政子は熊野詣《くまのもうで》も兼ねて上洛を行うが、そこに時房も同行した。『愚管抄《ぐかんしょう》』（天台座主《てんだいざす》であった慈円《じえん》が著した歴史書）によれば、このとき政子は実朝の後継者問題について、後鳥羽院《ごとばいん》の乳母《めのと》でもあった卿二位《きょうのにい》と会見を行っている（『愚管抄』巻六）。

政子の上洛に同行した時房は、後鳥羽院の御所で開催された蹴鞠《けまり》に息子の時村《ときむら》を同伴して参加している（『吾妻鏡』建保六〈一二一八〉年五月五日条）。「院中《いんちゅう》の出仕案内《しゅっしあない》を知らず」（院御所での作法をよく知らない）という有り様であった時房・時村父子に「毎事扶持《まいじふち》」（なにごとについても手助け）したのは坊門清親《ぼうもんきよちか》であった。清親は後鳥羽院の外叔父であった坊門信清《のぶきよ》の甥にあたる人物である。異母妹が坊門忠信《ただのぶ》（信清の息子）の妻となっている時房から見れば、義理の従兄弟でもあった。不慣れな「院中出仕」を「扶持」してくれる人脈を、時房はこの時点で活用していたということであるが、一方で同時期の泰時にこのような事例の所見はない。泰時とて京都での人脈が皆無であったとは思われないが、政子が後鳥羽院周辺の要人である卿二位と重要な会見を行うに際して京都へ同行させていること、その間隙に行われた後鳥羽院御所への出仕を扶持してくれる人脈をもっていたことは、時房の在京経験の豊富さと貴族社会における広い交流を窺わせるものといえよう。

このように、承久の乱（承久三〈一二二一〉年）以前の幕府における北条泰時・時房の関係をみると、あらゆる点において時房が先行し、また上位に位置付けられていたことがわかるのである。これを踏まえて、次に承久の乱における両者の行動を分析してみたい。

●承久の乱における泰時・時房

承久三（一二二一）年五月、後鳥羽院が動員した軍勢による伊賀光季《いがみつすえ》への攻撃と北条義時追討《ついとう》の命令の下ったことが鎌倉に知らされると、幕府首脳たちは政子を中心に評議を開いた。『吾妻鏡』によれば、京下り吏僚である大江広元《おおえのひろもと》や三善康信《みよしやすのぶ》らが積極的に打って出ることを主張して、西上の軍勢が差し向けられることになった。

『吾妻鏡』承久三（一二二一）年五月二二日条には、このとき鎌倉を進発した御家人の名が見える。彼らはいずれも義時の子息、直属の家人（「得宗被官《とくそうひかん》」）や縁者など、義時の存亡が自らの存亡に直結する人々であった。このことは、承久の乱における鎌倉方の中核がどこにあったのかを端的に示しているといえよう。時房と泰時との関係でいえば、時房が義時の弟であったのに対して、泰時はその子息であったから、義時追討令に対する衝撃も泰時のほうがより深刻に受け止めていたものと見られる。

鎌倉方と京方の合戦は各地で行われたが、その中でも『吾妻鏡』で詳しく描かれているのが、六月一三日から一四日にかけて行われた宇治川《うじがわ》合戦である。豪雨で増水した宇治川を挟んで鎌倉方と京方が対峙したこの戦いは、佐々木信綱《ささきのぶつな》らによる強引な渡河が突破口を開いた戦いとしても知られる。このとき鎌倉方の中心にいたのが、足利義氏《あしかがよしうじ》、三浦泰村《みうらやすむら》と北条泰時・時氏《ときうじ》父子である。

この戦いが乱の帰趨を決したことから、承久の乱は北条泰時が自ら軍勢を率いて活躍し、鎌倉方の勝利に大きく貢献した戦いとして印象づけられることとなった。しかし、北条泰時は鎌倉方の総大将であったのだろうか。

たとえば、乱の勲功賞《くんこうしょう》について、「時房の陣に加わって活躍した」という申請は『吾妻鏡』に二件見出しうるのに対して「泰時の陣に加わって活躍した」という申請は（嘉禄二〈一二二六〉年七月一日条と仁治《にんじ》二〈一二四一〉年一一月一七日条）、『吾妻鏡』にも『鎌倉遺文』にも見出すことができない。史料の残存状況や『吾妻鏡』の記述のすべてを信じることはできないという問題もあるし、泰時麾下の軍勢の活躍も幕府にはきちんと把握されていたことは窺えるが、それにしても、泰時を中心に鎌倉方が編成・派遣されたという『吾妻鏡』の叙述に鑑みれば、やや意外な印象を残す。

また、承久の乱後に設置された六波羅探題《ろくはらたんだい》についていえば、乱後から貞応《じょうおう》二（一二二三）年七月頃まで時房が「執権探題《しっけんたんだい》」であったという。その後、泰時が「執権探題」となるが、泰時の関東下向後の貞応三（一二二四）年六月～嘉禄元（一二二五）年七月頃までは時房が単独で探題を務めていた。

泰時と時房はどちらが「執権探題」であったかは不明であるという指摘もあるが、いずれにせよ、単独で探題を務めていた期間は時房のほうが長いのである。

これらの状況を勘案すると、泰時を鎌倉方の総大将のように描く『吾妻鏡』の叙述は、果たして事実を反映したものであったのか、という疑義が生ずる。

これ以後の幕府は、合戦に限らず必要に応じて御家人二人を使者に立てる「両使《りょうし》」を運用しているから、泰時と時房の関係もその一例であったと見ることもできよう。さらにいえば、このときの鎌倉方には泰時や時房のほかに、三浦義村や足利義氏、北条朝時《ともとき》なども含めた複数の総大将がいたと見てもよいのだが、それにしても鎌倉方の中心として泰時の活躍がとくに華々しく描かれたのはなぜであろうか。

ここには、のちに執権に就任する泰時の活躍を中心に描きたいとする『吾妻鏡』編纂時の意図も透けて見えるが、もうひとつ、先述のように泰時率いる軍勢が宇治川で待ち構える京方を破ったことが承久の乱の趨勢を決し、鎌倉方の勝利をたぐり寄せたという点が重視されたからではないだろうか。

泰時が宇治川を突破した六月一四日夜には、勢多《せた》（瀬田）も含む各地の京方は陣を捨てて逃亡している。この点について、同日条の『吾妻鏡』が時房も勢多で「合戦」したとのみ記している。同一三日条に時房は「先ず勢多に向かうのところ、（中略）、よって戦を挑み威を争う」とあり、同一五日条には宇治と勢多の両所の合戦で官軍が敗北したとされるが、勢多でどのような合戦が行われ、そこで鎌倉方が京方を制して攻略したかどうかは明記されていない。つまり、京都を目前にした戦いで時房の活躍は判然としないのである。

このような両者の記述の違いは、治承《じしょう》・寿永《じゅえい》内乱における一ノ谷《いちのたに》合戦での源義経《よしつね》と源範頼《のりより》との評価の違いにも通ずるものがあったのではないだろうか。すなわち、同合戦で義経は丹波城《たんばのしろ》と一ノ谷を「落」とした（攻略した）のだが、範頼は福原に「寄」せた（攻撃した）とされるのみであって、これが両者の評価の違い、すなわち前者の活躍が脚光を浴びて大きく取り上げられることになったとされる。承久の乱における泰時と時房の評価の違いも、あるいはこのことと共通するものだったのではないだろうか。

鎌倉方が入京した後の六月一六日、藤原資経《ふじわらのすけつね》が九条道家《みちいえ》の使者として泰時のもとに赴き、鎌倉方の武士に奪取された平等院《びょうどういん》の宝物などを返すよう依頼し、返却されたということがあった（『百錬抄《ひゃくれんしょう》』承久三〈一二二一〉年六月一六日条）。これも「泰時が鎌倉方の総大将であったから」と見られがちであるが、厳密にいえば、平等院のある宇治を制圧したのが泰時麾下の軍勢であったからであり、彼が必ずしも鎌倉方の総大将であったことを示すわけではないのであろう。

『吾妻鏡』の宇治川合戦が情感豊かに語られるがゆえ、承久の乱における鎌倉方の総大将は泰時であったかのような印象を受けるが、承久の乱前後の泰時と時房との関係を考えれば、この二人が鎌倉方の総大将であり、その中でも上席を占めたのは時房であったといえるのではないだろうか。

しかし宇治川合戦における鎌倉方の勝利と、それが乱の趨勢を決した事自体は事実であって、このことが、乱後の幕府を主導することになる泰時の立場に大きく影響したといえよう。

●執権泰時の補佐役へ

北条時房は、官位の昇進、政所別当をはじめとする幕府の職制、幕府内部の序列などにおいてつねに泰時に先行していた。承久の乱以前の両者の立場を比較すると、『吾妻鏡』の記述にもかかわらず、承久鎌倉方の中心は泰時よりも時房だったのではないかとすら見える。

泰時の執権就任に際して、鎌倉殿を一条《いちじょう》実雅《さねまさ》としたうえで泰時の弟である北条政村《まさむら》を執権に就けようとする計画もあった。その動きを制する政子は、承久の乱で幕府勝利の立役者となった泰時こそが「関東棟《かんとうのとう》梁《りょう》」に相応しいと主張したという（『吾妻鏡』貞応三〈一二二四〉年七月一七日条）。この主張は政村との比較において泰時の正統性を打ち出したものであるが、あるいは、泰時が幕府を主導する立場に就くのに際して、他ならぬ政子の強い支援が存在したことを窺わせる記述ではないだろうか。

承久の乱以前からの時房と泰時との関係を考えるとき、政子の死後、連署に就任して〝泰時の補佐役〟となった時房の役割は、むしろ特別な計らいの結果であったといえよう。

（岩田慎平）

【参考文献】

青山幹哉「王朝官職からみる鎌倉幕府の秩序」（『年報中世史研究』第一〇号、一九八五年）
上横手雅敬『北条泰時』（吉川弘文館、一九八八年、初出は一九五八年）
久保田和彦「北条時房と重時―六波羅探題から連署へ―」（平雅行編『中世の人物 京・鎌倉の時代編 第三巻 公武権力の変容と仏教界』清文堂出版、二〇一四年）
野口実・長村祥知「承久宇治川合戦の再評価―史料の検討を中心に―」（『京都女子大学宗教・文化研究所 研

究紀要』第二三号、二〇一〇年）
村井章介「執権政治の変質」（『中世の国家と在地社会』校倉書房、二〇〇五年、初出は一九八四年）
元木泰雄『治承・寿永の内乱と平氏〈敗者の日本史 五〉』（吉川弘文館、二〇一三年）
藪本勝治「『吾妻鏡』の文学史的達成―承久の乱における〈歴史〉構築―」（『灘中学校・灘高等学校 教育研究紀要』第八号、二〇一八年）
岩田慎平「牧氏事件・伊賀氏事件と鎌倉殿」（『紫苑』第一四号、二〇一六年）
岩田慎平「北条時房論―承久の乱以前を中心に―」（『古代文化』第六八巻第二号、二〇一六年）

3 安達泰盛と竹崎季長 ―御家人の隔たりと繋がり―

●将軍と御家人

鎌倉幕府は〈将軍と御家人〉によって構成される。両者の関係は主従関係であり、その特徴は〈御恩と奉公〉というキーワードで表現される。歴史の教科書にも出ている話である。

ところで、言うまでもなく、将軍はひとりしか存在しない。元将軍はいても、現将軍はあくまでひとりである。それに対して、御家人は何人いるか――。

御家人全員を搭載した名簿というものは、少なくとも今日伝わっていないので、正確にはわからない。あくまで参考にとどまるが、ちょうど本稿で取り上げる安達泰盛と竹崎季長が生きた時代の史料に「六条《ろくじょう》八幡宮造営注文《はちまんぐうぞうえいちゅうもん》」（国立歴史民俗博物館所蔵）というものがある。文永《ぶんえい》一一（一二七四）年、京都の六条八幡宮が火災により焼失するが、社家による幕府への陳情が奏功し、翌年幕府の助成を得て再建することが決まった。この時、幕府御家人が分担して支払うことになった建設費用のリスト（「造六条八幡新宮用《ぞうろくじょうはちまんしんぐうよう》途支配事《としはいのこと》」）が右の史料の中に書き残されている。

御家人となった者が幕府への奉公として義務付けられた負担を「御家人役《ごけにんやく》」という。御家人の奉公と言えば「いざ鎌倉」というように、有事における軍事的な奉仕がイメージされやすいが、平時においては「関東御公事《かんとうみくうじ》」と呼ばれる経済的な奉仕などもつとめていた。幕府成立前後の政治的事情もあり、その奉仕対象には幕府に限らず朝廷や有力寺社も含まれている。六条八幡宮造営に対する銭貨の提供も、幕命に基づく御家人の義務であった。

●御家人の格差

このリストには合計で四五六人の負担者（枠）が搭載されている。ひとりの将軍と対になる御家人の数を考える上でひとつの材料にはなるだろう。ただし留意すべき点も多い。

第一に、全国六六国二島のうち、リストに挙がっているのは東国を中心とした三三国の御家人で、畿内や四国・九州などは含まれていない。西国（とくに九州）については、まさに文永一一年に元軍の襲来を受けており（文永の役）、有事の軍役に従事していた。

第二に、御家人役はまず幕府から一族の惣領《そうりょう》に賦課された後、さらに惣領から庶子《しょし》に割り振られるが、リストに載るのは基本的に惣領クラスである。その下に庶子が複数いる可能性がある。また、リストには「〇〇人々」と表記され、個人でなく集団で把握されているケースもある。この場合も集団内で複数の御家人に割り振りがなされたと思われる。

第三に、この数は鎌倉の幕府が把握している分であって、西国を中心に把握しきれていない御家人が一定数いた。リストでは、武蔵国の御家人が八四に対し、美濃や石見など六国のそれは一に過ぎない。ゼロの国すらあったかもしれない。鎌倉に本拠のある幕府の影響力が東国で強く、西国で弱いことは想像に難くないが、そもそも西国における御家人の把握は守護《しゅご》が担っており、鎌倉の幕府において完全には掌握しえない構造にあった。

以上より、御家人の実数はリストの四五六を相当上回ると考えられるわけだが、確定的なことはわからないままである。その上で問題としたいのは、全国に相当数いる御家人たちが、実態としてひとりの将軍に対し一律に横並びの存在なのか、という点である。東国と西国で御家人統制のあり方が違うことは既に触れたが、このリストから御家人の多様性を考えてみたい。

まず、リストでは、御家人を「鎌倉中《かまくらちゅう》」・「在京《ざいきょう》」・「〇〇国」（諸国）という三類型に大別している。すなわち、幕府にとってお膝下の鎌倉に在住する者、朝廷や幕府出先機関の六波羅探題《ろくはらたんだい》がある京都に在住する者（在京御家人）、そして、「尾張国」や「紀伊国」など地方の所領を本拠とする者（国御家人）である。鎌倉や京都は幕府や朝廷といった中央権力が所在し、御家人にとっては奉仕先である。「鎌倉中」というのは「一種の格付け」とされ、必ずしも全員が鎌倉に常駐しているとは限らないが、この中で鎌倉を主たる居住地としている者こそが、幕政運営の中枢に関与する特権的な支配者集団にほかならない。

そして、こうした政治力の相違は、経済力の相違と表裏である。鎌倉には幕府の富が集中する。鎌倉中の筆頭に載るのは、北条《ほうじょう》氏の家督（得宗《とくそう》）であり執権《しっけん》の地位にあった北条時宗《ときむね》その人だが、彼の負担額は全体の最高額となる五〇〇貫文である。これに対し、在京や諸国の御家人は最高でも二〇貫文、最低は二貫文に過ぎない。全体の傾向を見ると、鎌倉中は平均してひとり当たり四一貫文ほどなのに対し、諸国は六貫文ほどである。こうした負担額の多寡は、課された負担に応じるだけの所領規模の大小を反映してもいよう。

鎌倉と地方、幕閣と一般、富裕と零細、東国と西国、古参と新参。一口に御家人と言っても、その内実は多様であり、そこには政治的にも経済的にも大きな懸隔があった。

●安達泰盛と竹崎季長

前置きが長くなったが、以上のような御家人の多様性や階層性を踏まえた時、表題の安達泰盛《あだちやすもり》と竹崎季《たけざきすえ》長《なが》とは別次元の存在であったと見ることができる。文永一二（建治元年）年、この二人は鎌倉で対面することになるが、まずは両人の紹介をしておこう。

安達氏は、泰盛の曾祖父にあたる盛長《もりなが》が源頼朝《みなもとのよりとも》の挙兵に従って以来、幕府中枢に地歩を築いてきた名族である。執権北条氏とは婚姻を重ね、宝治～建長年間の政変で三浦氏や足利氏が失脚・逼塞した後は、北条氏に次ぐ地位に浮上していた。

泰盛は養女を北条時宗の正室とし、得宗主催の私的会議でありながら事実上幕府の最高意思決定の場となっていた寄合《よりあい》のメンバーにも名を連ね、岳父として若き得宗時宗を支えた。引付頭人《ひきつけとうにん》、評定衆《ひょうじょうしゅう》、越訴奉行《おっそぶぎょう》など要職を歴任し、季長と面会した時は御恩奉行《ごおんぶぎょう》を務めていた。原理原則から言えば、御恩は将軍専権事項に属するものの、鎌倉後期には得宗による将軍権力の代行が進み、御恩すらその例外ではなかったと思しい。いずれにせよ、泰盛は恩賞給与の実務上の責任者として、御家人でありながら将軍・得宗の権能の一端を担う立場にあった。政治力だけでなく経済力も大きく、前出の六条八幡宮造営時の負担額は全体で八番目に多い一五〇貫文で、一般御家人との差は歴然としている。また、儒学や漢詩、蹴鞠や書道、密教などへの造詣が深く、文化的素養も相当のものだったとされる。

一方の季長は、鎌倉から遥か遠く離れた肥後国《ひごのくに》（熊本県）竹崎出身の武士である。竹崎は益城郡《ましきぐん》竹崎（宇城市松橋町）もしくは玉名郡《たまなぐん》竹崎（玉名市天水町）とされる。文永一二年、竹崎から鎌倉まで赴いた際は二ヵ月以上かかっているが、そもそも、この時出向いていなければ、幕府の御家人とは言っても、一生の間に一度も鎌倉の土を踏むことはなかったかもしれない。しかも、当時一族内の争いで敗訴し、自身曰く「無足《むそく》の身」（所領がない）に転落していた。鎌倉への旅費は馬具を売却して工面し、出発時連れ立った二人の従者はひとりが途中で脱落、鎌倉到着時には「尩弱《おうじゃく》の有様《ありさま》」（貧しい身なり）であったという。

●二人のやりとり

政治的・経済的・文化的力量において御家人の頂点と底辺とも評しうる位置にあった泰盛と季長が、なぜ鎌倉で対面したのか。蒙古襲来における自らの事績を記録すべく季長が制作した『蒙古《もうこ》襲来《しゅうらい》絵詞《えことば》』（宮内庁三の丸尚蔵館所蔵）に見える二人の会話を覗いてみよう（一部意訳）。

季長「去年一〇月二〇日、元軍が博多に襲来した時、この日大将をつとめていた少弐《しょうに》景資《かげすけ》から『敵軍を待ち受けて一緒に戦うように』との指示がありましたが、『先懸《さきがけ》（一番に敵陣に攻め入ること）するので君の見参《げざん》に入れて（将軍に報告し認知して）もらいたい』と申し出たところ、『もし生還できたなら君の見参に入れよう』と言われました。そこで、先懸した結果、馬は射殺され、私も従者も負傷するという戦功をあげました。帰還後、肥前国御家人である白石通泰《しらいしみちやす》に証人となってもらい、景資の引付《ひきつけ》に一番に付けて（先懸の事実を記録して）もらいました。以上の次第に関して、幕府への報告と書下《かきくだし》（証明する文書）の交付を大将の少弐経資《つねすけ》（景資の兄）にお願いしましたが、『先懸については幕府からの指示を待って対応する』と保留されてしまいました。このたび、先懸の功績が君の見参に入れられなかったことは、武士にとって名誉を損なうことで納得できません。」

奏盛「君の見参に入れられなかったというが、幕府への報告内容を知っているのか？」

季長「知りえるはずがありません」

泰盛「報告内容を知らないのに、なぜ不足があると主張するのだ？」

季長「経資からは『後日交付する書下には、幕府への報告と同じ内容を記載する』と言われました。」

（このたび送られてきた書下には先懸について書かれていなかった。季長はその書下を泰盛に渡し、泰盛は受け取って目を通す）
泰盛「分捕《ぶんどり》（敵兵の首をとること）・討死《うちじに》（自身の軍団の戦死者）はあるのか？」
季長「討死や分捕はありません。」
泰盛「ないのなら、戦場での忠節とはならない。負傷したことは明記されているのだから、これ以上、何の不足があるというのか？」
季長「先懸が報告されず君の見参に入れられなかったことを訴えているのです。私の話が信じられないようでしたら、景資に御教書《みぎょうしょ》（幕府の発給する文書）を出して確認を取って下さい。もし景資が起請文《しょうもん》（神仏に誓って出す文書）によって私の話を否定するようなことがあれば、勲功は却下されて結構ですし、どうぞ打ち首にして下さい。」
泰盛「御教書を出すことは先例がないので、できない」
季長「所領に関する裁判や国内での戦争であれば、先例を踏まえて訴えますが、「異国合戦《いこくかっせん》」ともなれば先例があるとは思えません。先例がないのを理由に確認がなされず、君の見参に入れてもらえないとなれば、どのように戦場での忠節を果たせばよいのですか」
泰盛「仰ることはもっともだが、手続きのあり方として先例がないことはできないのだ」
季長「何度も同じことを申し上げて恐縮ですが、この場で恩賞をもらいたいと訴えているわけではありません。先懸をしたことを、景資にご確認いただきたいのです。もし私が嘘をついているということになれば、勲功は無かったことにして、打ち首にして下さい。逆に嘘でないことがはっきりした場合は、君の見参に入れていただき、そのかわり、今後より一層戦場での忠節に励んでいきたいと思います。このまま、放置され続けるようなことがあれば、これ以上の悲嘆はありません」

●恩賞か、栄誉か

季長が遠路鎌倉へ赴いた理由は、幕府への直訴であった。前年の元軍との戦い（文永の役）で、季長は景資から先懸すれば幕府に報告するとの約束を取り付けた。異国との戦争という未知の戦場で先懸をすることは命懸けの行為に違いない。大将の景資は「五百余騎」なのに対し、同い年の季長は「僅かに五騎」での参陣だったというから、ここにも御家人間の大きな格差が窺えるわけだが、当時「無足の身」であった季長は、文字通り一所懸命の地を新たに獲得すべく、人生の大勝負に打って出たのである。

ところが、後日、先懸の功績が幕府に報告されなかったことが判明する。実は、中世において恩賞の対象となる明らかな戦功とは、自身・従者の討死や負傷（自己が被った打撃）あるいは敵の分捕や生捕《いけどり》（相手に与えた打撃）であって、必ずしも先懸が恩賞に直結するわけではなかった。経資が先懸の取り扱いを保留したのも、泰盛が討死や分捕（自他の戦死）の有無を質問したのも、このためだった。

先懸は武士のメンツやプライドにおいて大きな関心事であったことは間違いなく、先懸の実績によって勲功をより大きく見せる効果は期待できたと思われる。「無足の身」から人生の一発逆転を狙う季長が先懸を試みたのも、勲功を少しでも上積みしたいという思惑があったからだろう。ただ、必死に食い下がる季長が、自分が訴えている内容は恩賞要求ではなく先懸の事実認定だと主張したように、先懸が必ずしも恩賞に直結しないことは季長自身も理解していたと思われる。直訴から一か月後、泰盛から恩賞が出ることを伝えられた季長が、それでもなお君の見参に入れてもらえたかを改めて泰盛に確認し、ただの恩賞目当てだったと思われないように気を回したのも、うべなるかなである。

さて、粘り勝ちと言うべきか、ごね得と言うべきか、幸いにも季長は恩賞を獲得することに成功した。泰盛は、季長は「奇異の強者《こわもの》」（まれにみる強情な人物）で、今後一大事があればまた活躍してくれるだろう、と周囲に語ったという。異国との戦争に先例などない、嘘をついていたら斬首されて構わない、といった季長の執拗なまでの訴えに、泰盛も困惑を通り越して感心してしまったというところだろう。

●コネクション

季長の恩賞獲得譚を〈名もなき一介の地方御家人による時の権力者への直訴の成功〉とまとめるならば、まるでファンタジーだが、ところが季長は「無足の身」ではあっても「無縁の身」ではなかった。季長が「無足の身」に転落した理由は、一族内での争いで敗訴したことにあった。その意味で、一族内で肩身の狭い思いをしていたことは間違いなさそうである。

一方で、起死回生を期して参戦した文永の役で、季長は姉婿の三井資長《みついすけなが》と行動を共にしている。舅と婿が軍事行動を共にすることはしばしば見られることなので、姉婿との参戦もその延長で理解することができる。ただし、『蒙古襲来絵詞』はあくまで季長を主役として描いているが、資長が「無足の身」となった義弟を思いやり加勢してくれたのか、そうではなくて、「無足の身」からの脱却を狙う季長が義兄に頼み込み軍団に入れてもらったのか、実のところ判然としない。

季長と資長のどちらが主でどちらが従の立場にあったか、真相は不明だが、いずれにせよ、ここで注目されるのは、姉婿の三井資長が鎌倉中期に長門国守護代《しゅごだい》を務めていた三井氏の一族と見られることである。そして、季長が鎌倉へ出訴した文永一一年当時、守護代であった三井季成《すえなり》は季長の烏帽子親《えぼしおや》であった。烏帽子親とは、成人式である元服の際、烏帽子を被らせてくれる仮親で、実親と同様に頼りになる存在であった。季長の「季」は季成の一字をもらい受けたものであるが、季長が鎌倉に向かう途中、長門国で面会した時は、遊女を呼んで歓待し、餞別に馬や資金を供与してくれたのである。

『蒙古襲来絵詞』には季長の父親の姿は見えない。一族内で孤立していた季長は、いわば擬制的な父兄である烏帽子親や姉婿の三井一族を頼みとした。そして、長門国守護代三井季成の上司にあたる長門国守護とは、幕府の最高議決機関たる評定衆のメンバーであり、鎌倉に在住している二階堂行忠《にかいどうゆきただ》である。安達泰盛も評定衆を長年務めていて、行忠と泰盛とは数年来の同僚であり、当然ながら互いによく知った仲であったろう。

こうした人間関係が、泰盛の鎌倉出訴にどの程度有効に作用したか、詳細は不明とせざるを得ない。ただ、「無足の身」にもかかわらず鎌倉にたどり着けたのも、「尫弱の有様」ゆえ鎌倉到着後一か月半以上も相手にしてくれる幕府の役人を見つけられなかったにもかかわらず、最終的に御恩奉行への直訴に漕ぎつけられたのも、季長が決して「無縁の身」ではなかったことを暗示しているようにも思われる。全くかけ離れた存在に見える泰盛と季長の二人も、列島にまたがる人間関係の網の目の中で細い一本の糸で繋がっていたのではないだろうか。

●御家人制の変質

御家人としての季長の立場を考えた時、最後に注目したいのは、泰盛とのやりとりの中で、季長が「無足の身」である自らの身の上について、「配下に入れば世話をしてやるという親しい人もいるが、自分は独立した旗を揚げ続けたいので、誰の扶持も受けていない」と述べたことである。一方、『蒙古襲来絵詞』

には、「肥前国の御家人」でありながら鎌倉の安達泰盛邸に仕えている中野藤二郎《なかのとうじろう》や、弘安の役で戦功を上げたにもかかわらず肥後国守護代安達盛宗《もりむね》の「被官《ひかん》の格」（家来）と見なされ恩賞をもらえなかった小野頼《おのらい》承《しょう》といった人物が見える。北条得宗家の被官となった者をとくに御内人《みうちびと》と呼ぶが、北条氏に並ぶ有力家となっていた安達氏においても独自の被官集団の形成が認められる。

御家人間の格差が拡大する中で、御家人同士の繋がり方のひとつとして、零細御家人が有力御家人の被官となるケースが増加しつつあった。ただ、有力者の配下に入れば生計は立てられるが、反面、一個の独立した御家人としては認定されなくなる恐れもある。季長のような「無足の身」に陥った御家人は、御家人か御家人被官か、境界線上に立つ存在であったと言えよう。

季長が苦境に立ちながらも独立した御家人であり続けようと志向した理由に、御家人であることへの名誉感情や、幕府の直接の庇護下に身を置くことで得られる社会的な特権や恩恵があったと思われる。となれば逆に、御家人でないにもかかわらず実利や栄誉を期待して御家人の肩書を手に入れようと画策する武士の存在が浮かび上がってくるだろう。

冒頭、将軍と御家人における御恩と奉公の関係に触れたが、〈御家人となった者は御家人役をつとめる義務がある〉という幕府成立当初からの大命題が転じて、〈御家人と同様の役をつとめる者は御家人となる権利がある〉という論法が鎌倉時代半ばに生じてきた。御家人と変わらぬ役割を演じることで、非御家人から（自称）御家人への変身を図るのである。

前出の六条八幡宮造営の負担者リストには、人名ではなく「（人名）跡《あと》」と表記されているパターンが多い。つまり、御家人役の賦課が生身の人間ではなく、いわば名跡（所領）に対してなされているのである。

非御家人の御家人化は、両者の壁を取り除き新たな人の繋がりを生み出しうる反面、特権を侵される御家人の反発を招きかえって溝を深めるのも理の当然である。一方で財政的には御家人役を確保しつつ、他方で御家人の無尽蔵な増加を抑止して本来の御家人を保護したい幕府の苦心が、「跡」という一文字に透けて見えるのである。

●政局の動向と安達泰盛の立ち位置

御家人の没落や非御家人の御家人化志向は、御家人と非御家人の臨界を曖昧模糊にしていった。そうした最中に勃発したまさに先例なき未曾有の対外的有事は、幕府が御家人の力のみによって対処できるものではなかった。幕府は非御家人に対しても軍事動員をかけ、寺社には戦勝祈願を命じた。あらゆる人力・神力・仏力を駆使した総力戦体制である。

鎌倉中後期の幕府政局は〈将軍勢力対得宗勢力〉あるいは〈御家人対御内人〉といった構図で把握される。しかし、安達泰盛は外様御家人の雄であり、将軍側近であり、得宗の近親で寄合のメンバーでもあって、その政治的立ち位置をどう見るか見解は分かれる。

確かなのは、季長の直訴を受けたように、御恩奉行たる泰盛は、蒙古襲来で奔走・奮闘した御家人に限定されないあらゆる人・神・仏の戦功に対して、恩賞により報いなければならない立場にあったことである。ある集団を御恩で利すれば、別の集団を害しかねない。泰盛は利害調整に腐心したが、それは総力戦が産み落としたアポリアにほかならなかった。

（下村周太郎）

【参考文献】

秋山哲雄『北条氏権力と都市鎌倉』（吉川弘文館、二〇〇六年）
網野善彦『網野善彦著作集5　蒙古襲来』（岩波書店、二〇〇八年）
石井進『鎌倉びとの声を聞く』（NHK出版、二〇〇〇年）
清水亮『鎌倉幕府御家人制の政治史的研究』（校倉書房、二〇〇七年）
高橋典幸『鎌倉幕府軍制と御家人制』（吉川弘文館、二〇〇八年）
高橋秀樹『日本中世の家と親族』（吉川弘文館、一九九六年）
服部英雄『蒙古襲来』（山川出版社、二〇一四年）
福島金治『安達泰盛と鎌倉幕府』（有隣新書、二〇〇六年）
細川重男『鎌倉政権得宗専制論』（吉川弘文館、二〇〇〇年）
村井章介『北条時宗と蒙古襲来』（NHKブックス、二〇〇一年）

第5章　武家と公家

1　足利尊氏と後醍醐天皇 ―幕府再興をめぐる想い―

●傍流の出自

室町幕府初代将軍の足利尊氏《あしかがたかうじ》と、第九六代天皇の後醍醐《ごだいご》。武家と公家の頂点に君臨した二人の姿を見ると、それぞれ足利氏と大覚寺統王家《だいかくじとうおうけ》の正統な後継者として出生したように見える。ところが実際は、両者とも嫡流を継ぐ兄がいたため、当初は傍流の立場に置かれていたのである。

尊氏（初名は高氏だが、煩雑になるので尊氏で統一する）には、足利高義《たかよし》という異母兄がいた。尊氏の母は、家臣筋の上杉氏の出身で、父足利貞氏《さだうじ》の側室の女性だった。これに対し高義の母は、北条氏の一族である金沢顕時《かねさわあきとき》の娘であり、貞氏の正室となった女性だった。足利氏の当主は、代々北条《ほうじょう》氏の女性を正室に迎えていたが、貞氏も例外ではなく、当然のことながら、そのあいだに生まれた高義を嫡子とした。尊氏は、足利氏を率いる兄高義を影で支える舎弟として人生を送るはずだったのである。

一方、後醍醐にも、後二条《ごにじょう》天皇という異母兄がいた。父後宇多《ごうだ》法皇は、大覚寺統王家の嫡流を後二条と認め、後二条からその子邦良《くによし》親王へ継承するように遺命した。ところが、徳治《とくじ》三（一三〇八）年、後二条が早世したことにより、後醍醐にチャンスが訪れた。すなわち、後二条が病没した時点で邦良はいまだ九歳だったため、後醍醐が持明院統王家《じみょういんとうおうけ》から即位した花園《はなぞの》天皇の皇太子となり、やがて花園の譲位を受けて即位したのである。

しかし、後醍醐の立太子・即位は、あくまでも邦良が成人して皇位に就くまでの中継ぎとしての役割にすぎなかった。後醍醐は天皇になったものの、自分の皇子に皇位を継承させる機会は与えられず、その皇統は消滅するはずだった。

●出会い

こうした後醍醐の中継ぎとしての立場は、皇位継承のゆくえを規定する鎌倉幕府の了解を得たものだった。そのため、自らの立場に不満を募らせた後醍醐の刃は、鎌倉幕府へと向けられ、後醍醐を討幕活動へと駆り立たせた。

一方の尊氏は、高義が一九歳の時点（このとき尊氏は一一歳）で足利氏当主として活動を始めており、高義が足利氏を継承した現状に不満を抱く余地はなかったと思われる。ところが、文保《ぶんぽう》元（一三一七）年、高義が早世したことにより、尊氏は図らずも足利氏を継承することになった。こうして北条氏とともに鎌倉幕府の中枢を構成した足利氏の当主となった尊氏は、討幕を目論む後醍醐と対峙する立場に立ったのである。

元弘《げんこう》元（一三三一）年八月、山城《やましろ》国笠置山《かさぎやま》で挙兵した後醍醐に対し、幕府は討伐軍を派遣した。このときの討伐軍の大将のひとりが尊氏だった。幕府軍の攻撃の前に、笠置山はわずか二日で陥落し、捕らえられた後醍醐は隠岐島《おきのしま》へ流された。ところが、畿内《きない》では後醍醐の子護良《もりよし》親王が討幕活動を引き継いだため、争乱は一向に鎮まらなかった。こうしたなか、討幕に不屈の闘志を燃やす後醍醐は、元弘三（一三三三）年閏二月に隠岐島の脱出に成功すると、伯耆《ほうき》国船上山《せんじょうさん》に拠って再度の挙兵におよんだ。幕府は再び討伐軍の派遣を決し、尊氏にも出陣が命じられた。

尊氏は再び幕府軍の大将として出陣したが、その途上、討幕を命じる後醍醐の綸旨《りんじ》が尊氏のもとに届けられた。これは、足利氏の生き残りの選択として、北条氏との決別＝幕府への叛逆を進言した上杉氏の取り計らいによるものだった。尊氏はこの進言を容れ、ついに両者は連携することになった。すなわち、鎌倉幕府体制下において北条氏に次ぐ実力を有していた足利氏の当主たる尊氏に対し、後醍醐は全国の武士への動員指令を一任し、尊氏はその任務を忠実に遂行したのである。

五月七日、尊氏自身も丹波《たんば》国篠村《しのむら》で挙兵し、六波羅探題《ろくはらたんだい》を滅ぼした。翌日には、尊氏の指令を受けた新《にっ》田《た》義貞《よしさだ》が上野《うえずけ》国で挙兵し、二二日に鎌倉を攻め落とした。尊氏と後醍醐の連携からわずか一月ほどで、鎌倉幕府は滅亡したのである。

●蜜月

鎌倉幕府の滅亡により、後醍醐の新政権＝建武《けんむ》政権が発足した。後醍醐の公認のもと、全国の武士を動員して鎌倉幕府を滅亡へと追い込んだ尊氏は、討幕の最大の功労者と認められ、六月一二日に従四位下《じゅうしいのげ》、八月五日に従三位《じゅさんみ》に叙され、さらに翌建武元（一三三四）年正月五日には正三位《しょうさんみ》に昇進した。尊氏は、建武政権下の武家の中で唯一の公卿《くぎょう》となったのだが、このことは後醍醐が尊氏を武家の第一人者と認めたことを示している。

建武政権下で武家の第一人者としての地位を認められた尊氏は、政権の軍事部門の責任者となり、後醍醐を補佐・警固する役割を果たした。このことを示す文書として、たとえば次のようなものがある（「島津家文書」建武元年九月一二日付足利尊氏施行状《しぎょうじょう》）。

鎮西警固《ちんぜいけいご》ならびに日向《ひゅうが》・薩摩《さつま》両国の事、綸旨に任せ、その沙汰致さるべきの状くだんの如し。

建武元年九月十二日　（足利尊氏）（花押）

嶋津《しまづ》上総《かずさ》入道《にゅうどう》殿

建武元年九月、九州で規矩高政《きくたかまさ》・糸田貞義《いとださだよし》の反乱が起こると、後醍醐は九州諸国の守護に対し管轄国の警固を命じる綸旨を発給した。右の文書は、尊氏が日向・薩摩両国守護の島津貞久《さだひさ》に対し、この綸旨をもとに日向・薩摩両国の警固を命じた文書である。後醍醐のもとで尊氏は、守護に指示を出すことができる公的な立場にあったことがわかり、後醍醐の軍務を補佐する役割を果たしていたことが確認できる。

また、後醍醐が石清水八幡宮《いわしみずはちまんぐう》と賀茂社《かもしゃ》に行幸《ぎょうこう》した際、前者では「足利左兵衛督《さひょうえのかみ》〈尊氏〉の随兵《ずいへい》ならびに正成《まさしげ》・長年《ながとし》以下の武士」が警固を担当しており、尊氏が警固役の中心的存在だったことがわかる（『護国寺《ごこくじ》供養記《くようき》』建武元年九月二一日条）。一方、後者では、尊氏が武田・佐々木・千葉・小笠原・宇都宮・上杉・島津・小早川・山名らの有力武士を統率して、後醍醐を警固したことが確認できる（「小早川家文書」〈建武元年九月二七日〉足利尊氏随兵次第写）。

このように尊氏は、建武政権の軍事部門の責任者として、後醍醐を補佐・警固する役割を果たしたが、このことは取りも直さず、後醍醐が尊氏に一定の信頼をもって政権の軍務を委ねたことを示している。そして尊氏は、この後醍醐の信頼に応えるべく、後醍醐の「侍大将」として忠勤に励んだのである。『梅松論《ばいしょうろん》』という歴史書には、建武政権の中枢から不自然に尊氏が排除されたことについて、当時の人びとが「高氏なし」といって噂しあっていたという記述が見える。しかし実際には、そうした冷遇の実態は認められず、むしろ後醍醐は尊氏を厚遇して政権の安定に努めており、尊氏も後醍醐の期待に応えようと励んでいたのである。

●決別

建武二（一三三五）年七月、北条高時の遺児時行《ときゆき》が信濃《しなの》国で挙兵し、瞬く間に鎌倉を占領する事件が起きた（中先代《なかせんだい》の乱）。当時、鎌倉には、建武政権の関東の統治機関として鎌倉将軍府が置かれており、尊氏の弟足利直義《ただよし》がこれを主宰していた。直義は、時行の進攻を防ぎきれずに西走し、尊氏に救援を求めた。

直義の救援依頼を受けた尊氏は、後醍醐に出陣許可を願い出た。直義の救出という目的もさることながら、政権の軍事部門の責任者という自身の公的な立場から、尊氏は鎌倉の奪還を必須の任務と受けとめたに違いない。出陣にあたって尊氏は、征夷大将軍と惣追捕使《そうついぶし》の任命を後醍醐に求めたが、これは政権からの離脱を表明するためではなく、政権を代表して出陣する自身の立場を形式的に整え、権威づけるためだったと思われる。

しかし、尊氏を幕府の首長の地位だった征夷大将軍に任命することで、その武家の第一人者としての地位を名実ともに確立させることの危険性を察知した後醍醐は、これを許さなかった。憤然とした尊氏は、八月二日、後醍醐の許可を得ないままに出陣すると、後醍醐は慌てて尊氏を征東将軍《せいとうしょうぐん》に任命し、尊氏の行動を追認した。

三河国《みかわのくに》で直義と合流した尊氏は、快進撃を続け、一九日には鎌倉の奪還に成功した。八月末、後醍醐は、尊氏の功績を賞して従二位《じゅうにい》の位階を授ける。征夷大将軍の任命をめぐり、尊氏と後醍醐の間に確執が生じたものの、両者の関係に亀裂が入ることはなかった。

ところが、尊氏が鎌倉において独自の裁量で配下の武士や寺社に恩賞を与え始めたことで、両者の関係は一気に緊張の度合いを高めた。なぜならば、建武政権における恩賞給付は、基本的に後醍醐の専権事項とされていたからである。尊氏の「専横」ぶりを目にした後醍醐は、勅使を鎌倉へ派遣して、恩賞給付は後醍醐が行うことと即時の帰京を尊氏に命じた。尊氏は、殊勝にもこれに応じており、後醍醐に叛旗を翻すつもりはなかったらしい。しかし、尊氏が京を離れたことを幕府再興の千載一遇の好機と捉えた直義は、尊氏を説き伏せて鎌倉に留まらせ、将軍家御所旧跡に尊氏の邸を造らせるなど、幕府再興の既成事実を積み重ね、建武政権との対決姿勢を鮮明にしていった。そして、一一月二日、直義は義貞の討伐を前面に掲げて、ついに建武政権との戦争に踏み切った。

尊氏は後醍醐との対決を望んだわけではなかったが、後醍醐の目には尊氏と直義がともに敵対姿勢を露わにしたと映ったはずである。後醍醐は、両者の官職をすべて剥奪したうえで、義貞に両者の追討を命じた。尊氏は、この知らせを聞くと強い衝撃を受け、浄光明寺《じょうこうみょうじ》に謹慎したが、もはや許される時機を逸していた。自らの意思と裏腹に、尊氏は後醍醐との戦争の道を歩んでいくこととなったのである。

●交錯する想い

義貞率いる建武政権軍が東海道で次々と足利軍を撃破して箱根山西麓まで迫ると、尊氏は意を決して出陣し、これを破った。西へ敗走する建武政権軍を追撃し、建武三（一三三六）年正月、尊氏は入京を果たした。しかし、北畠顕家《きたばたけあきいえ》が陸奥《むつ》国から大軍を率いて攻めてきたため、尊氏は九州へ敗走した。

九州に上陸した尊氏は、三月二日、筑前《ちくぜん》国多々良浜《たたらはま》で建武政権に与する菊池武敏《きくちたけとし》を破ると、一月ほどで九州の武士たちを麾下に収め、東上を開始した。五月二五日、尊氏は摂津《せっつ》国湊川《みなとがわ》で義貞と楠木正成を破ると、六月一四日に再度の入京を果たし、後醍醐は比叡山《ひえいざん》へ逃れた。八月一五日、尊氏と直義の要請を受けて、京の朝廷では彼らが擁立した持明院統王家の光厳《こうごん》上皇の院政が決まり、光厳の命令で弟の光明《こうみょう》天皇が即位した。幕府再興を目指す尊氏と直義は、その正当性を担保する朝廷の再建に着手したのである。

しかし、朝廷を真に再建するためには、大覚寺統王家の後醍醐との講和が不可欠である。そこで尊氏は、一〇月に入ると後醍醐に講和を申し入れたが、敗色が濃厚となっていた後醍醐はこれに応じて京へ戻り、その道筋がつけられた。一一月二日、後醍醐は光明に三種の神器を引き渡し、太上天皇《だいじょう》号を受けた。ここに大覚寺統王家も加わった朝廷の再建が果たされ、尊氏・後醍醐・光厳の三者で構成する政権が暫定的に発足したのである。次の課題は、この三者連合政権の維持に不可欠な皇位継承と幕府再興の問題をいかに解決するかだった。

一一月一四日、光明の皇太子に後醍醐の子成良《なりよし》親王が立てられた。このことから、皇位継承問題に関しては、持明院統王家と大覚寺統王家の両統迭立《りょうとうてつりつ》が三者で合意され、実行に移されたことがわかる。尊氏は、後醍醐の皇統が皇位を継承していくことに了解を与えたのであり、この譲歩と引き替えに幕府再興を後醍醐に認めさせようとしたと考えられる。だが、尊氏の配慮は、これだけに留まらなかった。すなわち、一一月七日、室町幕府の政綱を謳った建武式目が制定されたが、その起草者には、建武政権の雑訴決断所《ざつそけつだんじょ》にも出仕した後醍醐に近い人物が複数加えられたことが知られている。また、建武式目には、「遠くは延喜《えんぎ》・天暦《てんりゃく》両聖の徳化を訪ね」るというフレーズが盛り込まれたが、これは尊氏が醍醐《だいご》・村上《むらかみ》両天皇（延喜・天暦両聖）の治世を理想とした後醍醐の政治理念に配慮した政道をとることを表明した「誓約」と理解できる。尊氏は、両統迭立の承認に加え、幕府の政綱が後醍醐の政治理念と親和性をもつことを示すことによって、後醍醐に幕府再興を認めさせようとしたのである。

しかし、この尊氏の想いは、後醍醐に届くことはなかった。一二月二一日、後醍醐は突然吉野《よしの》へ逃亡し、講和交渉は頓挫した。たとえ自身の皇統の存続が認められたとしても、皇位継承が幕府の了解のもとで行われるという仕組みについて、後醍醐はどうしても容認することができなかったのだろう。

●終焉

後醍醐が吉野へ逃亡したことで、史料上、成良は皇太子の地位から降ろされたと見える（『皇年代略記《こうねんだいりゃっき》』・『皇代暦《こうだいりゃく》』）。しかし、その後皇太子は空位とされたことから、成良の廃太子は実質的に留保されたようであり、尊氏は後醍醐との講和交渉再開の門戸を開く姿勢を示したと見られる。

尊氏は、建武五（一三三八）年五月と閏七月に、後醍醐が頼みの綱としていた顕家と義貞をそれぞれ討ち、戦局をほぼ決する戦果をあげた。これにより、尊氏が講和交渉の再開を期待したとしてもおかしくない。ところが、後醍醐は改めて各地に皇子と近臣を派遣し、尊氏に対抗する新たな戦略を展開し始めた。後醍醐は、尊氏が望む講和をあくまでも拒否して、武力決着の道を選択したのだった。

こうした状況の中、八月一一日、尊氏は光明から征夷大将軍に任命され、名実ともに幕府を再興した。そして、その二日後、光厳の子益仁《ますひと》親王が皇太子に立てられた。後醍醐に講和に応じる意思がないと悟った尊氏は、後醍醐を排除して幕府再興と持明院統王家による皇位継承に踏み切り、後醍醐との講和交渉を打ち切ったのである。後醍醐が病に倒れたのは、その翌年八月のことだった。

心ならずも後醍醐に敵対したためだろう、尊氏の後醍醐への追慕の念は深かった。後醍醐死去の報に接した尊氏は、幕府内に七日間の政務停止を命じ、四九日の仏事を行うほか、百箇日には等持院《とうじいん》において大規模な法要を行った。また、周知の通り、尊氏の「尊」の字は、後醍醐の諱尊治《いみなたかはる》の一字を許されたものだが、これは尊氏が従三位に叙されたのを機に後醍醐に申請し、認められたものだった。尊氏は、この名前を終生使用し続けており、これを見ても、尊氏がいかに後醍醐に想いを寄せていたかが想像されよう。

皇位継承を思うがままにしたいがゆえに幕府再興を容認できなかった後醍醐に対し、最後まで後醍醐の承認のうえに幕府再興の道を模索した尊氏。二人の想いは妥結することなく、後には半世紀におよぶ内乱が残されたのだった。

（田中大喜）

【参考文献】

家永遵嗣「室町幕府の成立」（『学習院大学文学部研究年報』五四輯、二〇〇八年）
岡野友彦「尊氏を高氏と表記すること・再論」（『古文書学の再構築―文字列情報と非文字列情報の融合―』平成二三年度～平成二五年度科学研究費補助金研究成果報告書　基盤研究（C）、二〇一四年）
清水克行『足利尊氏と関東』（吉川弘文館、二〇一三年）
田中大喜『新田一族の中世「武家の棟梁」への道』（吉川弘文館、二〇一五年）

2　足利義満と二条良基

●公武の両巨頭

元弘《げんこう》三（一三三三）年、北条《ほうじょう》氏が実質的に主導してきた鎌倉幕府は後醍醐《ごだいご》天皇の討幕運動によって滅亡する。その五年後の暦応《りゃくおう》元（一三三八）年、足利尊氏《あしかがたかうじ》が征夷大将軍《せいいたいしょうぐん》に就任する。将軍就任を基準とするならば、ここに室町幕府は成立したということになる。

鎌倉幕府と室町幕府には大きな相違点があった。それは、両幕府の所在地である。室町幕府は京都に所在した。必然的に、拠点を東国に置いた鎌倉幕府と比べて、朝廷と日常的に様々なかたちで関わることとなった。

朝廷や公家社会との関わりを強くもった将軍に三代目の義満《よしみつ》がいる。延文《えんぶん》三（一三五八）年に生まれ、応《おう》永《えい》一五（一四〇八）年に死去した足利義満は、花《はな》の御所《ごしょ》や北山殿《きたやまどの》といった煌びやかな邸宅に居を構え、南《なん》北朝《ぼくちょう》の合一や守護大名《しゅごだいみょう》の勢力削減に成功するなど、室町幕府の全盛期を作り上げた。そんな義満の特色のひとつに、実質的な公卿《くぎょう》として公家《くげ》社会に参入したことが挙げられる。祖父の尊氏や、父の義詮《よしあきら》は、大納《だいな》言《ごん》にまで昇進しながらも、それは名ばかりで、実際に朝儀《ちょうぎ》などに参加することは原則としてなかった。しかし、義満は公卿としての役割を果たしながら太政大臣《だいじょうだいじん》にまで登り詰め、出家後は後小松《ごこまつ》天皇の父親代わりのような立場となった。武家の棟梁《とうりょう》にして朝廷政治にも深く関与する、それが義満の治世スタイルである。

義満が公家社会に参入した頃、公家社会で廷臣《ていしん》の頂点にあったのは二条良基《にじょうよしもと》である。当時、摂関家《せっかんけ》は近《この》衛《え》・鷹司《たかつかさ》・九条《くじょう》・一条《いちじょう》・二条の五家に分かれており、そのうちの二条家の当主であった良基は、勅撰に准じられた連歌集である『菟玖波集《つくばしゅう》』を残すなど文芸面で顕著な業績を残しているが、政治家としても摂関職を五度、都合二〇年以上にも渡ってつとめている。

ここでは足利義満と二条良基という、当時の公武社会両指導者の関係を紹介していく。

●義満による公家政治参入

義満と良基との間柄に関する研究は、小川剛生氏が『二条良基研究』(笠間書院、二〇〇五)を上梓したことで、画期的な進展を見せている。その成果によりながら、両者の関係をおさらいしたい。

二条良基が足利将軍家との交流をもつようになったのは、義満の父義詮の時代からである。とくに和歌をはじめとする学芸などを介した交流が盛んだったようだ。そんな義詮は義満が一〇歳の時に死去し、しばらく義満は細川頼之《ほそかわよりゆき》の庇護のもとに育つ。やがて康暦《こうりゃく》の政変(斯波義将ら有力大名による管領細川頼之罷免要求を義満が受け入れた事件)を契機に義満が頼之から独り立ちすると、その頃から良基は義満に公家社会のさまざまな作法を手ほどきするようになる。代々の足利将軍は征夷大将軍はもちろんのこと、右《う》近衛大将《このえたいしょう》や大臣(あるいは大納言)などの朝廷官職を帯びていたため、その任命儀礼など、いくつかの朝廷儀礼にはどうしても列席しなければならず、そういうときのイロハを二条良基が指導した。それ以降、良基は公家の諸政務を叩き込み、義満を一人前の公卿に仕立て上げることとなった。公家社会における義満の家庭教師役を熱心につとめた良基の狙いは、義満の武家としての実力(強制力、経済力)を利用して朝廷儀礼を復興させようというものであった。そして、大臣として内弁《ないべん》や上卿《しょうけい》を歴任するなど、義満はそのような良基の期待によく応えた。内弁あるいは上卿というのは朝儀における参加公卿代表の役割である。卒業式で答辞を読むような役割と考えていただきたい。また、朝廷の雅楽演奏会で笙《しょう》を所作したり、朝廷儀礼を裏方として全体をコーディネートしたり、さらには、朝儀執行全体について高所から経済的援助込みで指示を送るなどした。義満は朝儀において、アクターであり、ディレクターであり、プロデューサーでもあった。長じた義満は武家の棟梁だけでなく、すっかり公家社会のリーダーにもなっていた。

●義満は時間に厳しかった

南北朝期から室町期にかけて、朝廷儀礼は義満のおかげで復興を遂げる。それは公家社会全体からすれば歓迎すべき事態であった。しかし、義満の常識は当時の公家社会の常識と少しズレるところがあったので、公家衆個々には戸惑う場面も少なからずあった。その最たるものは時間感覚の相違である。

永徳《えいとく》三（一三八三）年八月三日、義満は直衣始《のうしはじめ》（高官が勅許を受けてはじめて直衣を着用するときに行う儀礼）を迎えることとなり、多くの廷臣もその儀礼に参列した。その中で二条為遠《ためとお》という廷臣が、義満から追い返されるという事件が起きた。なお、この為遠が所属する二条家は、良基など摂関家の二条家とは全く別の家である。ともあれ、なぜ二条為遠が追い返されたかというと、直前の任大臣大饗《たいきょう》（大饗は年中行事として、あるいは大臣就任の際などに行なわれた宴席儀礼のこと）に為遠が遅刻したからである。それについてある貴族は日記に「いつものように遅参した」と書き残しているように、為遠は遅刻の常習犯であり、義満としてもついに堪忍袋の緒が切れたようだ。あらかじめ為遠に「もう来なくても良い」と言い放っていたのである。にもかかわらずノコノコと為遠は姿を現し、そして追い返された。このときの公家社会の反応は「こりなく候（懲りないヤツだ）」というものであった。

とはいえ、これは為遠の個人的なだらしなさにのみ帰する問題ではない。当時の朝廷儀礼は、夕暮れ時に始まることが多かった。朝に行うから「朝廷」なのに、である。中世における公家社会の時間感覚とは、そういうものであった。しかし、武家出身の義満に、そんな常識は通用しなかった。義満はとても時間に厳しかったのである（もっとも義満としては、当たり前のことを言ってるだけという感覚であっただろうが）。

そして、義満の時間への厳しさは、時に程度が過ぎて、ほとんど理不尽に思えることもあった。桃崎有一郎氏が紹介した事例を見てみよう。

応永元（一三九四）年、南都《なんと》常楽会《じょうらくえ》（奈良興福寺《こうふくじ》における仏事。物見遊山的な意味合いが強かった）に多くの廷臣たちを引き連れ義満は出かけた。その際の義満は、なんら予告なく未明に桟敷（見物場所）へと出発した。当然、間に合わないものも少なくなかったのだが、それに対し義満は「遅れたものは来てはいけない」という態度をとった。遅刻したひとりに広橋仲光《ひろはしなかみつ》という公家がいたが、彼は必死に赦免を請うた結果、義満は「昨日と同じ服なら供奉を許可する」と返答した。少し義満の含意がわかりづらいが、要するに、「みんながタキシードの中、部屋着で参加するなら許す」といったニュアンスであろう。嫌がらせなのか、イタズラなのか。宥免と引き替えに辱めを与えたのである。それでも仲光は、まだ良い方だった。日野資教《ひのすけのり》や中山親雅《なかやまちかまさ》など許されなかった面々もいたからである。それにしても「未明に予告なく」というのは、さすがに行き過ぎだろう。権力者ならではの過剰としか言いようがない。その過剰に「人間臭いところもある」と感じるか、「こんな上司だけは嫌だ」と感じるのかは人それぞれだろうが。

ともあれ、義満は過剰なほど時間に厳かったのである。

●似たもの同士の二人

時間に厳しいという義満のあり方は、どうやら個人の性格に由来する問題であったらしい。義満が死ぬ三年前、応永一二年四月二九日のこと。故後円融《ごえんゆう》天皇の一三回忌法華八講《ほっけはっこう》が催された。法華八講は計五日間にわたる仏事であり、その結願日（最終日）には義満も臨席したが、その際、「義満様が内々に御聴聞されるから急ぐように」との指示が内々に伝達された。関白であった一条経嗣《つねつぐ》のもとにも矢の催促があり、経嗣は急いで駆けつけたが、到着していたときにはすでに仏事はスタートしてしまっていた。義満が時間に厳しいのは、死ぬまで変わらなかった。それが義満の性分なのである。

性分なのだから「三つ子の魂」であり、時間に早いのは義満が若い頃から認められる。康暦二年四月に行われた石清水臨時祭《いわしみずりんじさい》に義満は公家として見物に出かけた。康暦の政変のちょうど一年後であり、独り立ちして間もなくの義満は、見物に出かけるのに先立ち、未刻《みのこく》（午前一〇時頃）には参内《さんだい》を遂げていた。公家社会の面々はいまだ義満が何者であるかよくわかっておらず、「どうせ始まるのは夜でしょう」と呑気に構えおり、当然のこととして定刻には始まらなかった。義満は若い頃から早め早めに行動していたが、多くの公家は、まだ義満の性分を把握しておらず、公家時間で行動していた。その中でひとり異彩を放ったのが二条良基である。義満が当時の公家の感覚からすれば異常に早い時間に参内したとき、そこにはすでに二条良基の姿もあった。そして「急ぎなさい」と再三にわたり、呑気な公家衆に指示を飛ばしていたのである。

むろん、それは日常的に義満と接していた良基が気を利かせて義満に合わせたと考えることもできるが、少なくとも良基が「公家社会というのは時間にルーズなものですから、そういうものとして貴殿の方が順応してください」といった指導を義満にしていなかったのは間違いなかろう。おそらく、良基は義満と同じ時間感覚にあって、公家社会の時間感覚を苦々しく思っていたのではあるまいか。他の公家たちが遅れる中、既に会場に到着して「急ぐように」と公家衆に指示を飛ばす二条良基の姿は、後円融一三回忌法華八講で一条経嗣などを急がせた晩年の義満と瓜二つである。義満の時間への厳しさは、師匠である良基譲りだったのだろう。南北朝末期に各々武家社会と公家社会のリーダーであった足利義満と二条良基は、性分的にも似たもの同士の師弟だったようである。

（石原比伊呂）

【参考文献】
小川剛生『二条良基研究』（笠間書院、二〇〇五）
小川剛生『足利義満～公武に君臨した室町将軍』（中央公論新社　二〇一二）
桃崎有一郎「足利義満の公家社会支配と「公方様」の誕生」（『ZEAMI』04　二〇〇七）

第6章　戦国・織豊期の人物像

1　浅井長政と朝倉義景

●織田信長を裏切った浅井長政

戦国時代末期、反織田信長勢力によって形成された信長包囲網。浅井長政《あざいながまさ》と朝倉義景《あさくらよしかげ》が一丸となって、その包囲網の一角を担っていたことは歴史上有名な話であろう。大河ドラマをはじめとした映像にもたびたび描かれている両者の関係は、歴史の「結末」を知っている現在の私たちからすれば、いささか不可解に感じるかも知れない。というのも、天下統一に向けて勢いを増す織田信長と姻戚関係にあった浅井長政が、滅び行く運命にあった朝倉義景に味方をし、自ら滅びの道を選んだかのように私たちには映るからである。

永禄《えいろく》から元亀《げんき》に元号が変わる三日前の永禄一三（一五七〇）年四月二〇日、信長からの上洛命令に応じない朝倉義景を討伐すべく、信長の軍勢が京都を発った。二三日には若狭《わかさ》の国吉《くによし》城に到着し、二五日には越前敦賀《えちぜんつるが》の手筒山《てづつやま》城、二六日には金ヶ崎《かねがさき》城に総攻撃をしかけ、落城させている（『信長公記《しんちょうこうき》』）。そして勢いに乗る信長軍が、標高六二八メートルの木ノ芽峠《きのめとうげ》を越えたとき、浅井長政裏切りの一報を受け取るのである。

信長は、長政に「江北《ごうほく》一円」を任せており（『信長公記』）、またこの年の初めには、足利《あしかが》将軍家に仕えていた京極《きょうごく》氏とともに上洛するようにと命じるなど（『二条宴乗記《にじょうえんじょうき》』）、長政に対して絶対的な信頼を寄せていたといえる。それゆえに、長政の挙兵を「虚説」（『信長公記』）だと信じなかったのも無理のないことであろう。ではなぜ、長政は義景に味方したのだろうか。

●浅井・朝倉同盟の是非

この難問について、これまでさまざまな見解が出されてきた。なかでも、長政の祖父亮政《すけまさ》の代から続く浅井・朝倉の同盟関係が優先されたため、という見解が通説として広く流布している。北近江《おうみ》の守護京極氏を推戴し、地域権力として自立化を図った浅井亮政は、大永《たいえい》五（一五二五）年、南近江の守護六角定頼《ろっかくさだより》の攻撃を受けた。この時、戦国大名朝倉氏初代孝景《たかかげ》の末子教景《のりかげ》が近江に出陣し、亮政を救援したことが、両者の同盟関係締結の契機であり、その後長く両者の同盟関係が維持されたと従来は捉えてきたのである。

しかし、教景の「浅井救済」を載せる軍記物よりも信頼の置ける朝倉氏側の史料には、「江州《ごうしゅう》北の郡大《お》（小）谷《だに》、七月一六日城攻めこれあり」（『朝倉宗滴話記《そうてきわき》』、元亀元〈一五七〇〉年四月以前の成立）や、「宗滴（教景）師《いくさ》奉行として六角合力のため、江州北郡浅井小谷城これを攻む」（『朝倉家伝記《かでんき》』、永禄一二〈一五六九〉年の成立）と記載されている。また六角定頼からも、教景の北近江出陣を感謝する書状が、朝倉氏の同名衆であった三反崎《みたざき》氏充てに出されている（『古文状《こもんじょう》』）。これらの史料からは、朝倉氏は浅井氏救援ではなく、六角氏の援軍として出陣したことが確認できるのである。最終的に、浅井氏は教景の仲裁によって六角氏と和睦するものの（『経尋記《けいじんき》〈寺院雑要抄《じいんざつようしょう》〉』・『二水記《にすいき》』）、九月には近江を没落し（『長享年《ちょうきょうねん》後畿内兵乱記《ごきないへいらんき》』）、美濃《みの》方面に逃れていることからも（『朽木《くつき》文書』）、この時に浅井・朝倉の同盟が結ばれたとは考えがたい。

●浅井長政挙兵の謎

祖父亮政以来の「古くからの同盟」説が成り立たないとすると、やはり長政挙兵の理由は朝倉氏との関係ではなく、浅井氏自身の問題として捉えなければならなくなる。朝倉氏を攻めないとの約束を破ったため、信長を打倒する絶好の機会であったため、ひそかに信長打倒をもくろむ室町幕府将軍足利義昭の御内書《ごないしょ》が浅井氏にも届けられていたため、信長を信用できなかったため、朝倉氏のあとは浅井討伐かと疑心暗鬼に陥ったため、幕府から政権を奪取して自己の政権を打ち立てようとした信長の政権構想に付いていけなかったためなど、これまでさまざまな仮説がたてられてきた。

そうした中で、織田氏と浅井氏との関係は対等な同盟ではなく主従関係であり、信長が長政を家来と見なしていたことを直接の原因とする仮説が近年有力視されつつある。独立した戦国大名であった浅井氏を、自分の手駒のように使う信長のやり方が、長政に挙兵を決意させた要因と捉えるのである。この説では、信長が毛利元就《もうりもとなり》に充てた文書の中で、長政を「近年別して家来せしむる」とか「浅井備前《びぜん》(長政)元来小身に候」(「毛利家文書」)などと述べていることを根拠としているが、そもそもこれらの言葉は、信長と浅井・朝倉軍が戦った姉川合戦後に発せられたものである。言葉のまま受け取って、長政の挙兵を信長の駒として織田政権内に取り込まれたことへの反発と捉えることは果たして妥当なのだろうか、また朝倉氏討伐というタイミングで長政が信長に反旗を翻した背景には、全く浅井氏と朝倉氏との盟約はうかがえないのだろうか、という疑問も少なからず残るのである。

●浅井氏にとっての「御屋形様」

実は、信長包囲網形成後の浅井氏と朝倉氏の関係を語る史料が、江戸時代中期に編纂された『雑録追加《ざつろくついか》』の中に残されている。長政が朝倉義景に近侍した東老軒《とうろうけん》らに充てた五月七日付の文書は、書状のため年号が付されていないのであるが、文中に「信長高嶋相働くにおいては」や「織弾(織田信長)南都に至り罷《まか》り下る由風聞《よし》」などの文言があることから、元亀三（一五七二）年に比定することができる。その理由は、この年の三月一一日には、信長が近江高島郡のすぐ南の志賀郡に出陣して木戸・田中を攻略していること（『信長公記』）、また五月五日から七日にかけて織田軍先発隊が大和《やまと》西京《さいきょう》に着陣し、奈良に打ち入ろうとしていたこと（『多聞院日記《たもんいんにっき》』）が確認できるためである。

そしてこの書状において長政は、信長が高島郡を攻めるときには「御屋形様《おやかたさま》」にも近江へ出陣してきてほしいと願い出ているのである。浅井氏は、天文《てんぶん》一九（一五五〇）年までは京極高広《きょうごくたかひろ》を「御屋形様」と呼称していたことが確認できるが（「郷野家《ごうのけ》文書」）、この長政書状の充所は東老軒であるので、ここでの「御屋形様」は義景であることは間違いない。実際に、この書状の一週間後、京都を発って岐阜に戻った信長の軍勢の一部が高島郡に乱入したことを受けて朝倉軍二万が高島郡に向かっており（『年代記抄節《ねんだいきしょうせつ》』）、また義景の出馬も近日中に予定されていたようである（『顕如上人文案《けんにょしょうにんぶんあん》』・『御前《みさき》神社文書』）。では、長政が義景を「御屋形様」と呼んでいる事実は何を意味するのだろうか。

●国衆浅井氏と戦国大名と朝倉氏

「御屋形様」とは、一般に主従関係にある間柄で使われる表現である。京極氏家臣の一員から地域権力に成長した浅井氏が京極氏を「御屋形様」と呼んだのは、旧主である京極氏との関係を考慮してのことであろう。では、義景に対してはどうか。自立した地域権力同士の間で「御屋形様」表現が使用されるのは、戦国大名と国衆との関係においてである。規模は違えど、戦国大名と国衆とは、一円的所領である「領国」を形成し、一元的主従関係で結ばれた「家中」を組織した「公」権力として同質の地域権力であった。しかし、しばしば国衆は自身の領国を維持するために、「後詰《ごづめ》」（援軍）要請を目的として戦国大名との同盟を取り結んでおり、その際には「後詰」を必要とする国衆が戦国大名の従属下に入る形となっていた。したがって、必然的に国衆側が戦国大名当主を「御屋形様」と呼称することになるのである。とくに関東に顕著な国衆と戦国大名との従属関係をふまえるならば、長政が義景を「御屋形様」と呼んだ理由は、国衆である浅井氏が戦国大名である朝倉氏と従属関係を取り結んでいたからなのではないだろうか。

確たる史料はほかにないのだが、そのことを裏付ける状況証拠もいくつか存在する。ひとつには、義景の居城越前一乗谷《いちじょうだに》に「浅井殿《あさいどん》」「浅井前」という小字名が残っていることである。場所は、一乗谷上城戸《かみきど》の外側（南側）で、現在の福井市西新町《にしじんまち》にある盛源寺《せいげんじ》のすぐ南であるが、この場所は近江から北上する北陸道を鯖江《さばえ》で分岐し一乗谷に至る朝倉街道沿いに所在している。しかも、上城戸の外側には、朝倉氏重臣の屋敷の他に、朝倉氏を頼って一乗谷にやってきた足利義昭や斎藤龍興《さいとうたつおき》などの客分《きゃくぶん》の館も多く作られた地区があり、実際に足利義昭の館の跡地にも「御所《ごしょ》」という小字名が残っている。そうした場所に、「浅井殿」という小字名が残っているということは、そこに浅井氏の館があり、浅井氏が朝倉氏のもとに出仕していたことをうかがわせるのである。

もうひとつには、小谷城の山崎丸・福寿丸やその一角をなす大嶽《おおずく》城、また近江と美濃との国境近くに位置する上平寺《じょうへいじ》城・長比《たけくらべ》城などには、浅井氏の城にはみられない朝倉氏の高度な築城技術が施されていることである。実際に元亀元年以降、浅井氏からの「後詰」要請を受けてたびたび朝倉軍が北近江に出陣したが、その「後詰」を万全にするために、こうした築城の支援が「後詰」の一環として行われたと捉えられるのではないだろうか。さらに加えて、義景は元亀二（一五七一）年には、小谷城の北側にある山田の和泉神社に鰐口《わにぐち》を寄進し、竹生島《ちくぶじま》の塔頭大聖院《だいしょういん》には太刀一振を奉納するなど（「竹生島文書」）、浅井氏領内の寺社との関係を独自に取り結んでいるのである。このような浅井氏領国内への関与も、断片的ではあるが、浅井氏が国衆として朝倉氏を仰いでいた証左と捉えられるのである。

●従属化の時期

では、浅井氏と朝倉氏との関係はいつ結ばれたのだろうか。「御屋形様」表現および朝倉氏による浅井氏領内への築城支援や寄進行為は、いずれも長政が反信長を表明したあとのことである。これらの史資料を素直に受け取れば、関係締結は信長による朝倉討伐の直前か直後ということになる。しかし、浅井氏の従属化の時期を元亀元年としてしまうと、一乗谷城外にある浅井氏館の場所が小字名として残るのかどうか、疑問が残らないわけでもない。というのも、元亀元年の姉川合戦以後、小谷城の南方に位置する横山城には織田軍が籠もり、また元亀二年以降はたびたび織田軍が北近江に侵攻してくる情勢の中で、浅井氏が一乗谷に出仕することは困難だったと考えられるためである。

たしかに、わずか一〇か月ほどしか滞在しなかった足利義昭の館の跡地ですら「御所」という小字名が残っているように、短期間の使用でも小字名として地名が残る可能性がないわけではない。しかし、圧倒的な軍勢による朝倉氏討伐を目の当たりにしたそのときに、義景を「御屋形様」と仰ぐ関係を俄に結び、小谷城から一乗谷まで出仕したとは考えにくいのである。では、可能性として考えられる始期はいつであろうか。

天文二一（一五五二）年、六角定頼から家督を継いだ義賢《よしかた》が、浅井氏との境目に位置する佐和山《さわやま》城を攻撃したことによって再燃した近江の南北戦争は、天文二二年一一月、地頭山《じとうやま》合戦で浅井久政《ひさまさ》が敗れたことによって幕を閉じた。その後結ばれた和睦は、両者の対等な同盟ではなく、浅井氏が六角氏に従属する形で結ばれたようである。その関係をもう少し詳細にみてみると、弘治《こうじ》三（一五五七）年四月、六角氏が伊勢に出陣するにあたって、久政は領内の飯福寺《はんぷくじ》に対して陣僧を出すように命じている（「南部文書」）。このことは、六角氏が領国内全域に賦課した臨時の「国役《くにやく》」が、久政を通じて浅井氏領内からも徴発されたことを意味していると考えられる。また、久政の子長政は、当初六角義賢から一字の偏諱を受けて賢政《かたまさ》と名乗っており、しかも六角氏家臣平井定武《ひらいさだたけ》の娘を娶っている。こうした浅井氏と六角氏との関係は、まさに国衆と戦国大名とのあいだに結ばれた従属関係によくみられる状況である。したがってこの時の浅井氏は、自領の独立性を維持しつつ、戦国大名である六角氏と従属関係を結んだものと捉えられよう。

そして永禄二（一五五九）年、平井定武の娘を送り返し、再び六角氏と争うことを決断した浅井氏は、翌年八月の野良田《のらだ》合戦に勝利し、ようやく六角氏の従属下から解放されることとなった。六角氏従属下からの離脱を決断したのは、浅井氏家中の支えがあってのことであろうが、六角氏と対立するにはそれなりの戦力や、いざというときの後ろ楯も必要だったはずである。浅井氏が「後詰」を求めて朝倉氏と国衆・戦国大名間の従属関係を結んだのは、まさにこのときだったのではないだろうか。残念ながら確たる証拠となる史料は残されてはいない。しかしちょうど同じころ、浅井氏との合戦をも見据えて、六角氏が義弼《よしすけ》の妻に義景の娘を迎えようとして（「春日倬一郎氏所蔵文書」）、結局成立せずに終わったのは、浅井氏と朝倉氏との関係に何らかの変化があったためとも考えられるのである。

また、もうひとつの手がかりは、永禄四年六月二二日、若狭の武田義統《たけだよしずみ》の救援に向かい、若狭高浜城下を焼き払って逸見昌経を没落させた越前敦賀郡司の朝倉景紀《かげのり》が、そのことを浅井久政に報じた書状である。その書状には、久政から「当陣の儀につき、度々御懇信」をもらったことや、景紀も「先書に申し」ていること、さらに今後は小浜へ転戦するので「猶追って申し述べる」とも記されている（「脇坂文書」）。これほどまでに頻繁に、若狭出陣の最中に戦況を久政に知らせた理由のひとつには、戦況次第では久政にも出陣要請が下る可能性があったからではないか。国衆が戦国大名に味方表明すると、戦国大名の遂行する戦争に動員されることになる。六角氏からの自立に際して朝倉氏と結んだ浅井氏は、その契約を果たすためにも、戦況の行方を見守っていたものと捉えられるのである。

●織田信長と浅井長政との関係

以上本稿では、浅井氏と朝倉氏とのあいだには、亮政の代からではないが、少なくとも長政元服前後には関係が結ばれていたこと、しかもその関係は国衆浅井氏と戦国大名朝倉氏との「後詰」を主たる目的とした従属関係であったこと、そして従属化の契機は、その直前まで国衆として従属下にあった六角氏勢力圏から離脱するためであったこと、浅井氏が信長包囲網に参加したのは、それ以前から朝倉氏に国衆として従属していたためであったことを、断片的ではあるが確認してきた。その上で、最後に残る問題は、朝倉氏に従う国衆でありながら、信長の妹を娶り、同盟を結んだのはなぜか、ということである。

信長としては、当然上洛の途上にある近江の地域権力との関係を取り結ぶことは不可欠であった。一方で長政は、朝倉氏を「御屋形様」と仰ぐ国衆として、信長が義景と対立しないかぎりにおいて同盟を結ぶことは可能と考えていたのであろう。実際に、このときの信長の目的は上洛であったため、越前の朝倉氏には上洛支援は求めたとしても（『永禄記《えいろくき》』）、朝倉氏を討伐対象とはみていなかった。関東においても、国衆が同時に複数の戦国大名と従属関係を結ぶこともあったが、それは従属している戦国大名同士が対立関係にない場合であった。おそらく信長は、浅井氏と朝倉氏との関係を知っていたであろうが、その上で信長としては国衆長政を織田大名として重視したからこそ、「江北一円」を任せたのであり、「深重《しんじゅう》隔心なく」関係を築いてきたのであろう。朝倉討伐が決まったとき、両属の国衆はどちらかを選択するようにせまられる。長政としては、信長を選ぶ道もあったのだろうが、義景と、その背後に形成されつつあった信長包囲網の状況を見極め、義景に賭けたのではないだろうか。

（長谷川裕子）

【参考文献】

小和田哲男『近江浅井氏の研究』（清文堂出版、二〇〇五年、初版一九七三年）
水藤真『朝倉義景』（吉川弘文館、一九八一年）
佐藤圭「朝倉氏と近隣大名の関係について―美濃・近江・若狭を中心として―」（『福井県史研究』一四号、一九九六年）
水野和雄「天下統一への序曲」（『元亀争乱―信長を迎え討った近江―』滋賀県立安土城考古博物館、一九九六年）
宮島敬一『浅井氏三代』（吉川弘文館、二〇〇八年）
長浜市長浜城歴史博物館編『戦国大名朝倉氏と北近江―浅井三代から三姉妹へ―』（サンライズ出版、二〇〇八年）
太田浩司『浅井長政と姉川合戦―その繁栄と滅亡への軌跡―』（サンライズ出版、二〇一一年）

2　豊臣秀吉と片桐且元 ―主君と直臣の関係を中心に―

●直臣としての片桐且元

主君が乗馬する際、近くで護衛にあたる騎馬の武士を馬廻《うままわり》と呼ぶ。とくに戦国時代以降、複数の武士が組に編成され、それぞれに組頭《くみがしら》を置いて馬廻衆を形成した、彼らは主君の直接支配下に置かれ、知行地も主君の居る周辺に与えられた。まさに直臣であった彼らとは、主君から離れた地に封地が与えられた武将（大名）とは異なる立場にあった。ここでは片桐且元《かたぎりかつもと》の動向を見ながら、直臣と大名の立ち位置の違いを考えてみよう。

●豊臣秀吉の渡海と且元

天正《てんしょう》二〇（一五九二）年四月一四日、日本軍の第一陣が釜山《プサン》に上陸し、さらに漢城《ハンソン》（ソウル）を攻略して中国の北京を目指した。さらに五月三日には加藤清正ら大名軍が漢城を陥落させたが、ここで且元は、秀吉から「都《みやこ》（漢城）」内の兵粮をよく調査し、書類を用いて、兵粮を在陣の大名に渡すよう命じられた。当時の大名は個別の軍団で進撃し、兵粮や武具などすべては個々に負担したから、且元が現地で管理した兵粮は政権用のもので、各大名に貸出すべきものでもあった。ここに朝鮮出兵が開始されたが、当初の秀吉は、自らも直臣を率いてすぐにも渡海することを公表していた。この時の且元とは、秀吉渡海の先遣隊として渡海し、兵粮米の調達から運搬・管理などを行なう予定であった。

●朝鮮に駐屯する且元

さて日本から朝鮮へ向けて、多くの軍勢や兵粮米・武具が搬送されたが、その船舶がしだいに李舜臣《イスンシン》らの朝鮮水軍から襲撃されるようになった。そのため秀吉は、藤堂高虎《とうどうたかとら》・加藤嘉明《かとうよしあき》・九鬼嘉隆《くきよしたか》・脇坂安治《わきさかやすはる》らの日本水軍を派遣した。朝鮮の且元ら先遣隊も、海上からの日本水軍の支援を受け、朝鮮の地に駐屯することも命じられた。このような中で秀吉の渡海が「来春（文禄《ぶんろく》二年）」に延期され、その代理として石田三成ら「朝鮮奉行」が、天正二〇年七月一六日、漢城に到着した。さらに彼らと交替するように漢城の且元は、慶尚道《キョンサンド》・全羅道《チョンラド》方面に南下した。

この間の同年六月三日、秀吉は、且元以下、服部一忠《はっとりかずただ》・一柳可遊《ひとつやなぎかゆう》・小野木重次《おのぎしげつぐ》・牧村利貞《まきむらとしさだ》・糟屋真雄《かすやさねお》・高田治忠《たかだはるただ》・藤懸永勝《ふじかけながかつ》・片桐貞隆《かたぎりさだたか》・古田重勝《ふるたしげかつ》・岡本良勝《おかもとよしかつ》・新庄直定《しんじょうなおさだ》・竹中隆重《たけなかたかしげ》・太田一吉《おおたかずよし》・早川長政《はやかわながまさ》・毛利《もうり》重政《しげまさ》の直臣に対し、日本からの「渡り口」にある釜山などの慶尚道や穀倉地の全羅道において、代官支配をすることを命じた。逃散した朝鮮農民を村々に呼び戻し、年貢を徴収すること。漢城（ソウル）から明国との境までの道筋には番城を設けて在番することが主な業務であった。且元らは、「十六人之者共」「十六人上使衆」とも称され、漢城から釜山までの兵粮補給を確保することが命じられ、占領地での年貢徴収分の半分は先ず軍勢のために使い、あとの半分は政権の兵粮として備蓄することなども指示された。

朝鮮に在陣した且元らの軍勢は、新たに派遣された日本水軍（大名）と連携し、その任務を果すことが命じられた。彼らこそが日本軍駐屯の先駆けとなったが、こうして釜山周辺に多くの城郭（倭城）が築かれ、これが長期駐屯での兵粮補給（＝現地略奪）の拠点にもなった。まさに明との貿易再開を求めて派兵した戦争の名目が全く失われたのである。

●石田三成らの指示に従う旦元

その後も旦元は朝鮮に在陣したが、肥前《ひぜん》名護屋の秀吉だけではなく、留守居《るすい》役の関白秀次《ひでつぐ》にも、占領地の状況を逐次報告したので、文禄二年二月二二日、秀次からもさらなる駐屯が命じられた。

また同年二月一二日、旦元は、高田治忠・藤懸永勝・片桐貞隆・太田一吉・糟屋真雄・古田重勝・岡本良勝・小野木重次・牧村利貞の一〇名の直臣と連署し、奉行衆の長束正家《なつかまさいえ》・山中長俊《やまなかながとし》へ書状を出した。ここでの旦元は、秀吉から旦元らの許に届けられた兵粮米を朝鮮在陣の軍勢数をよく調査し、それを石田三成《いしだみつなり》らの奉行衆にも報告すること。さらに船舶を調達することが命じられたことを述べた。同年二月二八日にも、古田重勝・高田治忠・藤懸永勝・片桐貞隆・太田一吉・糟屋真雄・岡本良勝・牧村利貞・小野木重次の直臣一〇名が、秀吉から旦元の指示で行動することを命じられた。旦元ら朝鮮に在陣した直臣らは、釜山などの慶尚道の臨海部に駐屯して兵粮調達に奔走したが、さらに全羅道の内陸部にも侵攻するため、拠点である晋州《チンジュ》城の攻撃にも関与した。長期の駐屯を想定した兵粮補給のためである。

●御成の盛行

その後も、日本軍の朝鮮駐屯が継続したが、文禄五（一五九六）年四月一五日、石田三成ら奉行衆は吉川広家に宛てた連署状を出した。ここで秀吉は、長宗我部《ちょうそかべ》元親《もとちか》の邸宅に「御成《おなり》」することを表明し、「その時は秀吉様が牛車《ぎっしゃ》を用いますが、他の大名たちは正式な装束と騎馬を用意して参加すること」ともある。この御成とは、秀吉が臣下の大名の邸宅に個別訪問することで、訪問された大名にすれば、これで秀吉との関係が深くなり、政権内での政治的な序列が高くなることも期待できた。この時期に朝鮮在陣の大名を含めて多くの大名が、京都・伏見や大坂に屋敷をもつようになるのは、人質として妻子を同地に集住させただけではなく、この御成が存在したからでもある。この御成には多くの大名が参加し、それが大切な「国家行事」として位置づけられた。秀吉の軍事パレードともいうべき御成が、伏見や大坂などで繰り返され、秀吉と大名の主従関係がより明確になったのである。

●伏見城・大坂城の普請

文禄三（一五九四）年正月、秀吉は、諸大名に伏見《ふしみ》城・大坂城の普請を命じた。これも御成と同様、秀吉と大名の主従関係をよく示すものとなった。翌年にも秀吉は、同様の動員令を出したが、いずれも北関東から伊勢湾周辺地域の東国大名を対象としたものであり、続々と木曽山の材木を搬出させた。当時の材木は船舶や城郭に用いる重要な軍需物資であったが、当時の秀吉は、朝鮮出兵と城普請を同時に敢行したので、従来の丹波周辺や四国・九州の材木だけでは足りなくなったからである。

この木曽材は木曽川などの河川で搬送され、尾張犬山《おわりいぬやま》で陸上げされてから、陸送で美濃《みの》や近江《おうみ》を経て、さらに琵琶湖の水運を利用し、京都や伏見・大坂へと運搬された。伏見城や大坂城の普請は、こうして木曽山周辺の大名の負担で運搬された。木曽山だけではなく、さらに東国の関東・東北地方には、材木資源に恵まれた地域も多かった。これらを大量かつ早急に運搬するためには、伏見のような「内陸」と「海上」の二つのルートを併用できる場所も必要となった。このことは、従来のように美濃や近江を経由する琵琶湖水運ルートだけに依存せず、同時に伊勢湾を含めた海上交通（太平洋海運）、さらに大阪湾から淀川の河川交通に適する場所が伏見の地であったことも意味した。秀吉が、文禄三・四年に大阪湾と一体化できる場所である伏見に、巨大な城郭を建築することを命じたことには、このような理由もあった。

文禄三・四年とは、朝鮮の戦況が長期戦の様相を呈し、朝鮮半島や九州地方へ軍需物資を供給する必要に迫られていた時期で、瀬戸内海や大阪湾に面した大坂の地も重視されていた。朝鮮の戦争が長期化すればするほど、秀吉は、伏見と大坂を同時に拠点化することが必要となった。さらに渡海していない大名に木曽材などの東国の材木を調達させることから、東国大名との主従関係もより強固にすることもできた。秀吉は、伏見・大坂の城下を整備させることで、日本列島全域の物流支配を強化させたが、ますます諸大名との主従関係も明確することができたのである。

●直臣団の伏見・大坂集住

文禄三年一二月月二日、石田三成ら奉行衆が直臣の薄田兼相《すすきだかねすけ》に宛てた書状がある。ここで奉行衆は、秀吉の命令として来年三月までに各自が妻子を連れて伏見へ移住することを通達した。翌文禄四（一五九五）年二月二二日にも、奉行衆は、連署状で真野助宗《まのすけむね》に秀吉の指示を伝えたが、ここでは、秀吉が自らの直臣団一二組に対し、所領の関係でそのまま京都にとどまることを指示された者には、「妻子を伏見に移住させて、自らの住居だけを構える」ことを命じた。さらに「大坂に居る者はまだそのままにし、新たに移住する準備が無事に済んだ者は、そのまま六月までの百日間は大坂の方に居て、大坂城の普請と警固をぬかりなく行なう」ことも指示したとある。

つまり秀吉は、御成を繰り返すことで、伏見と大坂の一体的な都市支配を計画し、直臣にはその警備に対する集住を求めたが、その直臣には、伏見・大坂の周辺に知行地が与えられていたのである。とくに且元の場合によると、文禄四年八月一七日付の豊臣秀吉朱印状があり、五千八百石の加増を受けて、摂津《せっつ》茨木（現・大阪府茨木市）の城主として一万石を有することになった。しかしその知行地は、摂津・播磨《はりま》・伊勢《いせ》の国々に分散していた。

●且元の立ち位置

さて最後に次の秀吉朱印状を見てみよう（「田尻家文書」『佐賀県史料集成』第七巻）。

尚以、委細被仰含口上、片桐市正（且元）被遣候、以上、

態染筆候、

一、其城普請、何程出来候哉之事、

一、城内ニ、はや家をいか程相立候哉之事、

一、御普請出来候者、一夜泊ニ為被御覧可被成御座候、然者従此方、御成之路次をつくらせ、渡候船以下相集、御左右可申上候、無由断、可指急候也、

（天正十五年カ）六月廿一日（秀吉朱印）

羽柴丹後侍従とのへ

羽柴松加嶋侍従とのへ

（以下、六名略）

秀吉から、羽柴丹後侍従《たんごのじじゅう》（細川忠興《ほそかわただおき》）・羽柴松加嶋《まつがしま》侍従（蒲生氏郷《がもううじさと》）をはじめ、羽柴岐阜侍従（池田輝《いけだてる》政《まさ》）・羽柴曾禰《そね》侍従（稲葉貞通《いなばさだみち》）・羽柴若狭《わかさ》守（木下勝俊《きのしたかつとし》）・林長兵衛《はやしちょうべい》（森忠政《もりただまさ》の重臣）・戸田民部少輔《とだみんぶのしょうゆう》（戸《と》田勝隆《だかつたか》）・龍造寺民部大夫《りゅうぞうじみんぶだゆう》（政家《まさいえ》）の八名に命じたものである。ここで「城内にはすでにどのくらい邸宅が設けられるようになったのか」とか、「その城普請が完成したら、『一夜泊』してみたいと思うので、ここから私が行く道路を作らせる」と命じて、しかも尚々書（追伸）では、「詳細を口頭で伝えるので、片桐且

元を派遣する」とある。

宛所の戸田勝隆は、文禄三年一〇月に病死したので、本状が発給されたのは文禄三年以前となる。蒲生氏郷も「羽柴松加嶋侍従」と称したのは、天正一二年六月に伊勢松島《まつがしま》（のちの松坂）城主となり、同一八年八月に会津若松城主へ移封するまでである。これに且元の動向なども考慮すると、本状が発給された背景には天正一五年の九州の陣が思い浮かぶ。同年正月一日付の「至九州御動座次第」という秀吉朱印状にも、宛所の龍造寺政家を除く七名が九州の陣に参陣したとある。同年五月八日、秀吉は島津氏を降伏させたが、六月一五日に「九州本土のことは言うまでもなく、島々まで残らず征服するよう命じたので、筑前博多城の普請も行うこと」との朱印状も出し、六月一九日付けで著名なバテレン追放令も出した。

こうして本状で薩摩から筑前博多へ凱旋中の秀吉は、自らが当地の博多城に赴くことを御成と称し、同城を整備するだけではなく、そのための通路も確保することを命じた。この時の秀吉は、近隣諸国までの支配を想定し、その拠点として博多の大規模な城下整備を命じていた。その時の且元は、秀吉本隊の凱旋を支える任務を担当し、それらを命じられた大名との連絡にも奔走していたのである。秀吉の意思は、石田三成や浅野長政《あさのながまさ》ら奉行衆から事前に大名側へ伝えられ、双方了解の上で、それが施策として実施された。本状は、それよりも前の段階のものではあるが、ここでは且元ら直臣の動きをよく見ることができよう。奉行衆と直臣の関係をよく示すものでもある。

●直臣と大名の違い

且元の動向から、朝鮮出兵が長期化することが契機となり、伏見・大坂を拠点とする秀吉の政治体制が形成された意味を考えてきた。ここで馬廻衆《うままわりしゅう》（直臣）の且元は、秀吉を警護する存在から畿内や近国に分散的な知行地が与えられた。このことがあったからこそ、秀吉の死後や関ヶ原の戦い後も、直臣はそのまま「大坂衆（秀頼の家臣）」に位置づけられた。同じ秀吉恩顧《おんこ》の武将であっても、ある地域に一円的な封地を与えられた加藤清正《かとうきよまさ》（肥後《ひご》・熊本城主）や福島正則《ふくしままさのり》（尾張《おわり》・清洲《きよす》城主）らとは異なる点である。清正らは自己の領国経営を優先して、秀吉の後継者を選択することができたが、且元らには、豊臣氏を警護する役割が期待されたためか、その選択ができなかった。この点は、秀吉政治を担った奉行衆の石田三成（近江・佐和山《さわやま》城主）や浅野長政《あさのながまさ》（甲斐《かい》・府中城主）らにも、個別の大名として、秀吉の後継者に対する選択権があった。今後、関ヶ原の戦いや大坂の陣を考える際、大名と直臣をこうして区別することも必要なことではなかろうか。

（曽根勇二）

【参考文献】

曽根勇二『片桐且元』（吉川弘文館、二〇〇一年）
同『近世国家の形成と戦争体制』（校倉書房、二〇〇四年）
同『秀吉・家康政権の政治経済構造』（校倉書房、二〇〇八年）
山本・堀・曽根編『豊臣政権の正体』（柏書房、二〇一四年）
大阪市立大学・他編『秀吉と大坂』（和泉書院、二〇一五年）

3　徳川家康の「東国」支配構想と大久保長安の役割

豊臣秀吉は、朝鮮出兵が長期化したことを利して、日本列島全域をめぐる物流支配のネットワーク構築に乗り出した。これが伏見《ふしみ》・大坂を拠点とする政治体制となり、新たな首都づくりへの動きになり、中央政権として本格的な「東国」（本稿では伊勢湾以東及び北陸以北の地域を指す。以下省略）支配が構想されたとも言えよう。

●伏見・大坂と上方一一ヶ国

さて京都を中心とする畿内と近国の地は、古代から政権所在地となったため、早くから様々な交通網が設けれ、様々な産業の分業編成もなされた。そのためここには各政権の直轄領が設定され、公家・寺社領なども点在したが、秀吉も直轄領や多くの直臣の所領を設定し、その拠点に伏見・大坂の地を選んだ。

秀吉の死後、関ヶ原の戦いに勝利した徳川家康は、伏見を拠点として政権運営を行ったが、大坂に秀吉の嫡子《ちゃくし》秀頼《ひでより》が居たので、前述した秀吉政治を完全に継承できたわけではなかった。上方一一ヶ国（畿内＋近江《おうみ》・丹波《たんば》・但馬《たじま》・備中《びっちゅう》・伊勢《いせ》・美濃《みの》）は、豊臣家領を含めて直臣・寺社領など、一国内は多くの領主が複雑に領有していたので、家康は、一国単位で取りまとめるため自身の家臣を国奉行《くにぶぎょう》としてここに配した。

豊臣領国ともいうべきこの地に対し、家康は、こうして自己の支配力を浸透させようとした。さらに家康が、自らの拠点を江戸から駿府《すんぷ》へ移したのも、この地を意識したからである。家康は、近江を中心とし、尾張《おわり》・美濃・伊勢や関東と京都・北陸を結ぶ当時の流通経済の要衝を掌握しようとしたのでもある。

●近江国をめぐる支配形成

慶長《けいちょう》五（一六〇〇）年九月の関ヶ原の戦い後、すでに慶長七年の秋、近江で一国規模の検地が行なわれた。この検地奉行には片桐且元《かたぎりかつもと》などの豊臣氏直臣の名もあるが、大久保長安《ながやす》・米津清右衛門《よねきつせいえもん》ら家康の家臣も参加した。家康が主導した大規模な検地であった。近江国は、東山道《とうさんどう》・東海道や北陸などの諸国も同時に掌握できた陸上交通の要衝であったが、琵琶湖を有したため、日本海海運の拠点である越前敦賀《つるが》や若狭《わかさ》小浜《おばま》も組み込み、さらに太平洋海運の拠点・伊勢桑名《くわな》を結び付けることもできた重要な場所であった。

さらに慶長九年の秋、家康は、三河《みかわ》国でも、米津らを動員した大規模な検地を行なった。これは、さらに三河の年貢米を同年の近江佐和山城《さわやまじょう》（現・彦根市）や伏見城の普請に活用することで、三河から尾張・美濃、さらに近江・山城《やましろ》へ年貢米の搬送ルートを確保することができた。家康は、こうした公儀の城普請を利して、いち早くこの地を掌握しようとした。その後、近江の国奉行に米津、近江と隣接する美濃・大和の国奉行に長安を配したのも、こうした理由があったからである。

●木曽材の調達と長安

慶長一〇（一六〇五）年四月、家康は、嫡子の秀忠《ひでただ》に将軍職を譲り、さらにその二年後の慶長一二年二月、江戸城から駿府城（現・静岡市）へ拠点を移して本格的な全国支配に乗り出した。そのような同年三月、家康は、木曽材を調達するため、琵琶湖の湖上水運を掌握した。すでに美濃から近江に至る「東山道ルート」は確保していたが、大坂の秀頼も、京都方広寺《ほうこうじ》大仏殿の材木調達を行っていたため、互いが自立的な材木調達を求めたものとなった。しかし材木を調達する際、秀頼は、家老片桐且元の指令で民間業者の手で行なうなど、秀吉以来の商人に委託する形態をとった。一方の家康は、容易に商業資本に依拠することができなかった。まずは独自の材木搬送ルートを開拓することが必要となり、家康は、現場の事情に精通した長安という人物にこのような指令を出したのである。とくに慶長一二年と推測される四月一六日付けで長安から木曽山の代官山村甚兵衛《やまむらじんべえ》に出された書状にも、「家康様の船も伊勢の桑名で待っていますので、もしも家康様への材木が遅れるならば、大変なことになります。けっして油断しないよう材木を桑名まで搬送しなさい」とある。木曽代官の調達した材木は、木曽川河口の伊勢桑名の代官を経由し、さらに海路で駿府まで搬送された。公儀普請として当然のことではあるが、この材木搬送ルートでは、民間業者の材木調達よりも優先させている。つまり家康は、公儀普請を名目とし、長安と現場の木曽代官に連絡を密にさせて、独自な材木搬送のルートを確保させようとしていた。秀吉政治の国家的な事業でも、政権の奉行衆がこのような指示を出すことがあったが、現場の実務は民間の商人が行なうことが多かった。現場での様々な職人を抱える材木調達のような事業では、これはなおさらのことである。政権中枢の奉行（長安）が自ら現場（木曽代官）を指揮するよりも、民間の業者に現場の業務を委託した方が合理的なはずである。現在のアウトソーシング（外部委託）の論理である。このことは、民間の技術力に依存しなければならないという秀吉政治の未熟さを指摘するのではなく、むしろ彼ら商人を政権内に包摂することができたという権力の強靭さを評価すべきである。さらにそれを継承できなかった家康権力の脆弱性にも注目すべきであり、これは家康が公儀普請であることを主張しなければならなかった理由でもあろう。

●材木の搬送経路と長安

先述の長安書状では、木曽材が搬送された経路として「甲府の秋山甚右衛門《あきやまじんえもん》」の存在にも注目される。木曽材は木曽川などの河川から伊勢湾内の湊（桑名など）を経由し、さらに海路で駿府へ搬送されたが、その一方で甲府の代官を経由したという事実がある。これは、木曽材を信濃・甲斐両国で陸送させ、富士川などの通船を活用して駿河へ出すルートを示す。

木曽材の駿府搬送には、伊勢湾を介するルートだけではなく、内陸部の陸送や富士川の通船も活用されたルートもあった。家康が海路に加えて、富士川・天竜川など大河川も活用できる駿府の地を選んだ理由であり、甲府の地も考慮すると、武蔵の八王子・江戸への搬送も可能なルートにもなった。また長安が前述の書状で「我らが佐渡に赴く時、わずかな時間ですが、下諏訪あたりまでは行きます。ようやく伊豆銀山が隆盛するようになり、当月と来月には、伊豆に滞在します」と述べた。家康は、畿内や近国だけではなく、甲斐《かい》・信濃《しなの》(「甲信」)の地域支配にも着手していた。家康は、長安に佐渡や伊豆の鉱山支配など東国での広い範囲な活動を命じていたのである。長安の拠点が八王子であったことも偶然ではなかろう。

●慶長一六年の伝馬定書

慶長一六(一六一一)年七月日付で板倉勝重《いたくらかつしげ》(京都所司代)・米津・長安が連署し、各宿駅に出した三ヵ条がある。伝馬《てんま》役賦課などの街道支配に関するもので、冒頭部分には「和田より長窪まで運送する荷物は、一駄に付き四〇貫文とする」とある。長安の関与した信濃和田峠の開発に関する内容でもあり、下諏訪付近(現・長野県長和町)では「馬を管理する者を決めて、民間の運送業は一切行わないこと」とある。これは東山道の各宿駅を対象としたものであっが、同日付で板倉・米津・長安が連署した「定」もある。この冒頭には「江戸から品川まで往復する民間の荷賃は、一駄に付き四〇貫文とする」とあり、東海道の宿駅を対象として出された。とくに江戸に近い宿駅を対象としたものである。この二通とも「家康様が上洛する時は、どの馬もすぐに出すこと」との内容が盛り込まれ、家康・秀忠の公務を優先するよう命じた伝馬定書《さだめがき》であるが、これらが山城の勝重、近江の米津、さらに美濃の長安が連署したものであったとすると、前述した木曽材の搬送に相通ずるものと思われる。家康は、上方周辺のみならず、美濃・信濃・甲斐から駿府・江戸に向けて、東国への交通網も次第に形成していたのである。

●甲信越における長安の動き

さらに慶長一六年九月三日付けで、長安が、越後高田城《えちごたかだじょう》主の松平忠輝《まつだいらただてる》（家康の実子で秀忠の弟）の家老らと領内の「蒲原郡せき・中嶋村」へ出した法令がある。ここで長安は、「家康か秀忠の朱印状がなくても、奉行衆《ぶぎょうしゅう》（家康か秀忠の側近）の連署状があれば、伝馬・人足を優先的に提出することや大量の伝馬・人足を提出し、通行の協力をする」ことを命じて、「江戸や駿河と同じような施策と考えてもよい」とも述べた。忠輝がこの法令を出したのは、単に自領内に自身の施策としたものではなかろう。とくに長安がこれに関与したのも、江戸・駿府〜上方（伏見・大坂）における沿道の人々に対し、徳川方の権力を認識させるつもりであった。この沿道とは、東山道や東海道だけではなく、長安の行動した「甲信越」の街道沿いの地域も含まれていた。

●畿内及び周辺の地域支配

また亥（慶長一六年）七月日付で板倉の出した三ヵ条の掟には、「最近、所々に悪党らがいろいろな場所に出没しているようであるが、もしそのような者が居るならば、村中で申し合わせて捕まえ、奉行所まで突き出しなさい」とある。家康が京都周辺の街道支配を命じたものである。家康は、京都周辺の治安を保証するなど、明らかに大坂の豊臣氏を意識していた。翌慶長一七年五月二七日付でも、板倉・米津・長安の三者が連署した三ケ条の定がある。これには「刻印のない船は、商売用の荷物を積んではいけない」ともある。ここでも家康は、琵琶湖の湖上水運や淀川の河川交通に対する規制にも乗り出すなど、たしかに伏見・大坂を拠点した秀頼を意識した交通支配も行なっていた。

●伊勢湾内と太平洋沿岸の海上（外洋）交通

また慶長一三年と推定される一〇月一三日付けで三河の本證寺に宛てた石川家成書状がある。これによると、家康の家臣である石川（美濃大垣城主）は、伊勢の桑名を経由して船で駿府に赴いた。このことからも、すでに家康が伊勢湾を拠点とし、三河・遠江《とおとうみ》・駿河方面では、独自の海上（外洋）交通を展開させていたことがわかる。これは内陸部の美濃と太平洋沿岸の諸地域を連携させた動きでもあり、とくに伊勢湾に面した尾張国の重要性を高めることにもなった。

●長安による牧田新道の開設

当時の家康が、伊勢湾を介して、駿府を拠点とする海上交通を展開しようとすると、まずは近江・美濃という内陸部の地域を自己の支配下に置くことを考える。このことはすでに述べたが、同時にその途上となる尾張の地が注目される理由にもなろう。

こうしたことに対し、東山道という陸上交通の要素も加えると、年不詳の七月四日付で竹中重門《たけなかしげかど》（関ヶ原を含む美濃・菩提領主）に宛てた板倉勝重の書状は興味深い。これによると、長安が「新道」を開設したことで、尾張国からは「牧田村《まきだ》（現・岐阜県大垣市）」を経由した荷物が東山道の宿場に多く流入するようになり、さらにそれが近江へ搬送されるようになった。つまり長安の設けた新道によって、従来とは異なり、近江・美濃など内陸部（牧田村）の国々と尾張国の伊勢湾地域の連携が促されることになったのである。

●尾張国の台頭と東山道両宿の対立

ところが慶長一八（一六一三）年九月一三日、東山道の関ヶ原宿と今須《います》宿（現・岐阜県関ヶ原町）の住民から、奉行所にある訴えが出された。ここでは、長安の開設した新たな物流ルートが、東山道の両宿が対立する要因になったとある。そこで奉行所は「上り荷物（京都方面への荷物）」は、関ヶ原宿を経由させ、陸送で近江の柏原《かしわばら》（現・滋賀県米原市）まで搬送することにし、「下り荷物（江戸方面への荷物）」は、今須宿を経由させることにした。さらに尾張方面から牧田を経由する「上り荷物」は今須宿で荷物を経由させて、「近江から舟で来る（琵琶湖の湖上水運を利した）荷物」が少ないので関ヶ原宿を経由することとした。この奉行所の裁定は、ほぼ同等の条件であったが、東海道方面へ廻送できる関ヶ原宿の方が、太平洋の海運に適したこともあり、その後の今須宿の困窮ぶりが著しいものとなった。海上交通にも依存できる「東海道優位の時代」が到来したとも言えよう。

●大和・紀伊国の地位向上

近江国は美濃国とも隣接したので、太平洋沿岸地域と直結できる尾張国など伊勢湾沿岸地域とも関係をもつこともできた。さらに家康が側近の長安を、この美濃だけではなく、大和の国奉行にも配したのはそれなりの理由があった。古代からの寺院建築があった大和は、材木調達の有能な職人にも恵まれていたからである。

長安は、前述した「甲信越」を拠点として広範囲な動きをしていたので、自身の家臣を大和に在住させ、豊臣氏と競合する職人支配などの面でも、徳川方に有効な動きを見せた。大坂の秀頼にも近い大和は、さらに紀伊とともに材木資源にも恵まれ、紀伊の新宮を介して、伊勢湾方面へ出ることもできた。大坂の秀頼に対し、家康がいち早く伊勢湾沿岸を支配するために、このように大和や紀伊の掌握も必要となった。

●大坂と江戸の時代へ

古代以来、京都中心の物流ネットワークが形成され、近江国を拠点とする日本海沿岸や東山道の諸地域を介した東国支配が行なわれた。その一方で、日本列島全域の支配を目指した秀吉は、伏見・大坂を拠点とする体制を構築したが、それはとくに伊勢湾沿岸を介した本格的な東国支配を考えたからである。秀吉は、従来の東山道中心の物流経済に加え、新たに太平洋海運の存在も想定したことから、木曽山の材木に注目することになった。その後の家康も、秀吉の思惑を認識していたからこそ、日本海沿岸の材木に加え、木曽材も何とか駿府方面に搬送しようとした。これは江戸の町づくりの基礎にもなり、さらに大坂と江戸を拠点とする江戸時代の到来を予感することもできよう。

（曽根勇二）

【参考文献】

曽根勇二『近世国家の形成と戦争体制』（校倉書房、二〇〇四年）
同『秀吉・家康政権の政治経済構造』（校倉書房、二〇〇八年）
同『大坂の陣と豊臣秀頼』（吉川弘文館、二〇一三年）
山本・堀・曽根編『豊臣政権の正体』（柏書房、二〇一四年）
大阪市大学・他編『秀吉と大坂』（和泉書院、二〇一五年）

第7章　近世の政治と社会の変化

1　徳川吉宗とケイゼル ―隅田川花火の断章―

●隅田川花火の観賞

享保《きょうほう》二〇（一七三五）年八月三〇日の江戸出立を前に、オランダ東インド会社員で調馬師のケイゼルは八代将軍徳川吉宗《よしむね》の御座船《ござぶね》に招待された。『オランダ商館日誌』で当日の記述を見てみよう。

八月二二日…前回（七月三〇日）と同じ将軍の御座船に乗り、午前一一時から午後四時迄楽しんだ。その後、七〇フート余り（約二一メートル）の長さの屋形船に乗せられ、暫《しばら》くすると次に九人の踊り子の居る大きな屋形船へと移った。すると別の船で細井稲葉守様（長崎奉行）が来て、踊り子の居る船に横付けされた。間もなく花火を仕掛ける一隻の船が近付き夜八時から一〇時にかけ花火を打ち揚げた。我々は朝五時迄船遊びに興じた。再び宿へ戻り斉藤三右衛門にお礼を述べた。

昼夜を徹した豪勢な接待である。花火は、『徳川実紀《とくがわじっき》』にある大筒役《おおづつやく》佐々木が上げたのであろう（後述）。このような歓待は、吉宗の意思によるものであったに違いない。隅田川での花火は、将軍の賓客へのもてなしのひとつでもあった。そして一行は、一〇月三日無事長崎に到着したのである。

●『和蘭馬芸之図』に描かれたケイゼル

吉宗から歓待を受けたケイゼル（Hans Jurgen Keijser：ハンス・ユルゲン・ケイゼル）は、日蘭交流史の中では、調馬師として知られた人物である。『和蘭馬芸之図《おらんだ》』では、ケイゼルが江戸城で西洋馬術を披露した様子が描かれている。ここでは、近年急速に研究が進んでいるオランダ通詞《つうじ》の史料を用いて、八代将軍吉宗とケイゼルとの関係を明らかにしたい。

●ケイゼルと吉宗

ケイゼル（ケイツル、ケイズルとも）は、生年は一六九七年と推定されていて、詳細は不明であるが、ドイツ出身との説がもっとも有力である。オランダ語は自由で、日本語の能力も相当高かった。オランダ側の記録によると、享保一〇（一七二五）年から同二〇年の一一年間に三回、オランダ東インド会社の調馬師として来日、三度目の来日の帰途、享保二一年に不慮の死を遂げた（後述）。来日の期間を整理すると以下のとおりになる。

①享保一〇年七月二四日～翌一一年一〇月（一年三か月間）
②同一二年七月二一日～同一五年一一月（三年三か月間）
③同一九年七月～翌二〇年一一月四日（一年三か月間）

通算すると約五年九か月間になる。来日が七月、離日が一一月になっているのは、毎年のオランダ商館長の交代および引継のサイクルに同行するからである。

一方の吉宗であるが、貞享《じょうきょう》元（一六八四）年に紀州家二代藩主徳川光貞《みつさだ》の第四子として生まれ、兄の死去にともない、宝永《ほうえい》二（一七〇五）年五代藩主となる。その後、将軍継嗣の断絶を受け、享保元（一七一六）年八代将軍になり、延享《えんきょう》二（一七四五）年まで在職した。隠居後も実権をもち続け宝暦《ほうれき》元（一七五一）年死去する。ケイゼルと重なる一一年間は、将軍としての三〇年間のちょうど中間の時期にあたり、充実した政権運営を行っていた時期であった。

●洋馬輸入の先駆者ケイゼル

ケイゼルは日本における洋馬輸入の先駆者(日露戦後の在来馬から洋馬への品種改良の前史的位置付け)として、戦前から研究がある。その足跡は五点にまとめられている。

①国外・国内での洋馬の輸送への寄与
②西洋馬術・馬術射撃供覧・馬の西洋式調教
③西洋馬術・馬の飼育・疾病等についての質疑応答
④馬の疾病・薬物に関する書物の翻訳の補助
⑤日蘭貿易に関する発言

ケイゼルは徳川吉宗を始め日本側によく受け入れられ、六年弱と比較的長期間日本に滞在し、馬の調教、馬術供覧、「阿蘭陀《おらんだ》馬療治之本和ケ《ほんわげ》」等獣医学書の翻訳の補助等、馬に関する多くの知識をもたらした。ケイゼルが、馬を好み、馬に深い関心を示した徳川吉宗の時代に来日したことは、幕府側にとっても、ケイゼルにとっても大変幸いなことであった(勝山修「調馬師ケイゼル」)。

●徳川実紀の中のケイゼル

『有徳院殿《ゆうとくいんどの》御実紀《ごじっき》』附録巻一二は、吉宗の遺徳を偲ぶ記述の中でケイゼルについて多くを割いている(蘭人ケイヅル受命傳馬術及療馬術)。

享保十三年に来船せし和蘭人ケイヅルといへるもの。その妙を得たりと聞えれば。馬役富田又左衛門某を長崎に遣はして学ばしめたまひ。後にはケイヅルを江戸にもめされしが。ノヲムルアクテなどいへる種々の奇術をなして進覧に備ふ。その頃馬を預りし斎藤三右衛門盛安をもかれが弟子となされ。

つとめ学ばしめ給ふ。其後ケイヅルが衣服を着し。ノヲムルアクテの術を奏しければ。よく習ひ得たりとて。御悦び斜ならず。後ケイヅル久しく江戸に滞留せし労を慰せらるべしとて。大筒役佐佐木勘三郎孟成《たけなり》に命せられ。大川にて花火を揚て見せられたり（以下略）。

これによると、吉宗は馬役二名を介して西洋馬術の摂取につとめ、大いに喜び隅田川（大川）の花火でもてなしたことがわかる。以下略の部分で、吉宗の褒美を受けたケイゼルが妬まれ、帰途の船中で殺されて財物を盗まれたが、吉宗は翌年同じ褒美を遺族に贈ったとの美談が続く。ケイゼルの死去について詳しいことは不明だが、吉宗がケイゼルを高く評価していたことは確かである。

●オランダ商館長の関心

『オランダ商館日誌』は商館長が記す公用記録で、会社に復命として提出が義務づけられていた。まずは、商館長の関心の在りどころを見ていこう。商館長は、ケイゼルの日誌の「主要な項目」として以下を摘記している。

（一七三五年）五月二九日…この国の将軍及び将軍の世子の面前で馬術を披露した。

五月一二日、二〇日、六月二八日、七月一〇日…ナガトサッツマ（目賀田長門守守咸《めかだながとのかみもりたけ》）、斉藤三右衛門様、デイコクサッツマ（土岐大学頭朝澄《ときだいがくのかみあさずみ》）達とある種の話合いを行った。

七月二六日、二八日…強風の日に会社の船団が航行に際し犠牲になる話をした。

八月九日…先に会社から送られた濾過用濾石について話した。

八月一五日…斉藤三右衛門に会社に対する一万二〇〇〇～一万三〇〇〇箱の銅の供給を要請した。

八月二一日…ポルトガル人について話した。

それ以外は全て馬に関する話合いだけであった。

商館長は、貿易の交渉内容と、それに影響力をもつ人物とケイゼルの関係にまずは関心があり、「馬」についてはニの次と考えていたことがよくわかる。商館日誌には、必要に応じて館員の日誌を写している場合がある。ケイゼルの三回目の滞在時には、商館長の日誌に続き「上記の日々の詳細は次の通りである…」としてケイゼルの「将軍の都市江戸滞在中と、江戸より出島《でじま》迄の道中のメモ…」が引用されている。その内容を見ていこう。

●吉宗御前での馬術披露

目賀田守咸(小姓《こしょう》)と土岐朝澄(小納戸役《こなんどやく》)は吉宗の紀州以来の側近であった。ケイゼルは五月一二日に将軍の命で江戸城に呼び出され、ニ年間ケイゼルの弟子であった富田又左衛門が曳いてきた馬二頭に乗るように指示され、乗馬が終わると「この馬はオランダ流に調教されているか」と尋ねられた。ケイゼルは「それに対し肯定した」と記している。そして以下は、同月二九日の吉宗の御前での馬術披露の場面である。

午前八時前お城に着き、一〇時前から将軍とその世子の面前で馬術を披露した。御前から約一二フート(三・六メートル)先にポールが立てられ、そこに最初の馬が曳《ひ》かれて来た。先ずはカッペルスン(手綱をつけた状態)で一廻りさせた。次いで鞍を付けた馬が曳かれ、それを御した。斉藤三右衛門殿がポールの脇に立ち私に指示を与えた。将軍は目賀田長門守様に私がどんな馬術を披露したかとお尋ねになり、そして馬が私の指示に従ったかともお尋ねになった。私は(馬は)指示に従った、と答えた。その後狭い道を御した。目賀田長門守はこんなに長い間馬に乗り続け疲れないか私に尋ねた。私は通詞を通じ、その様なことは無い。このために会社の理事達は私を将軍の下に送ったのだから、と答えさせた。この答は将軍の耳にも達した。多くの高官達からも私の首尾を賞讃された。そして私の接待に一五人もの家来達が携わり饗応された。暫く後に私は古びた我が宿へと引き返した。

ケイゼルは吉宗から数メートルの場所で馬術を披露し、質問にも答えている。ここでも関心は、富田および斉藤の馬術受容にあることがわかる。どうやら、ケイゼルは明治の御雇い外国人に擬せられるようだ。それはさておき、『徳川実紀』は、吉宗の関心とその成果をよくまとめていた、と評価できよう。

●会社員ケイゼル

一方、ケイゼルがわざわざ東インド会社の理事から派遣されていることを強調していることが目を引く。ケイゼルは五月一七日に斉藤が訪ねてきた際の日誌に、「目賀田長門守様は去る四月一五日にお城で会社の次回の取引を向上させる為ご尽力頂きたいとの我々の希望を忘れていないかと尋ねた。彼は、忘れていないと答え、私はそれに謝意を示した」と記している。

また、商館日誌にある八月一五日のケイゼルの記述を見ると「斉藤三右衛門殿が来て、次の様に述べた。会社は将軍のために大きな馬を送る気はないかと商館長へ取り次いで欲しい、と。私はそうすることに吝《やぶさ》かではないが、会社に年に一万二〇〇〇〜一万三〇〇〇箱の銅を供給するよう今一度要請したいと述べた」とある。ケイゼルは斉藤との馬を通じた信頼関係が会社の貿易に有利になるものと考え、行動していたのである。もちろん、提出が義務づけられていただろう自身の日誌に、その行動を記述することは、商館長に自分の貢献を跡づけるものとして役立つことになる（そして、商館長は「主要な項目」として取り上げ、評価した）。同様に、六月二八日の斉藤とのやり取りは次のようにある。「斉藤三右衛門殿が来て次の様に私に尋ねた。会社が再び日本に馬を送る際に、私は又こちらに来たいか、と。私は自分の意思ではなく会社の職員として行動するまでで、会社がそれを指示すれば、再び来ることになる、と答えた」。

●軍人ケイゼルの昇進

ケイゼルの職種身分は、一七二六年兵卒、一七二八、二九年伍長、一七三〇年軍曹、一七三五年旗手と上がり、月棒が兵卒時九フルデン、伍長時一四フルデン、旗手時四〇フルデンとなった、という。商館長が一〇〇フルデン、外科医は一四〜三六フルデンであった。「軍」とは東インド会社の私兵を意味し、会社の判断によって軍での位が決められた（勝山氏前掲論文）。ケイゼルは、一兵卒からかなりの昇進を遂げ、外科医を凌ぐ月棒を受けとるようになった。一七二九年九月三日の商館日誌によると、ケイゼルを将軍に会わせる場合、位がなるべく高い方がよいと富田が商館長に要請し、会議で昇進を決めた、とある。ケイゼルは馬を通して会社に貢献し、それにより社員としての評価・待遇の上昇を得た。ケイゼルは会社での待遇に満足し、それは幕府の評価に拠るものであることを深く理解していただろう。

一七三五年六月一八日に目賀田はケイゼルに大砲を示し、近くケイゼルが装填することになると述べた。このことは、ケイゼルに軍人としての側面があったことを示している。ケイゼルの調馬師としての個性は、あくまで東インド会社員の軍人としての一側面であった。

（福澤徹三）

【参考文献】

今村英明『オランダ商館日誌と今村英生・今村明生』（ブックコム、二〇〇七年）

文中の商館日誌の引用はこれによった。オランダ語は省略し、必要に応じ括弧で内容を補った。

勝山脩「調馬師ケイゼル」（『洋学』六、一九九七年）
すみだ郷土文化資料館『開館二〇周年記念特別展　隅田川花火の三九〇年』（二〇一八年）
『徳川実紀』第九編（吉川弘文館、一九七六年、二六三頁）

2　博徒と村役人

●博徒とは、どんな人々か？

博徒とは「賭博をもっぱらにする者」「博打打ち」のことである（『日本国語大辞典』）。人は有史以来、様々な賭け事を発明し、楽しんできた。現代でも合法の賭け事は許されており、それを楽しむ人々がいる。これに対し、違法な賭博は禁じられ、見つかれば逮捕される。江戸時代においても、支配者層による博打の取締りが行われている。たとえば、江戸幕府は、村々の百姓が博打に夢中になることで農業を疎かにし、年貢納入の差支えになることなどを理由に、度々禁令を出している。

かつては浪花節《なにわぶし》や大衆小説、講談《こうだん》などの影響で、博徒の親分が庶民の憧れるヒーローとして扱われることもあった。反権力的な態度や、弱きを助け強きを挫くと言った印象が、人々を引きつけるのであろう。現代でも郷土の偉人のような扱いを受けている者もいる。博徒の親分と一言で言っても、上野国《こうずけ》（現・群馬県）の国定忠治《くにさだちゅうじ》のような無宿者《むしゅくもの》（江戸時代、どの身分にも属さない存在）や、江戸の町奴《まちやっこ》・幡随院長兵衛《ばんずいいんちょうべえ》のような町人《ちょうにん》、旗本奴《はたもとやっこ》・水野十郎左衛門《みずのじゅうろうざえもん》のような武士もいた。

博徒というと、先述のイメージに加え、お尋ね者や無宿者を思い浮かべる人もいるであろう。実際、無宿者は「『博徒』や『通り者』のイメージとほとんど一体になっている」という指摘も存在する（阿部昭）。ただし、博打の禁令は村に発せられている。裏を返せば、村に住む百姓も博打をしたからこそ禁じているのである。実際、江戸時代後期の村人の多くが博打を楽しんでいたという述懐もある（『旧事諮問録《ふるきことたずねしきろく》』）。

博徒は、違法者なため極悪人のよう印象を抱くかもしれないが、博打自体については前記の前提でここでの事例を見ていっていただきたい。また、禁制である博打を内々に済ませる場合は、関係者に都合が悪い事実を文章にして残すことはない。つまり、ある程度状況から推測し、史料を解釈する必要がある。その点も理解の上、以下の様々な実例を見ていっていただきたい。

ここでは、城下町などの大都市部ではなく、主に宿場町や村落で活動した博徒について取り上げる。また、文政《ぶんせい》一〇（一八二七）年に関東地方に設置された改革組合村《かいかくくみあいむら》（幕府が設定した村連合）内における賭博にも言及する。この村連合については、一般に馴染みがないと思われるので、ここで簡単に説明しておく。関東地方は、支配が錯綜《さくそう》し、非領国《ひりょうごく》地帯と呼ばれ、個別領主の統一的な取締りが難しい地域であった。改革組合村は、このような課題を解決するために設置された関東取締出役《かんとうとりしまりしゅつ(で)やく》（通称八州廻《はっしゅうまわ》り）の活動を支えるもので、一般に四〇～五〇か村をひとつの組合とした。組合の中心に指定された村（寄場《よせば》）の名を取って、〇〇村寄場組合などと称することもあった。その運営は寄場村の村役人（寄場役人）、その他の構成村の村役人の代表者（大《だい》・小惣代《しょうそうだい》）によって行われた。

それでは、項を改めて、博徒の世界を覗き見ていこう。

●賭場が開かれる

賭場《とば》（博打をする場所）というと、胴元《どうもと》（賭場を開帳して寺銭《てらせん》〈賭場の借り賃として支払う金〉を取る親分）の屋敷や寺院、武家屋敷の中間《ちゅうげん》（武士に仕えて雑務に従った者）部屋など屋内をイメージする人も多いであろう。しかし、当時は野博打と呼ばれる屋外での博打も盛んであった。まず、村での博打を見ていこう。居所・身分不明の幸兵衛という人物は、下野《しもつけ》国栃木《とちぎ》町（現・栃木県栃木市）などの「野田原」（原野や田地のことか）で「廻り筒塞」博打（賽子博打《さいころ》の一種）を開催していた。そこには名前や居所がわからない者が多く出入りしていたという。また、彼は関東取締出役の家来から依頼され、金子《きんす》を貸しているので、取締側の役人とも関係を有していた。

幸兵衛の場合は、無宿者が開いた賭場であったが、次に見る事例のように村人が開帳に深く関わることもあった。出羽国《でわ》村山郡《むらやま》は関東と同じく非領国地域で、さらに紅花《べにばな》栽培が盛んであるため、貨幣経済が浸透していた。つまり、博打を行いやすい条件が整っていたのである。このような状況に対し、寛政《かんせい》六（一七九四）年には博打取締りが命じられ、同郡山口村《やまぐち》（現・山形県天童市）ではそれを守る旨の請書《うけしょ》（誓約書）が作成されている。当時、村山郡では厳しい博打の取締りが行われていたようである。享和《きょうわ》元（一八〇一）年に発生した一揆を描いた「羽州山寺一揆風聞記」には、その発端として取締りが厳しくなり追い詰められた博徒が、一揆を起こしてこの世に名を残そうとした、という記述がある。

話題を山口村に戻そう。同村では、博打取締りの請書が作成されたにもかかわらず、寛政一一年には博打が摘発されている。この賭場は屋内か野博打かは不明であるが、村人五右衛門と戸左衛門が他村から「筒《つつ》取《と》り」（一般に胴元を指す）を招き、「近所」の者を集めて開催したもので、負けた者の中には「他参浪人」（無宿者のことか）になった者も出たようである。

主催者のひとりである戸左衛門は、五石九斗《こくと》余の高持百姓《たかもちびゃくしょう》で、村内下層とは言えないが（村内二〇〇軒中七一番目）、一八世紀後半から田畑屋敷を質入《しちいれ》しての借金や、年貢《ねんぐ》滞納を確認できる。また、家計を助けるためか、家督相続以前には兄弟とともに奉公稼《ほうこうかせ》ぎに出ている。

そのため、自らは場所の提供と人々を集めることに専念し、胴元は他所から呼んできたのかもしれない。

もしくは、自らの責任を回避するために、胴元については曖昧《あいまい》にするための方便かもしれない。実際、この一件は当事者とその親類、近隣の寺院などが仲裁して村役人に詫びることで、領主への出訴は見送られている。本事例から博打が村人に身近なものであり、開帳に関わることがあったこと、領主による取締りが不徹底であったことがわかる。

次に宿場町の事例を三つ見ていきたい。まずは日光道中（江戸から宇都宮を経て日光に至る街道）武蔵《むさし》国桶川宿《おけがわ》（現・埼玉県桶川市）の賭場である。安政《あんせい》四（一八五七）年閏《うるう》五月二五日、関東取締出役が手入れを行った。押収品は賭場の上りの金《きん》三両《りょう》三分《ぶ》三朱《しゅ》・銭《ぜに》四二貫《かん》八七二文《もん》、長脇差《ながわきざし》三本、木刀六本などであった。この際、捕縛された囚人《しゅうじん》は一〇人、他に三九人の手配者が出た。この日の賭場は上宿と下盆に分かれていたようで、それぞれに胴元が存在した。上宿の胴元は地元桶川宿の国五郎、三五才、下盆の貸元は同宿店借で越後（ほぼ現在の新潟県）出身無宿松五郎、四〇才であった。すなわち、この節の胴元は百姓身分の者と無宿者なのである。

本事例では、前二例と異なり、全てではないが、捕縛・手配された者の居所がわかるので、詳しく見ておこう（下表参照）。参加者は、桶川宿近在の在住者もいたが、遠くは現在の神奈川県川崎市域、東京都町田市域・あきる野市域から来た者もいた。賭場には近在の者のみでは

【表】手配人・囚人居所一覧

国	郡	宿・村名
武蔵	埼玉	桶川宿
		小針村
		木曾良村
	足立	大宮宿
	高麗	飯能村
	新座	野火止村
	豊島	内藤新宿
		板橋宿
	多摩	八王子宿
		府中宿
		五日市村
		久米川村
		広袴村
	橘樹	二子村

＊郡名が不明な村、誤字により村名が不明な村は除外した。

なく、遠方からも博徒が集まって来たのである。なお、上宿と下盆を比較すると前者は桶川宿以外の地域の者、後者は桶川宿の者の比率が高い。

なぜ、博徒は遠方の賭場にも赴くのか。もちろん、旅人《たびにん》（各地を渡り歩く博徒）が草鞋《わらじ》を脱いだ場合もあるだろう。しかし、時には胴元の力も影響するようである。つづいて上野国《こうずけ》玉村《たまむら》宿寄場組合（ほぼ現在の群馬県玉村町）の賭場の様子について見ていこう。玉村宿は日光例幣使道（中山道倉賀野《なかせんどうくらがの》宿〈現・群馬県高崎市〉）から分かれ、下野国今市宿〈現・栃木県日光市〉に至る）の宿場町である。なお、玉村宿は天保《てんぽう》期には国定忠治と対立する博徒がおり、忠治が子分を使って殺害させている。また、嘉永《かえい》三（一八五〇）年に忠治が捕縛されたおり、一時勾留されていた場所でもある。

玉村宿を構成する上新田《かみしんでん》村の旅籠《はたご》屋・万屋佐十郎は、自宅を賭場としても利用しており、嘉永六年二月上旬にも七日間ほど開帳していた。上前金は一〇両以上であった。そこには彼の子分に加え、無宿者や幕府役人の手先が出入りしていた。子分の中には、玉村宿から遠方の沼田近在（現・群馬県沼田市とその周辺か）で胴元をしている角左衛門もいた。

佐十郎は博徒の親分の他に、もうひとつの顔を有していた。道案内《みちあんない》と呼ばれる、関東取締出役の手先として犯罪者の捕縛などを行う役職に就いていたのである。すなわち、博徒を捕縛する側の人間が胴元となっていたのであり、彼の関係する賭場は、領主による手入れの危険性が非常に低い場所だったのである。幕府の権威を傘に着ているうえ、安全な賭場という信用も得られる故、佐十郎は多くの子分を抱えることができたと思われる。

この時、集まった者たちは、佐十郎へ正月には年始の挨拶、盆暮れには金子を上納していたという。このような年中行事・儀礼的な時節には、遠方の子分も親分の賭場に集ったのである。また、先述のように胴元の信用が高ければ、子分以外の博徒も遠方より訪れたであろう。

なお、当時の金銭の公定相場は金一両＝銭四貫文である。すなわち、桶川宿の賭場の上りの金も同規模である。こちらの賭場にも大物博徒が参加していた可能性が考えられる。

ただし、物価は時期によって変動する。また、賭場で動く金は地域の景気にも左右された。幕末期、武蔵国八王子宿《はちおうじ》（現・東京都八王子市）の賭場では、金二五両分を封のまま賭ける者もいたようである。そのため、盆茣蓙《ぼんござ》（賽子博打で壺をふせる場所に敷く茣蓙）の上に置かれた金子は、二〜三千両にもなったと言われている。当時は横浜開港によりインフレが進むとともに、生糸の輸出に関わる商人は大きな利益を得ていた。このような背景が高額な掛け金を産んだのであろう。もちろん、胴元に入る額も、膨大なものになったと思われる。

●賭場誕生

博徒は、いつ、どのようにして博打を覚えるのか。安政六年に窃盗などの罪で捕縛された、武蔵国蓮光《れんこう》寺《じ》村（現・東京都多摩市）出身の伊三郎が、自身の生立ちを語っている。そこから、博徒誕生の一例を示したい。

彼は、百姓の家の三男に生まれたが、三才の時に両親が江戸に行くとのことで、村内の親戚に預けられる。九才になると、同国別所《べっしょ》村（現・八王子市）に住む別の親戚に預けられることになった。この頃から博打を好むようになり、一五才頃に連光寺村に戻されている。その後、武蔵国野津田《のづた》村（現・東京都町田市）で奉公稼ぎをするが、そこを辞めて無宿者になった。

その後は、日雇稼ぎや、雲助（住所不定の道中人足）をして収入を得ながら、各地を転々としている。しかし、生活費に困ると、単独または無宿者などと共謀して、強盗行為も行っている。彼自身の語るところによれば、奉公稼ぎをした経験のある野津田村の近隣で、五件の強盗（未遂も含む）を行った。それを元手に、江戸で遊興することもあったようである。安政六年に、彼は東海道吉原宿《よしわら》（現・静岡県富士市）で病気となり、故郷へ帰ろうとしたのか、武蔵国下小山田村《しもおやまだ》（現・東京都町田市）で捕縛されている。

さて、彼の半生を見てみると、幼少期から親戚の家を転々とするなど、不幸な生い立ちであった。これが博徒の世界に足を踏み入れてしまった一因かもしれない。注目すべきは彼が博打を覚えた年齢である。無宿者となる以前の十代前半であったことが判明する。実際、安政五年に武蔵国木曽村《きそ》（現・東京都町田市）寄場組合で作成された博打禁止の請書では、一五才以下の子供も博打を行っていることが問題視されている。つまり、彼の事例は特殊なものではなく、幕末期には、百姓身分の者が、幼い頃から博打に馴染み、中には犯罪に手を染める者、無宿化する者もいたのである。

ただし、伊三郎は旅人として賭場に出入りはしていると思われるが、賭場の開帳に関わったかどうかわからない。賭場を開くにはある程度の資金と博徒からの信用が必要である。次に有力博徒の成長過程と実態を見ていこう。慶応《けいおう》元（一八六五）年、小野路《おのじ》村（現・東京都町田市）寄場組合の寄場役人らが、近在の有力博徒六名について探索し、関東取締出役に報告している。

そのひとりである嘉十郎は先に触れた木曽村寄場組合内木曽村の名主の忰で、帳外《ちょうがい》（村の人別から外れ、無宿者となる）となった後、相模国橋本《はしもと》村（現・神奈川県相模原市）の無宿で、博徒の親分であった人物の子分となり、博徒としての名を上げていった。

彼は自ら賭場を開帳し、多くの弟分や子分を抱えるようになっていく。彼は木曽村寄場組合の山崎村《やまざき》（現・東京都町田市）の賭場に複数名で乗り込み、そこの胴元で道案内の手下であった人物から金銭を奪い取っている。さらに、慶応元年一〇月には、自らの元に集まった「長脇差共」十名程を使い、周辺の自らに従わない博徒を襲撃させている。

これ以外にも強盗行為なども行っており、すでに代官所の役人などに捕縛された経験もあった。このように村役人層の家に生まれながら、有力博徒となり、対立する博徒との出入りに至る者もいたのである。なお、先述の通り、木曽村寄場組合は安政五年に博打を取り締る請書を作成している。それにもかかわらず、寄場役人の親族から、有力な博徒の親分が誕生しているのである。

●村役人は博打を止めなかったのか

これまで見てきたように、百姓身分は博徒を生み出す源のひとつであった。宿場町・村において、領民支配の末端として治安・秩序を維持する役割を担ったのが名主《なぬし》（庄屋《しょうや》）である。しかし、彼らによる博打の取締りは十分に機能していなかった。その一因は、村役人が胴元という場合であろう。前述した玉村宿の佐十郎の子分・角左衛門は、村役人でありながら六ヶ村の縄張りをもち、そこでは他集団の博徒に賭場を開かせなかったと言う。このような強い力の背景には、彼が村役人であることや、個人の力量に加え、親分佐十郎の力も影響していたのであろう。だからこそ、佐十郎のもとに定期的に挨拶に訪れるのである。余談になるが、角左衛門の事例からもわかるように、胴元の縄張りは排他性をもっていた。そのため、嘉十郎の事例で見た通り、時には博徒集団間の抗争に至ることもあった。

これ以外にも村役人が博徒の取締りを徹底できない理由は、複数あると思われるが、ここでは二例紹介したい。

玉村宿寄場組合では、嘉永六年七月に博打取締りの議定書を作成している。この案文を作成したのは、大惣代三右衛門であった。しかし、議定を締結しても博打が廃れることはなかった。万延《まんえん》元（一八六〇）年九月の事例によれば、三右衛門の子分駒吉は以前から生活態度に問題もあったが、今回博打が発覚した。三右衛門は関東取締出役と面会し、彼を剃髪させると申し出ている。それに対し、関東取締出役はそれでは嘆かわしいので、いったん召し捕ったうえで、勘弁すると指示している。三右衛門はその指示通り、駒吉を捕縛した上で、関東取締出役に宥免願を出している。このやり取りで注目すべき点は、三右衛門は子分を反省させるために剃髪させると言っている点である。一見、不法行為をした者を罰しているようであるが、この願が通れば、子分は関東取締出役による捕縛や取調べ、刑罰を避けられるのである。これを受けた関東取締出役も剃髪までさせず、捕縛はするが、処罰は課さないという案を出し、それが実行されているのである。

さて、三右衛門は別の機会に、関東取締出役に右のような者を子分とする理由として、次のような説明をしている。改心を口実に自分を頼ってくる者に対して、子分にすることを断っては、彼らが悪事に走る可能性がある。犯罪が増えれば幕府にも手数を掛けるので、身持ちの悪い者を子分とするのは、幕府への奉公にもなっている、と。幕府役人に対する発言であることを踏まえる必要はあるが、自分を頼るものを見捨てられないと述べているのである。現実には駒吉の事例のように子分が博打で捕縛されることもあった。しかし、そのような場合、三右衛門は子分を見捨てず、助けているのである。

また、右とは別の理由から村人の博打を見逃す村役人もいた。江戸時代は賭事のみではなく、村での芝居興行も禁じられていた。しかし、芝居は当時の娯楽のひとつであり、領主役所へ内々の届出をし、黙認してもらうことも度々であった。もちろん、見物人からは入場料を取るので、興行に関わった者は収入も得られる。ある程度、事前の資金も必要なため、村役人が興行に係ることも多々あった。
そのような芝居興行の節に、芝居見物客が村外からも集まることもあり、芝居小屋の近辺で賭場が開かれることは頻繁にあったが、村役人による賭場の差し止めはうまく行かなかった。その理由は、博徒が村役人に対して、同じく禁制の芝居を興行しておいて、博打は取り締るのか、と反論するためである。
なお、紙幅の都合で、細かい博打の内容については触れなかったが、賽子や花札を利用した博打以外にも、宝引《ほうび》き（福引の一種）のように、誰もが娯楽的な感覚で楽しめるものも博打の一種と捉えられ取締りの対象になることもあった。博打については、幕府が禁じていたので、問題行動と捉えられるが、当時の人々にとっては、芝居興行と同じく遊興のひとつや息抜きとしても機能していたのであろう。このような状況から、例え村人の博打を問題視する村役人であっても、取締りの徹底や博徒の根絶は不可能であったと思われる。

（坂本達彦）

【参考文献】

阿部昭『江戸のアウトロー』（講談社、一九九九年）
高橋敏編『アウトロー―近世遊侠列伝―』（啓文社、二〇一六年）
田村栄太郎『やくざの生活』（雄山閣出版、一九八一年）
坂本達彦「天保一〇年野州合戦場宿一件処罰者の全貌」（『専修史学』三五号、二〇〇三年）
坂本達彦「改革組合村道案内の活動」（『ぐんま史料研究』二二号、二〇〇四年）

坂本達彦「幕末期の組合村請書と惣代層の位相」（佐藤孝之編『古文書の語る地方史』吉川弘文館、二〇一〇年）
坂本達彦「享和元年羽州村山一揆の再検討―18世紀後半の地域社会―」（『東北の村の近世』東京堂出版、二〇一一年）
坂本達彦「改革組合村大惣代と地域社会―親分子分制を手がかりに―」（『関東近世史研究』八二号、二〇一八年）
『牧民金鑑』下巻
町田市立自由民権資料館編『武相自由民権史料集』一巻

3　ドンケル＝クルチウスと江戸幕府　―ペリー来航予告情報をめぐって―

●ペリー来航予告情報へのオランダの反応

一八五三（嘉永《かえい》六）年のアメリカ使節ペリー来航は、欧米列強に対する戦争への脅威を日本人に与え、本格的に日本の歴史を近代へ向けて大きく移行させる原動力となった。もちろん蒸気軍艦や大砲等、武器に関する知識は以前より日本に入ってきてはいたが、目の当たりにした現実は、それをはるかに凌駕するものであったのである。しかし、このような現実に対し、それでも日本はいくらか準備のできる環境にあった。ここでは、一八五二年の日本とオランダとの関係に焦点を当て、ペリー来航直前の日本の状況を見ていくことにしたい。

さて、ペリー艦隊は、突然日本にやって来たのではなかった。一八五二年三月にマシュー・カルブレイス・ペリーがアメリカ東インド艦隊司令官に任命された後、ペリー来航予告情報が、アメリカ政府からオランダ政府へ、そしてバタフィア（現在のジャカルタ）の東インド政庁を経て、一年程前に日本へと伝えられていたからである。江戸時代を通して、西洋国で唯一日本と交流を保ってきたオランダは、特にアヘン戦争以後、日本が極端に制限していた対外政策（鎖国）を緩和するよう、しばしば意見を述べてはいたのだが、ここに至って、

私は日本が近いうちに憂慮すべき紛糾事態に見舞われる現実を隠しだてするつもりはありません。アメリカかイギリス、あるいは両国ともに、日本に接近しつつあることは確実です。平和裡に目的が達

成できなければ、彼らは戦争を仕掛けてまでもそれを獲得しようとするかもしれません。

（一八五二年一月付、オランダ植民大臣パユゥ宛東インド総督トゥィスト書簡）

と、最悪の場合、長崎出島からオランダ商館を撤退させることまで視野に入れるほど、追い詰められていた。オランダは、断然優位な欧米列強の軍事力をもってしても、日本がこれらの国々を敵に回さず受け入れるようになるという確証を持っておらず、やはり日本の対外政策をなんとしても緩和させるより他にない、と痛感していたのである。

●オランダの対日計画

このような状況において、オランダはどのような作戦を立てたのか。それは、ペリー来航前に日蘭通商条約を締結し、それを前例として、日本は他の西洋諸国との条約を締結することで、戦争が回避される、というものであった。そして、この作戦の段取りは、まずオランダ船が長崎に到着した直後に提出される別《べつ》段風説書《だんふうせつがき》から始まる。この文書は、一八四〇年のアヘン戦争以降、オランダから日本へと提出されるようになった海外情報であり、この中にペリー来航予告情報を盛り込むことで、幕府に警戒をうながそうとしたのである。さらに、この別段風説書の提出の際に、ペリー来航予告情報と密接に関連している東インド総督の書簡（以下、総督書簡）があることを日本側に伝えるよう、商館長に指示が出された。この総督書簡の内容は、アメリカの軍事力や戦争への危機感を述べた後、しかし、日本の対外政策に抵触しない「方便（方法）」があり、それを幕府から派遣された高官に伝えたい、というものであった。この「方便」は、日蘭通商条約締結を意味しているのだが、幕府の興味を引くために、あえて伏せた記述となっていた。こうして、総督書簡が日本側に受理され、幕府の高官が長崎に派遣されてきたら、日蘭通商条約草案を提示し、交渉を始め、日蘭通商条約が締結されれば、日本と欧米列強との戦争を回避する土台となり、さらに、オランダは日本の外交や貿易においてイニシアティブを握ることができる、と考えたのである。

この作戦でポイントとなるのが、総督書簡の提出のしかたと、その内容である。この慎重とも言える段取りのあり方は、一八四四年のオランダ国王ウィレム二世の親書を提出した際の苦い経験から来ていた。この親書は、アヘン戦争後の国際情勢を警戒し、日本の対外方針の緩和を勧めた内容であったが、日本側に受理はされたものの、今後、外交文書はいっさい受け取らないという、幕府の反応を引き出してしまった。しかし、今回のオランダの作戦には、外交文書の交換は必要不可欠であり、しかも幕府の高官を条約交渉の席に座らせるために、その手前の段階において、外交文書である総督書簡の提出で、つまずくわけにはいかない。なんとか日本側に受理されるよう、検討した結果だったのである。

●ドンケル＝クルチウスの来日と作戦の遂行

ペリー来航一年前の一八五二年七月二一日（嘉永五年六月五日）、最後のオランダ商館長ヤン・ヘンドリック・ドンケル＝クルチウス（一八一三〜一八七九）が来日した。彼はライデン大学卒業後、ジャワ島に渡り、司法局判事、東インド高等法院判事、東インド最高軍法会議裁判官を歴任しており、日蘭通商条約交渉を行うに相応しい人物として派遣されたのである。

ドンケル＝クルチウスは、長崎到着直後、早速行動に移った。まず別段風説書を提出し、その中のペリー来航予告情報と総督書簡との関連性を伝え、幕府に総督書簡の受理をうながしたのである。

しかし、別段風説書で総督書簡への興味を引き、次は総督書簡で条約交渉のきっかけをつかもうとするオランダの作戦はうまくはいかなかった。なんとか九月三〇日（八月一七日）に総督書簡の提出はしたものの、結局一一月一日（九月二〇日）に、この件を落着とする幕府の意向がドンケル＝クルチウスに知らされたことで行き詰まってしまったのである。ただし、ドンケル＝クルチウスのもとには、総督書簡の〝日本の国法に抵触しない「方便」〟を問い合わせるオランダ通詞が毎日のように訪れており、日本側が興味を持っていることは明らかだった。そこで、この反応に賭けて、ドンケル＝クルチウスは一一月二日に書簡（以下、商館長書簡）を認《したた》めた。この商館長書簡の内容は、アメリカの希望を少しでも聞き入れ、外国人に長崎での貿易を許可し、それに関する諸制度を整えること等々が述べられており、実は日蘭通商条約草案のかなりの部分を明かしたものであった。ただし、日本側が拒みそうな項目や、条約自体に関わる記載は削除されており、しかも「条約」という言葉は使用せず、総督書簡同様、「方便」という言葉であいまいにしていることから、あくまで条約交渉のきっかけをつかむためのものであった。

しかし、幕府は商館長書簡に何の反応も示さなかった。結局、オランダの望むような展開にはならず、日本側に日蘭通商条約草案を提示する機会は失われたのである。

●幕府の反応と阿部正弘

以上の通りなので、幕府の審議において、総督書簡と商館長書簡は功を奏しなかったということになろう。ペリー来航予告情報に関しては、御三家・海防掛・浦賀奉行・江戸湾防備四家・雄藩大名にまで達しているが、総督書簡は、海防掛の間で回覧されるに止まり、商館長書簡にいたっては、長崎奉行の「オランダは貪欲で、幕府がアメリカに貿易を許可しないことを見越して、代わりにオランダがアメリカへと日本の国産品を引き渡す貿易を行おうとしている」という誹謗もあってか、「全く渡来致すべき義にはこれ無き候」と、ペリー艦隊の来航を否定する結論に達したとする見解もある。

このペリー来航の難局に立ち向かうことになった老中筆頭阿部正弘《あべまさひろ》（一八一九〜一八五七）は、水野忠邦《みずのただくに》の免職後に老中に登用されて以降、相次ぐ外国船来航への対応や対外政策の見直しを迫られてきた。ただ、この時点でのペリー来航に対する目立った動きは見られず、幕府ないしは阿部正弘を無能とする批判も免れえない。のちに、以上のようなオランダとの経緯があったことを知った勝海舟《かつかいしゅう》は、「オランダの計画にのっていれば、案外穏やかに外国との関係を築いて、国内の戦争もひどくならなかったかもしれない（『開国起原《かいこくきげん》』）。」と悔しがっている。それは、その後日本がたどる動乱の時期を経験した者が抱く、当然の感想と言えるだろう。

しかし、ペリー来航の洗礼を受ける前に、幕府は支配体制の根幹を揺るがすようなまねはできなかったのではないだろうか。また、阿部正弘はペリー艦隊来航を否定する結論に必ずしも納得してはいなかったようであり、その対応について浦賀奉行に問い合わせたり、川路聖謨《かわじとしあきら》、戸田氏栄《とだうじよし》、下曾根金三郎《しもそねきんざぶろう》、堀利熙《ほりとしひろ》など、有能な人材を登用している。この時点での阿部正弘自身の対外政策に関する意見がどのようなものであったのかは不明だが、ペリー来航後の急激な変化を見るに、この直前の一年間は、変化に対応するための準備期間として位置付けることができよう。

それは、ドンケル＝クルチウスも同様で、日蘭通商条約締結を急くあまり、一時期、オランダ通詞が出島に訪れなくなるという事態を招いていた。日本人が再び彼の許を訪問するようになったのは、皮肉にも、ペリー来航によってオランダの情報が正しかったことが証明されてからであり、その後、ドンケル＝クルチウスは相談役として、また欧米列強との仲介役として、日本人との間に信頼関係を築いていくことになるのだが、それ以前は日本人との付き合い方を学ぶ期間であったと言えよう。本項が対象とした日蘭通商条約締結に向けての経緯は、両者の間での駆け引きから、ペリー来航以降の混乱に対応する基盤が築かれていく過程でもあったのである。

（西澤美穂子）

【参考文献】

フォス美弥子編訳『幕末出島未公開文書—ドンケル＝クルチウス覚え書—』（新人物往来社、一九九二年）
岩下哲典『幕末日本の情報活動—「開国」の情報史—』（雄山閣、二〇〇〇年、改訂増補二〇〇八年）
三谷博『ペリー来航』（吉川弘文館、二〇〇三年）
松方冬子『オランダ風説書と近世日本』（東京大学出版会、二〇〇七年）
西澤美穂子『和親条約と日蘭関係』（吉川弘文館、二〇一三年）
後藤敦史『開国期徳川幕府の政治と外交』（有志舎、二〇一五年）
小暮実徳『幕末期のオランダ対日外交政策—「国家的名声と実益」への挑戦—』（彩流社、二〇一五年）

第8章　近世の思想と学問

1　上杉鷹山と細井平洲 ―史跡上杉治憲敬師郊迎跡の語るもの―

●「名君」上杉鷹山とゆかりの史跡

出羽《でわ》国米沢《よねざわ》藩第九代藩主上杉鷹山《うえすぎようざん》（治憲《はるのり》）は、江戸時代を代表する「名君」として知られている。鷹山は度重なる困難に直面しながらも数々のドラスティックな改革によって存亡の危機にあった米沢藩を生涯をかけて復興させた。藩政改革の先頭に立ち、「なせばなる」という言葉に象徴される類まれなリーダーシップは、鷹山の「名君」としての評価を揺るぎないものにしている。混迷して先の見えないといわれる現代社会は、鷹山の生きた時代と重なる面もあり、鷹山関連の書籍が数多く出版されるなど、鷹山への社会的な関心は高まっている。鷹山は、今なお多くの人々を惹きつけ尊敬される歴史上のリーダーのひとりといえよう。

鷹山の米沢藩政改革において欠くことのできない人物に師の細井平洲《ほそいへいしゅう》がいる。平洲は、若き鷹山の賓師《ひんし》となり、鷹山の人格形成やのちの藩政改革に大きな影響を与えた人物として知られ、二人の師弟関係は生涯続いた。鷹山の名君ぶりを伝える逸話は数多く残されているが、その中でも平洲との「敬師郊迎《けいしこうげい》」のエピソードはとりわけ有名であり、その舞台となったのは山形県米沢市にある国指定史跡上杉治憲敬師郊迎《けいしこうげい》跡《あと》である。ここでは、この史跡に秘められた鷹山と平洲の師弟の歴史を紹介することにしよう。

●鷹山と平洲の師弟関係

上杉鷹山は、宝暦《ほうれき》元（一七五一）年に日向《ひゅうが》国高鍋《たかなべ》藩の藩主秋月種美《あきづきたねみつ》と正室心華院光子《はるこ》の二男として江戸で生まれた。鷹山の上杉家への養子入りにあたっては、鷹山の祖母（光子の母）である瑞耀院《ずいよういん》の強い希望があったという。瑞耀院は上杉家の出身で筑前国《ちくぜん》秋月《あきづき》藩主黒田長定《ながさだ》の室であり、五代藩主上杉綱憲《つなのり》（瑞耀院の父）の曾孫でもある鷹山が孝心厚く聡明であるとして、米沢藩の世子とすることを希望し、八代藩主重定《しげさだ》の娘である幸姫《よしひめ》と縁組することで鷹山は米沢藩九代藩主に内定した。米沢藩の桜田藩邸に移った鷹山は世子としての教育を受けることとなり、この時に賓師《ひんし》として招かれたのが尾張《おわり》出身の儒学者細井平洲であった。

平洲は、享保《きょうほう》一三（一七二八）年に尾張国知多《ちた》郡平島《ひらしま》村（現愛知県東海市）の豪農細井甚十郎正長の二男として生まれた。十代で京都に遊学し、その後名古屋で中西淡淵《なかにしたんえん》の門人となり、さらに淡淵に招かれて江戸に行き、私塾嚶鳴館《おうめいかん》を開いた。のちに尾張藩や紀州《きしゅう》藩をはじめとした諸藩に招かれ、尾張藩では藩校明倫堂《めいりんどう》の督学《とくがく》を勤めるなど同時代を代表する儒学者となる。平洲は儒学における折衷学派《せっちゅうがくは》に属していた一方で、徂徠学《そらいがく》にも依拠した講説を行っていたといわれ、その学問は現実政治を視野に入れた学問と実践の一致、すなわち実学であったということに大きな特色がある。

明和《めいわ》元（一七六四）年一一月、米沢藩の江戸桜田藩邸において平洲の鷹山に対する初講談が行われ、二人の師弟関係はこの時から始まる。平洲は鷹山に藩主としての心構えを説き、鷹山もまた平洲の教えを受け、次期藩主として人格的にも成長していく。鷹山は藩主となってからも絶えず平洲に藩政への助言を求め、平洲もまたそれに応えている。二人は折に触れて書状の遣り取りをしているが、中には寛政《かんせい》三（一七九一）年七月一日付け鷹山書状（米沢市上杉博物館蔵）のように鷹山の国政に関する問いに対して、平洲がその書状に付箋《ふせん》を付けてひとつひとつ丁寧に回答した珍しい形式の書状も残されており、この書状には二人の師弟関係が象徴されている。また、鷹山は平洲を米沢へと招聘《しょうへい》し、平洲は米沢において藩校興譲館を再興して藩士や領内の民衆教化に努めた。平洲の薫陶《くんとう》を受けた者たちは有為の人材として活躍し、鷹山を支えて藩政改革の原動力となっていく。鷹山と平洲の師弟関係は終生変わることはなく、米沢藩政改革に大きな影響を与え続けたのである。

●細井平洲の第三次米沢下向と「敬師郊迎」

細井平洲は生涯に三度、米沢を訪れており、「敬師郊迎」は三度目の最後となった米沢下向時のエピソードである。「敬師郊迎」の舞台となった史跡上杉治憲敬師郊迎跡は、米沢市関根の普門院《ふもんいん》と羽黒《はぐろ》神社（羽黒堂）、両所をつなぐ参道から構成されている。「敬師《けいし》」は師を敬《うやま》うことを意味し、「郊迎《こうげい》」とは聞き慣れない言葉であるが、郊外に出て出迎えることをいい、他国からの賓客《ひんきゃく》を町はずれまで出迎えることで敬重の意を表すことをいう。文字通り、上杉治憲（鷹山）が師の平洲を敬って郊迎した場所という意味である。少し長くなるが、「敬師郊迎」のエピソードを『東海市史』から引用しよう。

寛政八（一七九六）年の八月二五日（平洲は）江戸を出発して、九月六日に米沢へ到着した。鷹山は四六歳、平洲はもはや六九歳の老境に達していた。その日は一五万石の米沢藩主の隠居（鷹山のこと）がわざわざ城から一里余りもある関根村羽黒堂までお迎えに出られた。学問の師であるとはいえ、一国の老侯（鷹山）が城外一里余の所まで、出迎えに立つというようなことは、これまでには見られなかったことである。平洲はその出迎えを知ると、はるか向こうから、籠をおりた。普門院という寺の門前で、鷹山は出迎えていた。平洲はそれを見て、地面に手をついておがみたい気がしたが、うっかりそうでもすると、鷹山の方でも同じように地に手をついて礼を返されそうなようすであった。そこで、膝に両手をついて一礼した。平洲はなんの言葉も出なかった。ただ両眼から熱い涙がにじみでた。鷹山もおなじように膝まで両手をおろして一礼された。鷹山も無言、あふれ出た涙で地面をぬらしていた。

「先生、おなつかしゅうございます。……おたっしゃでなによりでございます。」

涙をぬぐいもされず、ようやく鷹山はそういって、一六年ぶりに見る老いた先生の顔を見あげた。平洲の満面は涙でぬれ言葉も出ない。しばらくは無言の涙と涙の師弟の対面が続いた。

「御案内いたします。」

鷹山はそれから、普門院の門を入った。外門から中門まで三町ばかりの坂道を、鷹山は平洲と並んで歩いた。

「お杖を!。」と、鷹山は近臣に命じた。近臣が杖を平洲に勧めたが、平洲は辞退してそれを受けなかった。すると、鷹山は平洲の老体にぴったりとよりそい、さながら手をひかぬばかりに、肩と肩を並べその身を老先生平洲の杖として坂を登った。ようやくにして本堂の板の間にのぼり、鷹山は自ら手をついて待たれた。そして、本堂右よりの一間に通し正式の対面となり、鷹山は遠来の老先生の長旅をねぎらって、杯を勧めた。久しぶりでのなつかしい物語りに、普門院の一室で時は移った。

この文章は、当時、「敬師郊迎」を受けた後に平洲が弟子の樺島石梁《かばしませきりょう》に宛てて認《したた》めた書状をもとにしており、会話などはフィクションであるものの、「敬師郊迎」の様子をかなり忠実に再現しているといってよい。鷹山が年老いた師の平洲を出迎え、二人が涙を流しながら一六年振りとなる感動の再会を果たし、普門院で長旅の労をねぎらった様子が生き生きと伝わってくる。まさに「敬師の美談」と讃《たた》えられる場面といえよう。

ところで、後世まで語り継がれる「敬師郊迎」はどのように実現したのであろうか。鷹山は天明五（一七八五）年に隠居した後、敬愛する師の平洲と対面する機会がなくなり、平洲との再会への思いを募らせていた。平洲もまた、寛政五（一七九三）年の鷹山宛ての書状において「相叶《あいかなわ》ざる儀に御座候《ござそうら》へ共、生涯今一度拝謁《はいえつ》奉り候《たてまつそうらい》て、此境を語り奉り度《たてまつ　たく》」と記しているように、難しいことはわかっているが、鷹山に生涯でもう一度だけでも拝謁し、語り合いたいとの強い思いを吐露している。

このような二人の思いに、藩主上杉治広《はるひろ》や側近の莅戸善政《のぞききよしまさ》ら奉行衆《ぶぎょうしゅう》は動かされ、平洲三度目の米沢下向に向けた尾張藩との交渉や準備に藩をあげて取り組むことになる。莅戸は平洲の米沢下向と滞在にあたって関係する藩士の役割分担を行い、尾張藩・平洲本人との米沢下向に向けた交渉、出迎えや客舎・諸器材の用意、滞在中の接待など細かく気を配り、中心的な役割を果たしている。平洲の第三次米沢下向にあたって尽力した藩内の関係者は、藩主治広や鷹山をはじめ、奉行衆などの藩政の中核を担う上級家臣から平洲の教えを受けた藩校興譲館《こうじょうかん》関係者、中下級家臣に至るまで、判明する者だけでも二〇名以上に及ぶ。平洲の宿泊した客舎は、鷹山の隠居所餐霞館《さんかかん》や米沢城に程近い藩士奥山良助の新居を借り上げ、平洲の好みに合わせて庭園には泉池を作った。その一方で、平洲らの使用する諸器材については「御有合物《ありあわせのもの》、或御用意或御借物ニ而儲置之《これもうけおく》」と倹約がなされていたことが窺《うかが》われる。平洲のために用意したのは食器類・文房具・夜具・身の周りの品々であり、その一部は現在普門院に伝えられている。

平洲の米沢滞在は九月六日から十月二八日まで、滞在日数は五二日間であった。滞在中、平洲は餐霞館の鷹山のもとへと足繁く通い、莅戸や興譲館関係者と夜遅くまで語り合い、学館での講義や町家での講談なども行っている。また、米沢に到着して間もなく平洲のもとに病気を抱えていた娘の訃報が届いたが、覚悟の上のこととして弔問に訪れた鷹山らにも気丈に振舞った。平洲が米沢を出立する際には、鷹山は再び普門院の地まで出向いて平洲を郊送《こうそう》（郊外に出て送迎すること）し、最後まで礼節を尽くしている。こうして二人の長年の思いは成就したのであった。

「敬師郊迎」はできる限りの心を尽くした鷹山のもてなしであり、平洲は「拙者は此節大名に相成中候」と家族に宛てた書状に記しているように大変感慨深いものとなった。米沢藩としても莅戸を中心に藩をあげて平洲を歓待した一大行事である。享和《きょうわ》元（一八〇一）年に平洲は亡くなり、二人にとってこの第三次米沢下向時の対面が生涯最後となった。

●「敬師郊迎」のその後—国定修身教科書への掲載と史蹟化—

ところで、「敬師郊迎」という歴史事蹟は、当時から「敬師の美談」、「師弟の礼を示す模範」として広く喧伝されたが、全国的に知られるようになるのは国定修身教科書に取り上げられたことが端緒である。明治四三（一九一〇）年の第二期国定教科書『尋常《じんじょう》小学校修身書《しゅうしんしょ》』巻三の「第九　師をうやまえ」にこのエピソードが掲載され、昭和一六（一九四一）年までの三〇年以上にわたって尋常小学校の三年生で学習されていた。

上杉鷹山は細井平洲をせんせいにして、がくもんをしました。ある年平洲を江戸から米沢へまねきました。鷹山はみぶんの高い人であったけれども、わざわざ一里あまりもむかへに出て、ある寺の門前で平洲をまちうけ、ていねいにあいさつしました。それから寺でやすまうとして、長いさか道をのぼって行くのに、平洲よりも一足もさきへ出ず、又平洲がつまづかないやうにきをつけてあるきました。

寺についた時も、ていねいにあんないして、ざしきへ通し、心をこめてもてなしました。

引用したのは大正三（一九一四）年の第三期国定教科書であるが、この内容は先に紹介した「敬師郊迎」のエピソードを簡略化してまとめたものと言ってよい。この単元の指導目的は、教員の指導要領によれば「師を敬って禮儀《れいぎ》を盡《つく》すべきことを教へるを、本課の目的とする」であり、「敬師郊迎」のエピソードは「師を敬って禮儀を盡すべき」という戦前のあるべき日本国民の価値観を象徴したものということができよう。

さらに鷹山は、修身教科書では明治天皇、二宮尊徳に次いで三番目に頻出し、戦前のあるべき日本国民の姿を体現した人物とされた。すなわち、鷹山は戦前の教育において「国民」創出のために利用されたという側面もあったのである。なお、国定教科書に鷹山が掲載されることになるのは、山形県赤湯村（現南陽市）出身の国定小学修身教科書起草委員で、のちに帝国大学教授となる吉田熊次が郷土ゆかりの鷹山を強く推薦したことによるという。国定教科書への鷹山の事蹟の掲載は、鷹山を全国区の偉人として認知させ、「敬師郊迎」事蹟は戦前の教育を受けた国民ならば誰もが知る鷹山の代表的な逸話として定着していく。

国定教科書への掲載後の大正四年五月、南置賜郡教育会は普門院境内に「敬師郊迎」事蹟を顕彰する「一《いち》字一涙之碑《じいちるい》」を建立した。この碑は、郷土の歴史家伊佐早謙が撰《せん》し、平洲が樺島石梁に宛てた書状の一節をそのまま刻んでいる。「一字一涙」の四字は当時の上杉家当主上杉茂憲伯爵《もちのりはくしゃく》の御筆で、平洲の書状に付された弟子の神保蘭室《じんぼらんしつ》による跋文《ばつぶん》の一節「一巻の国牘《こくどく》執《と》って之《これ》を読めば一字一涙人をして慨焉《がいえん》として往日を憶《おぼ》はしむ」にちなんだものである。

昭和六（一九三一）年には山上村で山上郷土調査会が設立され、「敬師郊迎」ゆかりの地の史蹟化に向けて動き出す。「史蹟」とは大正八年に制定された史蹟名勝天然紀念物保存法に基づくものであり、昭和二五年に現行の文化財保護法に統合された後に「史跡」となる。昭和七年に山上村から史蹟指定申請が出され、昭和十年六月七日に「上杉治憲敬師郊迎阯《あと》」として史蹟に指定されている。この史蹟指定は「第一類史蹟」で国家的なものという位置づけであり、指定説明は「寛政八年米沢藩主上杉治憲ガ其師細井平洲ヲ江戸ヨリ招聘《しょうへい》セシ際九月六日郊迎ノタメ羽黒堂ニ待受ケ山上普門院ニテ獻酬《けんしゅう》セリ、両所共ニヨリ旧記ニ存シ敬師郊迎ノ遺跡トシテ著名ナリ」と「敬師郊迎」事蹟が広く知られたことが史蹟指定の理由であった。

鷹山による平洲の「敬師郊迎」から二百年以上が経過し、ゆかりの地は史跡上杉治憲敬師郊迎跡となり、鷹山と平洲という師弟の歴史を伝える場として親しまれている。平成一二（二〇〇〇）年には鷹山と平洲の師弟関係が縁で米沢市と平洲の生誕地である愛知県東海市は姉妹都市を提携し、東海市の中学生は修学旅行でこの史跡を訪れるようになった。鷹山と平洲の二人の絆は時を超え、米沢の地に深く息づいており、新たな歴史を紡《つむ》いでいる。

（宮田直樹）

【参考文献】

小関悠一郎『ひとをあるく 上杉鷹山と米沢』（吉川弘文館、二〇一六年）
大乗寺良一『平洲先生と米澤』（平洲先生と米澤刊行会、一九五八年）
東海市史編さん委員会『東海市史 資料編 第三巻』（愛知県東海市、一九七九年）
宮田直樹「『羽黒神社寶書』にみる上杉治憲敬師郊迎―細井平洲の第三次米沢下向と莅戸善政―」（『山形史学研究』第四一・四二合併号、二〇一二年）
宮田直樹「近世事蹟の史蹟化と地域―史跡上杉治憲敬師郊迎跡をめぐって―」（『米沢史学』第三二号、二〇一六年）
横山昭男『上杉鷹山（新装版）』（吉川弘文館、一九八七年）

2　徳川斉昭と小山田與清

●小山田與清の出生と少年時代

本稿では徳川斉昭《なりあき》と小山田與清《おやまだともきよ》との関係について紹介したい。皆さんは小山田與清という人物の名を聞いたことがあるだろうか。おそらく大部分の方は耳にしたことがないかもしれない。幕末から明治初期の国学者清宮秀堅《せいみやひでかた》が著した『古学小伝《こがくしょうでん》』には、平田篤胤《ひらたあつたね》、伴信友《ばんのぶとも》とならび当時の国学者の三大家のひとりに数えられ、当時としてはそれなりに有名な人物であったと思われる。まず與清の略歴について紹介したい。

小山田與清は、天明《てんめい》三（一七八三）年武蔵国多摩《むさしたま》郡上小山田村（現・町田市）の百姓田中忠右衛門本孝の次男として生まれた。幼名は寅吉（寅之助とも）といったが、以後何回か改名している。家は酒造業を営んでいたといわれ、比較的裕福な家であったと考えられる。父本孝は添水という号をもち、歌集や随筆などを編んだと伝えられ、與清が学問の道に進んだ一因となったのかもしれない。

はっきりした時期は不明であるが、與清は十代の終わりに江戸へ出て、和歌を村田春海《むらたはるみ》、漢学を古屋昔陽《ふるやせきよう》に学んだ。しかしこれから学問の道に進もうとした矢先、人生の大きな転機を迎えることとなった。

●高田家への養子入りと書籍収集

享和《きょうわ》三（一八〇三）年に父が亡くなり、その年見沼通船方を務める高田家の養子になり、高田庄次郎與清と名乗っている。見沼通船方とは、見沼新田などの灌漑《かんがい》用水路として整備された見沼代用水を通船にも利用しようとした際、通船差配を認められた家のことで、高田・鈴木両家が代々通船業務を任されていた。実家が酒造業を営んでいたとはいえ、二〇歳前に江戸へ出て学問の道に進もうとしていた與清が、なぜ通船業を家業とする商家の養子となったのかについて、多くは語られていない。

いずれにしても見沼通船を独占する特権を有した家の当主になったことで、高田家の財力を背景に、多くの書籍を収集し、日夜読書三昧に明け暮れたとされる。書籍収集への過剰なまでの執着は、家政を混乱させ、家産の急激な傾きを生じさせ、ついには神田にあった通船屋敷をも借金の抵当に入れる事態も招いている。こうした行動によって文政《ぶんせい》八（一八二五）年見沼通船方の職を息子に譲ることとなる。

収集した書籍は文化《ぶんか》一二（一八一五）年に完成した「擁書楼《ようしょろう》」という書庫に収蔵された。蔵書家小山田與清の誕生である。これを期に「擁書楼日記」をつけはじめる。そこには大田南畝や谷文晁をはじめとした多くの文人や『甲子夜話《かっしやわ》』で有名な松浦静山《まつらせいざん》との交流なども記録されている。そうした幅広い交流関係の中から、徳川斉昭との関係について紹介したい。

●徳川斉昭について

水戸藩では八代藩主斉脩《なりのぶ》が生来病弱で子供もいなかったため、文政末年頃から継嗣問題が表面化した。藩内では次期藩主として、将軍家斉の二三男で御三卿の清水斉彊《なりかた》を押す門閥重臣派と、斉脩の異母弟である治教《はるのり》（のちの斉昭）を押す藩政改革派の間で対立が生じていた。その対立は斉脩の死と遺言により斉昭が藩主の座に就くこととなった。斉昭と藩政改革派はさまざまな改革を行う中、水戸学はその思想的な柱となった。

●水戸学について

水戸学は、徳川光圀《みつくに》による『大日本史《だいにほんし》』編さんの過程で形成された。そのため一八世紀半ばの中断時期を境に前期・後期で学風が異なるとされ、幕末維新に広まった尊王攘夷思想が形成され、一般化するのは後期水戸学（以後「水戸学」とは後期水戸学をさす）とされる。こうした学問形成には国学の存在も大きく影響している。

●水戸との関係

與清は書籍収集だけでなく、活発に執筆活動を行い、約三〇〇にもおよぶ著書を残している。その著作の中で、紀行文をいくつか書いている。自身の故郷に近い津久井地方を皮切りに、西国へも旅をしているが、とくに訪れる機会が多かったのは、常陸国や下総国などであった。鹿島神宮の神官の息子であった北条時鄰が門人となった関係からであろうか、文化一四（一八一七）年に相馬地方を訪れたのを最初に、文政三（一八二〇）年には鹿島詣や成田山参詣をしている。

このような旅行は、広い人脈を形成する機会となったのであろう。その中のひとりに小宮山楓軒《こみやまふうけん》（昌秀《まさひで》）との出会いがあった。小宮山は立原翠軒《たちはらすいけん》に学び、彰考館で『大日本史』の編さんにもかかわった人物である。

彼が残した『楓軒紀談《ふうけんきだん》』には、文政四年四月七日に楓軒のもとを與清が訪問し、自身の経歴などを紹介した記事がみられる。そこで自身が務める見沼通船方の家業について述べた記述では、手代一三人、船頭四〇人を抱え、年季奉公人は一〇三人を数える。その収益は年間三〇〇〇両ほどで、この内二〇〇〇両は経費となり、残り一〇〇〇両のうち五〇〇両を書籍購入に費やしていると述べている。

●徳川斉昭との対面

楓軒が與清の存在を紹介したのか定かではないが、天保《てんぽう》二（一八三一）年八月一七日楓軒の師であった立原翠軒の息子杏所《きょうしょ》から、急遽江戸小石川の水戸藩邸へ参上するようにとの依頼があった。與清はこの依頼を承諾し、九月六日に小石川水戸藩邸へ参上した。そこで藩士の富岡富太郎と久米彦助へ「倭学」を講義するように、という藩主斉昭の意向を用人の飯田《いいだ》総蔵《そうぞう》を通じて伝えられ、與清はこの依頼を引き受けた。その後與清は一〇月一日の御召しにより、熨斗目《しのめ》小袖麻上下《こそであさがみしも》を着用し参上するが、帰宅した斉昭が通る廊下に平伏して対面したのが初御目見えとなった。

斉昭はどのような目的があって、自藩の藩士への教授を求めたのであろうか。それは将軍家斉夫人の茂子から、『扶桑拾葉集《ふそうしゅうようしゅう》』の注釈依頼が斉昭にあったことに端を発している。『扶桑拾葉集』は徳川光圀の命によって編さんされた和歌や随筆、日記、紀行文など代表的な和文を集めたもので、三〇巻にも及ぶものである。この『扶桑拾葉集』の注釈作業を水戸藩士である富岡・久米両名に行わせようとし、その顧問的な役割を担ったのが與清であった。

たとえば､同年一〇月一〇日に富岡から『扶桑拾葉集』内の仏教の経典にある故事について問われた際、その入門的手引書として「大蔵法教」を貸し与えている。その後注釈作業に必要な書籍の貸し出しを行った記述はたびたびみられる。またこうした書籍を参照するだけでは注釈が困難な部分については、直接質問を受けていたようである。しかしその注釈作業の進捗は思わしくなかったようで、天保三年六月一〇日與清自身が注釈作業へ参加するよう命じられ、承諾している。実際に與清自身も注釈作業にかかわることになり、天保七年に『扶桑拾葉集抄』として完成する。その続編的な性格をもって編さんを命じられたのが『八洲文藻《はっしゅうぶんそう》』である。『八洲文藻』は前後編一一二冊にも及ぶ膨大なもので、前編は歴代天皇の詔勅や宣命などの真名文を集め、後編は和文を集めたもので、天保七年に編さんがはじまり、弘化《こうか》三年に完成している。

斉昭自身も幼少の頃より和歌を詠んでいたとされ、それなりの見識はあったと思われるが、いくつかの編さん事業を通して、斉昭はとくに與清の和歌に対する見識の深さを徐々に認識していったようで、たびたび自身が詠んだ和歌の添削を與清に依頼している。

天保一三年に斉昭の命により編さんが開始された『明倫歌集』は、君臣・父子・兄弟・朋友・神祇・国体・文・武・拾遺という項目を立て、単なる歌集と言うよりも水戸学の思想を強く反映したものとなっている。この編さんにも藤田東湖《ふじたとうこ》や吉田活堂《よしだかつどう》らとともに與清も加わっている。

●徳川斉昭と小山田與清

和歌の添削や和歌集の編さんを通じて両者の関係は深まっていくが、それにはどのような背景があったのであろうか。

将軍家斉《いえなり》の二三男の斉彊を押す門閥派との後継争いに勝利した斉昭は、以前より藩政に大きな不満をもっていたため、九代藩主になると藩政改革に着手する。それは領内の総検地や藩士の土着化、藩校・郷校の建設、江戸常住の廃止などであった。しかし、後継争いに敗れた門閥派の勢力は依然健在であったこと、当時の藩財政が大変厳しい状況にあり資金的な余裕がなかったこと、天候不順によって生じた不作への対応などが影響して、改革はなかなか思うように進まなかった。そのような状況の中で、斉昭と與清の関係が始まった。

斉昭が掲げた藩政改革の目標のひとつに、教育政策があった。藩主は基本的に江戸定府であったが、改革の意思を領内に直接浸透させるため、水戸就藩を強く望んでいた斉昭は、念願がかない天保四（一八三三）年三月に帰国する。その際、士民に対し藩政改革を行う自身の志を示した「告志篇」という教諭書を著している。この中の文武一致を語る中で、詩文などを達者にこなすことも重要な要素であるとしている。また会沢正志斎も天保二年、斉昭に献上する目的で認められたと思われる「学問所建設意見書稿」の中で、詩文を学ぶことの重要性を説いている。つまり詩文を通した家臣・民衆強化を行おうとしたのではないかと思われる。

当時、国学者として有名であった平田篤胤は藤田東湖の推薦で、水戸藩に召抱えられることを望んだが、その願いはかなわなかった。一方で、斉昭は與清を召抱えようとしている。和歌に関する見識の深さを高く評価してのことなのであろう。しかし與清はその要請を断わるが、和歌を通じた両者の関係は與清の死後まで続いた。與清は自身の死期が近いのを悟ったのであろうか、亡くなる前年にあたる弘化《こうか》三（一八四六）年蔵書二万冊余を献納し、それらは彰考館で所蔵された。

（小林　風）

【参考文献】
安西勝『小山田与清年譜稿』（町田ジャーナル社、一九八七年）
安西勝『小山田与清の探究』（1～5、私家版、一九九〇～一九九九年）
梶山孝夫『水戸派国学の研究』（臨川書店、二〇〇九年）
吉田俊純「水戸学と明治維新」（『歴史文化ライブラリー一五〇』吉川弘文館、二〇〇三）

第9章　民間絵師と女性絵師の活躍

1　絵金と狩野派 ―江戸時代の絵師育成システムと庶民文化の成熟―

●絵金の再評価

幕末から明治初期にかけて、南国土佐の地で活躍した異端の町絵師がいた。その名を絵師金蔵、略して絵金という。とはいえ、その名を知っていたのは一部の郷土史家のみで、全国的に広まったのは、近年のことであった。昭和四一（一九六六）年、雑誌『太陽』（平凡社）に「土佐の芝居絵」として特集されたのがそのきっかけと言われている。わずか五三年前のことである。翌年には展覧会も開催され、翌々年には広末保氏と藤村欣市朗氏の二人が編纂した『絵金　幕末土佐の芝居絵』（未来社）が刊行されるなど、その名前は全国にまたたく間に広がっていった。

絵金の評価を高めたのは、何と言っても見るものに凄惨さを与えるその画風にある。「血みどろ絵」とも「泥絵」とも呼ばれる歌舞伎を題材とした迫力ある大画面の屏風絵は、一度見たら忘れられない迫力をもっている。平成二一（二〇〇九）年には、絵金の屏風絵二三点が高知県保護有形文化財にも指定されたほどである。

そんな絵金であるが、彼は江戸時代にもっとも隆盛を誇った日本画の流派・狩野派《かのうは》で学んだ人物でもあった。本稿では、江戸時代の狩野派による絵師育成システムと、そうして育成され、町や村に暮らすことになった絵師が、なぜ地域に必要とされたのか、その一端を明らかにすることを目的としている。とくに絵金を有名ならしめた地域の祭礼における絵師の役割に着目したい。

絵金の業績をもっとも早く研究・紹介した広末・藤村両氏は、前述した編著の中で、村芝居と絵金の密接な関係を示唆している。村芝居の芸術性を高め、さらには自らの絵のなかでも歌舞伎を再現したのが絵金の屏風絵だと指摘しているのである。逆に言えば、村芝居の存在あってこその絵金とも言えよう。その理由を探ってみることとする。

●狩野派の誕生と発展

まず狩野派について述べる。狩野派とは、一言で言えば「室町時代末期から江戸時代にわたって全国的に繁栄した武家的絵画の代表的流派」（『国史大辞典』）ということになる。狩野派の始祖とされる正信《まさのぶ》（一四三四〜一五三〇）が、一五世紀末、足利義政《あしかがよしまさ》の将軍在位期間に、将軍家の御用絵師を務めて以来、室町幕府崩壊後は、織田信長・豊臣秀吉に仕え、江戸幕府成立後は徳川家の「御用絵師」の座を射止めるなど、まさに約四〇〇年にわたって権力の側を歩み続けた絵師集団であった。

なかでも信長・秀吉に仕え、安土城や聚楽第《じゅらくだい》、大坂城などの障壁画のほか、現在では国宝に指定されている洛中洛外図（米沢市上杉博物館）を描いた狩野永徳《えいとく》、そして永徳の孫にあたり、二条城や名古屋城の障壁画に腕をふるった狩野探幽《たんゆう》の名前は教科書にも取り上げられるほど有名である。とくに探幽は画風においても江戸時代の狩野派の礎をつくった絵師とも言われる一方、徳川家康に謁見し、江戸幕府の御用絵師を拝命したことにより、江戸時代における狩野という絵師としての家の礎をつくった絵師でもあった。

御用絵師とは、江戸時代、幕府や諸大名に仕えた絵師を指す。そして御用絵師のうち、もっとも格式の高い職位を「奥絵師」と呼び、代々狩野家が世襲した。その始まりが探幽だったのである。

以後、江戸の地を拠点と定めた狩野家は、屋敷を構えた地名を付して呼ばれるようになる。宗家を「中《なか》橋《ばし》狩野家」、そして探幽を祖とする「鍛冶橋《かじばし》狩野家」、探幽の弟尚信《なおのぶ》を祖とする「木挽町《こびきちょう》狩野家」、そして尚信の孫岑信《みねのぶ》を祖とする「浜町《はまちょう》狩野家」の三家の分家を合わせて「狩野四家」と呼んだ。この四家は江戸時代を通して、代々奥絵師を務め、旗本と同等の待遇を受け、帯刀も許された。まさに江戸時代の画壇の中心的存在であった。

奥絵師は月一二回、江戸城に出仕し、幕府の命令のもと絵を描いたわけであるが、狩野四家を補佐したのが「表絵師」と呼ばれた絵師である。奥絵師四家の分家や門人が一家を構えて独立したのが表絵師で、幕府からは代々御家人格二〇人扶持、もしくは五人扶持が与えられた。御用絵師とは奥絵師と表絵師を合わせた総称であり、江戸時代はほぼ狩野派が独占している。

表絵師にも多くの分派が存在する。これも地名などを付して、「駿河台《するがだい》家」「山下家」「深川水場町《ふかがわみずばちょう》家」「御徒士町《おかちまち》家」「別家（本所緑町《ほんじょみどりまち》家）」「麻布一本松《あざぶいっぽんまつ》家」「神田松永町《かんだまつながちょう》家」「芝愛宕《あたご》下家」「根岸御行松《おぎょうのまつ》家」「築地《つきじ》小田原町家」「芝金杉片町家」「浅草猿屋町《さるやちょう》代地家」「浅草猿屋代地分家」「勝田家」「稲荷橋《いなりばし》家」の一五家があった。いかに狩野派が隆盛を誇っていたかがわかるだろう。彼らは幕府のみならず諸藩の御用も務め、全国にそのネットワークを張り巡らせていたのである。

表絵師の筆頭格は駿河台家であった。ほかの表絵師の家は五人扶持であったが、この家のみは二〇人扶持、かつ御坊主格を仰せ付けられていた。探幽没後、弱体化した鍛冶橋家より上位に立っていた時期もあったほどで、この駿河台家に学んだ画家として幕末から明治期にかけて浮世絵師、日本画家として活躍した河鍋暁斎《かわなべぎょうさい》（一八三一〜一八八九）が、そして絵金もいた。

●狩野派における絵師育成のための教育

　では、狩野派はどのようにして絵師を育成していたのだろうか。絵金よりも二〇歳ほど若いが、川越藩御用絵師・橋本養邦《おさくに》を父にもち、明治期に日本画家として活躍した橋本雅邦《がほう》（一八三五～一九〇八）は、一二歳の時に、木挽町狩野家の当主・晴川院養信《せいせんいんおさのぶ》に入門している。雅邦が後年記した「木挽町画所」（『国華』第三号　一八八九）には、「狩野派画学ノ順序ハ、臨写ヲ以テ初メ、臨写ヲ以テ終ル」という言葉が書かれている。「臨写」とは模写のことで、原本や手本を見て字や絵などを書き写すことである。つまり狩野派の絵師育成システムの根幹は、与えられた絵手本（粉本）を繰り返し模写することにあった。

　雅邦によると、木挽町狩野家では、まず最初に木挽町狩野家二代目・常信《つねのぶ》の山水画や人物画の模写を約一年半かけて行う。師匠の許可を得て第二段階に進むと、同じく常信の花鳥画の敷き写しを行う。これが半年。そして第三段階は一枚物の模写となる。対象は狩野派の絵師だけでなく、雪舟を始めとした中国画など和漢の大家の手による名画であった。最終的には狩野探幽の「賢聖障子《けんじょうのしょうじ》絵」の模写で終了となるが、ここまでを終えるには個人差もあるが、一〇年、または二〇年かかる者もいたという。入門から終了まで、最低でも一〇年以上はかかることになる。

　修業を終えた者は、師匠から一字拝領を許され、人によっては故郷に戻り、藩の仕事を務めながら、自らが江戸で学んだ狩野派の画風を弟子に教え込む。このようにして宗家を頂点とする画家集団・狩野派は幕府や諸藩のなかに入り込み、その影響力を全国に網の目のように広げていった。

　その徒弟関係について、雅邦は「教師ト生徒トノ関係トイハンヨリハ寧ロ主人ト家従トノ姿ナリトイハンコト其真ニ近キカ如シ」と述べている。さらには「其師ヲ殿様ト称シ、之ヲ尊敬スルハ通常ノ諸侯家臣ノ有様ト異ラス」と、封建的主従関係であったことを強調している。もちろん雅邦がこうした言葉を残したのは明治に入ってからのことで、前時代に対する多少の嫌悪感が入っているにせよ、江戸時代における狩野派の一側面であったことは間違いない。武家だけでなく、農工商人からの入門も許していた狩野派にとって、宗家を頂点としたヒエラルキーを維持するためにも単なる徒弟制度ではなく、疑似的な主従制度を確立することが必要であったとも言えよう。

しかし、こうした徒弟制度や粉本主義を嫌って、狩野派に学びながらも新たな画風を確立していった画家たちが近世後期や幕末になると登場するようになる。その一人が絵金であった。

●藩御用絵師までの軌跡

江戸時代においていかに狩野派の存在が大きかったのかを踏まえながら、絵金の軌跡をたどってみよう。残念ながら絵金自身が自らについて書き残したものは残っていない。今に残る絵金の絵には落款がないものが多く、名前も何回か変えていると言われているが、いつの時期に名前を変えたのかすら不明で、正確な記録も見つかっていない。その意味では謎の絵師と言っても良い。ここでは限られた資料からではあるが、絵金の誕生から土佐藩御用絵師になるまでの軌跡を紹介する。

絵金こと絵師金蔵が誕生したのは文化《ぶんか》九(一八一二)年のことである。高知城下新市町《しんいち》にて髪結いを営む専蔵の家に生まれた。姓は弘瀬《ひろせ》(広瀬)、名は柳栄《りゅうえい》。金蔵は通称である。幼少より絵を好み、同じ町内に住んでいた仁尾順蔵《におじゅんぞう》(号鱗江《りんこう》)という文人画家に師事していたが、仁尾の薦めにより、文政《ぶんせい》一〇(一八二七)年頃、土佐藩の御用絵師・池添美雅《いけぞえよしまさ》に入門する。土佐の地においても画壇は狩野派が席巻していた。

池添のもとで狩野派を学ぶことになった絵金は、入門まもなくその才能を認められ、池添から一字拝領を許される。「美高《よしたか》」の名前をもらっただけでなく、さらに本格的に狩野派の画風を学ぶため、文政一二年、江戸に出て駿河台狩野家に入門することとなった。一八歳の時である。

江戸において絵金が就いた師については二説ある。一説は土佐藩江戸藩邸の御用絵師で河鍋暁斎の師であった前村洞和《とうわ》に学んだという説、もう一説は駿河台狩野家の洞益《どうえき》に学んだという説である。駿河台狩野家は先に述べた通り、表絵師の筆頭の家柄である。いずれにせよ狩野派の絵師育成システムのなかで絵金の腕は磨かれていった。江戸での修業期間は三年。狩野派の修業年限としてはかなり短い期間で、一字拝領を許され、「洞意《とうい》」と名乗り、狩野派に連なる絵師の一人となった。

後年、芝居絵師となった背景として、この三年間の江戸での修業の合間に、寺社の祭礼や出開帳、さらには歌舞伎小屋を見て回ったことが大きいのではないかと推測する研究者もいるが、天保三（一八三二）年には帰郷し、土佐藩の御用絵師となっている。ある意味、江戸期の典型的な狩野派の絵師の歩みであった。

天保一四年に書かれた「古今土佐藩諸家人名録」の画家の部には、林金蔵の名前が見える。号は洞意、住所は高知城下の蓮池《はすいけ》町、そして「山内国宰画師」とある。絵金は土佐藩家老・桐間《きりま》家の御用絵師になった際、御用絵師に相応しい家名をもつため、廃絶していた藩医師の林家の株を買い取り、林姓を名乗るようになったとされている。御用絵師として名を成した絵金のもとには、門人も集まり、そのなかには土佐勤王党の武市半平太《たけちはんぺいた》や、坂本龍馬とも親交をもち、幕末から明治期にかけて活躍した河田小龍《かわだしょうりゅう》などがいた。ここにも狩野派の画家として育成システムを忠実に実行する姿を見てとることができる。

●御用絵師から町絵師に

土佐藩御用絵師となって一〇年が経ち、その地位も揺るぎないものとなっていたと思われるが、突如、絵金は御用絵師の身分を剥奪され、林姓も奪われてしまう。一説には狩野探幽の贋作を作ったためとされているが、これも確かな資料は残っていない。以後、絵金は「町絵師」弘瀬柳栄として生計を立てるようになる。町絵師とは、御用絵師と違い、宮廷・幕府・諸藩、寺社に仕えず、絵を売って生活する画家のことである。

実は、町絵師になってから約一〇年間の絵金の足取りはほとんどわかっていない。高知県内を放浪しながら、紺屋や染物屋の下絵描き、絵馬などを描いて暮らしていたとされる。そして文久から慶応《けいおう》年間（一八六一～一八六八）にかけては赤岡《あかおか》地域に定住して芝居絵を制作した。現在、絵金の芝居絵が赤岡にもっとも多く残っているのは、そのためである。画料は一枚二両と言われているので町絵師としてのそれなりの人気を確立していたものと思われる。

明治九（一八七六）年、六五歳で逝去するまで、絵筆をとり続けた。墓碑には数百人の弟子がいたと記されている。その多くは紺屋などの職人絵師たちであったが、いかに絵金の画風に人気があったかを示している。

●庶民文化としての村芝居

現在、絵金の作品は、芝居絵屏風だけでも約二〇〇点、掛軸や絵馬、白描《はくびょう》を合わせれば二千点以上もの数が確認されている。その画題は様々であるが、町絵師としての絵金の仕事の多くは歌舞伎を題材とした芝居絵であった。絵金が町絵師として成り立っていた背景には地域における芝居絵の需要があったからと言えるだろう。なぜ、それほどまでに人々は芝居絵を必要としたのだろうか。

地方の町場や農村における歌舞伎の上演は、江戸時代初期から始まっていたが、全国的に村芝居が盛んになっていくのは一八世紀後半から一九世紀初頭のことである。近世後期以降に見られる村芝居の隆盛は、従来の農村的かつ伝統的な祭礼が娯楽へと変容していくことと深く結びついている。つまり、社会の変化に応じて町や村の祭礼文化が変化していくことで、町絵師を必要とする、そして町絵師が活躍する場が生まれていったのである。

絵金の芝居絵が現存する地域にはひとつの特徴がある。それは近世後期になって商品経済が発達することによって農村から町場化していった地域という点である。特に絵金が晩年暮らした赤岡は、現在の高知県のほぼ中央に位置し、江戸時代は土佐藩領のひとつであったが、農工漁業だけでなく、製塩業、廻漕業を中心とした在方商人も多く、村芝居を興行するための経済力を備えた人々が多く存在した地域であった。こうした地域の経済力の発展こそ、祭礼が娯楽化し、そして大規模化していった大きな要因のひとつである。人々が芝居に対して強い関心をもつからこそ、また、芝居に関心を寄せることができるほど経済力があったからこそ、絵金に芝居絵の制作が殺到したのである。

もうひとつ、この地域での村芝居興行が盛んであったことを示す根拠を挙げる。全国に残る村芝居の舞台の遺構を調査した結果に拠ると、二千以上の舞台があったことが確認されている。その分布状況を見てみると、平野部には少なく、その周辺、あるいは山間・海浜地帯に多い。そして一九世紀以降に商品生産物を主要な産業として発展していった地域に多いとされている。四国に限定すると、徳島・愛媛両県には存在せず、香川県に三二、高知県には六一もの舞台が残っている。西日本に限れば高知は三番目に歌舞伎舞台が残っている地域であった。このことからも土佐は村芝居が盛んだった地域のひとつであったと言えよう。

●「絵金文化」の成立

なぜ町絵師・絵金には多くの依頼が舞い込んだのか。村芝居が盛んだった土佐も、幕末になると、倹約令が出され、華美な芝居は禁止されるようになる。そこで芝居興行を見せる代わりとして、絵金が考え出したのが、屛風仕立てにした芝居絵を見てもらうことであった。これが人気を博したのである。

さらにはその「血みどろ絵」と呼ばれた画風が庶民に受け入れられたことも大きい。もともと土佐藩では、初節句には幟を飾っていたが、寛政期（一七八九〜一八〇一）以降、その幟に武者絵や芝居絵が描かれることが多くなり、血しぶきや襖に写った影絵など、後に絵金が描いてみせた屛風絵に繋がる図柄をすでに見ることができると言う。怪談芝居や怪談話の流行も大きい。東海道四谷怪談の初演は文政八（一八二五）年のことで、以後、怪談芝居は夏狂言の目玉として多くの観客を集めるようになる。落語や講談の怪談話の隆盛もそれに拍車をかけた。幕末には血みどろ絵を庶民が受け入れる下地がすでにできあがっていたのである。そのことは、幕末から明治期にかけて活躍した浮世絵師・月岡芳年《よしとし》が血みどろ絵を手掛け、高い評価を得ていたことからもわかる。

絵金はこのように町絵師として活躍の場を得て、弟子も数多く育成した。彼が生み出した「芝居絵屛風」は弟子たちによって受け継がれ、昭和初期まで制作が続けられた。「絵金文化」と呼ばれる所以である。絵金とその弟子たちの存在は、近世後期以降の商品経済の発達を背景にした在町や在村文化が、町絵師という職業を成り立たせるほど成熟していたことを物語るひとつの例であるが、その背景に町狩野とも呼ばれた絵師たちをも育成していった、近世における狩野派の絵画教育システムがあったことも忘れてはならない。その意味では江戸時代に狩野派が果たした役割は非常に重要であったと言えよう。

（瀬戸口龍一）

【参考文献】

武田恒夫『狩野派絵画史』（吉川弘文館、一九九五）
松木寛『御用絵師狩野家の血と力』（講談社、一九九四）
広末保・藤村欣市朗『絵金　幕末土佐の芝居絵』（未来社、一九六八）
『赤岡町史』（赤岡町教育委員会　一九八〇）
『絵金展　土佐の芝居絵と絵師金蔵』（高知県立美術館、一九九六）
永原順子「絵金の芝居絵・芝居より生まれしもの」（『比較日本文化研究』第一三号、二〇〇九）
『絵師・金蔵生誕二〇〇年記念　大絵金展　極彩の闇』（高知県立美術館、二〇一二）
守屋毅『村芝居　近世文化史の裾野から』（平凡社　一九八八）
角田一郎編『農村舞台の総合的研究・歌舞伎・人形芝居を中心に』（桜楓社、一九七一）

2　幕末の女性画家小池池旭と松平容保

●漂泊の女性絵師

小池池旭《こいけちきょく》は、紫雪《しせつ》、梅蔭《ばいいん》、水琴《すいきん》と号し、画壇に属さず、漂泊の人生をひとりで生きることを選んだ女性画家である。

その生涯を追っていくと、原典は竹本又八郎興著・編纂『今古雅俗石亭画談《こんこがぞくせきていがだん》』（明治一七〈一八八四〉年）に行きつく。石亭と号した旗本出身の画家・歌人は「本邦画師之奇事奇言奇行」をまとめ、巻之上一七番目に「僻意嫌嫁」という見出しで池旭の生涯と人物像を次のように記している。

「小池池旭初紫雪と云　加賀の人也　江戸ニ在て大沼枕山の義妹と成る　画を以て諸国を遊歴ス　性嫁を厭い終身醮（結婚）せズ　往々男を厭の癖甚しく　旅次の間と雖《いえども》其室外ニ注連縄《しめなわ》を張て男子ヲ室中ニ入シメズ　旅亭の主人も其偏癖ヲ困ス　曾て平安ニ遊び　京守護職会津侯松平肥後守ニ招カレ侯の館中ニあり　会辛辰の戦（戊辰戦争）起り　夫より侯の会津ニ赴くニ従て行」

「再ヒ遊歴して　三州豊橋ニ至り　病で旅亭ニ卒ス」

「明治十一年卒ス歳五十五」

その序文で、幕末・明治初期を代表する漢詩人の大沼枕山《おおぬまちんざん》は、「池旭女史。為余之義妹」と書いている。

石亭がどのような経緯で『石亭画談』に取り上げたのかわからないが、明治一七年当時、池旭は画人として、あるいは何らかの理由で人々の記憶に残る人物であったのだろうか。

●小池池旭の出生

大沼枕山は文化《ぶんか》一五（一八一八）年、下谷御徒町拝領屋敷に次右衛門竹渓《ちくけい》の子として生まれた。一方、池旭は大沼家過去帳に「明治十二（一八七九）年一月十日三州吉田（愛知県豊橋市）の客舎」に卒すと記録されているので、文政《ぶんせい》七（一八二四）年に生まれたことになる。『大人名辞典』では、池旭は「加賀前田家江戸屋敷に仕える小吏の長女として出生、父は早逝」、石川郡福留村（現松任市福留町）出身とある。枕山の母は没したとき日暮里の青雲寺に葬られたが、その墓は見当たらず、過去帳には「加州（今の石川県）前田家墓ある処なり」と注がついている。その関係からか、池旭は枕山の母に育てられたらしい。

竹渓が亡くなった後、母は再嫁し、九歳の枕山は尾張国丹波郡の叔父鷲津《わしづ》松陰《しょういん》の家塾有隣舎に寄寓することになった。天保《てんぽう》六（一八三五）年、一八歳の秋に再び江戸に上がり、下谷泉橋通りに住んで漢詩人としての一歩を印《しる》す。他方、池旭は嘉永七（一八五四）年に多摩の小島家を訪れた際「平安の画工」と呼ばれているから、少なくともこの年以前に京都で絵を学んでいるであろう。そのことに関して『石亭画談』には興味深い話が書かれている。

或人曰ク　池旭一時千種有功《ちぐさありこと》卿の妾とナリ　国歌を卿ニ学ブと、歌あり　摘タメテ日ニハ余レど百草の　花の一枚（ひとひら）捨ぞカねつる、人頗る合調と称す　此妾と成りし説　本文と矛盾ス　未だ真ニ然るや否を知らズ

千種有功は下級の公卿で通称　橘蔭道《たちばなかげみち》と言い、千々廼舎《ちぢのや》、在琴《ありこと》と号した歌人で、四条派の画、書を能くした。四条派とは、呉春《ごしゅん》（松村月渓）が与謝蕪村の文人画（南画）を基礎として丸山応挙の写生画風を取り入れて独自の形で発展させた様式だが、その後近代日本画の成立に大きな影響を与えることになる。有

功のもとには全国各地から多くの門人が集まり、彼は男女や身分を問わず和歌や書画を教授していた。妥云々は別として、池旭が千種有功に画を学んだ可能性は大きい。

●多摩の豪農との交流

史料が乏しい中で、池旭の確かな足跡が印されているのが武州多摩地域の豪農小島家の「日記」である。嘉永《かえい》七（安政《あんせい》元・一八五四）年閏七月二三日、三〇歳の池旭は谷保村（今の国立市）本田家の使用人為吉の案内で、小野路村（今の町田市）の寄場名主《よせばなぬし》（組合村の統括名主）小島家を初めて訪れた。七日間小島家に逗留して絵を描いたが、同村の名主が見に来て、向かいの太郎左衛門が絵の注文をした。一〇月一〇日に再び小島家を訪れ二七日まで逗留し、親戚筋の家々に出かけて絵を描いたとある。池旭が豪農層をパトロンとして、画を描いて生活していたことがわかる。

小島家第二〇代当主鹿之助為政《しかのすけためまさ》（韶斎《しょうさい》）は漢詩人遠山雲如《うんにょ》・後に大沼枕山に師事し、一方本田家一二代当主孫三郎覚庵《まごさぶろうかくあん》は医者だが市川米庵《べいあん》に学んだ書家でもあって、多くの門人が両家に足を運んだ。甲州街道に居を構えた本田家は幕府や学者たち、江戸の文人との接触が多く、多摩の豪農との仲介者となった。両家は姻戚関係にあり、また近藤勇や土方歳三とも緊密な結び付きをもっていて、やがて新選組を支援するようになる。

安政元年は、この前年に浦賀にやってきたアメリカ東インド艦隊司令官ペリーが再び江戸湾に現れ、幕府に開港を迫った年である。日米和親条約が結ばれ、函館、下田の二港が開かれた。この時から幕末の混迷・動乱が始まるが、もともと多摩地域は幕府直轄地であり、佐幕を任ずる風土であった。池旭もその中にあって、幕末の移りゆく政治状況を肌で感じていたに違いない。

●京守護職会津藩邸の襖絵を描く

池旭が義妹になったという安政四（一八五七）年、枕山は蔵前の札差《ふださし》太田嘉兵衛の娘梅を後妻に迎えた。この頃の枕山は後に勤皇派に与するようになる鷲津毅堂《わしづきどう》（永井荷風の母方の祖父）との交友が厚く、詩作中心の生活であったから、池旭とは相容れないところもあった。そのためか、池旭は安政五（一八五八）年に江戸を離れ、常陸・上野・甲斐と諸国を漂泊して、文久元（一八六一）年京都に入ったらしい。

翌年、文久《ぶんきゅう》二（一八六二）年一二月二四日、会津藩主松平容保《まつだいらかたもり》以下藩士一千名が京都守護職として入京する。京都守護職は、京都の治安維持と御所の警備という重要な任務を担っていた。容保は黒谷の金戒光明寺を宿舎としたが、藩士の守衛所にしていた御所の学習院が手狭となったので、建物を新設することになった。御所と二条城の間に位置する広大な御用屋敷が完成したのは、元治《げんじ》元（一八六四）年の夏である。部屋数は大小合わせて五〇〇ほど、京都の絵師たちが分担しながら襖絵などの内装を進めたという。池旭はその会津藩邸に招かれ移り住んで、容保の寝所とする部屋や小部屋の襖絵や掛け軸などを描いたらしい。

漂泊の女性絵師を会津藩に推挙した人物は、誰だったのか。かって画や和歌を学んだ千種有功は安政元（一八五四）年に没しており、その息子の有文の名前が挙げられる。しかし、有文は皇女和宮の降嫁に奔走した佐幕派の公家だったが、そのことを理由に尊攘派志士たちから排斥運動を起こされ、容保が入京した年に辞官、蟄居、剃髪し、郊外に人目を忍び閉居謹慎する身となっていた。

藩に建策できる立場にいた山本覚馬《かくま》は一時、江戸で大沼枕山にも学んだというから、可能性があるだろう。また、文久三（一八六三）年に近藤勇《こんどういさみ》や土方歳三《ひじかたとしぞう》らが上京し新撰組を組織しているから、あるいは彼らとの関わりも考えられる。けれども、小島家には近藤・土方から鹿之助宛の書簡がたびたびあり、その中で出会った人々のことなども書かれていたりするが、池旭に関する記述は見られない。

いずれにしても、襖絵が完成しないうちに鳥羽・伏見の戦が起こり、松平容保の京都守護職解任、戊辰《ぼしん》戦争における降伏という歴史の中で、池旭の襖絵も廃棄され、歴史の闇に紛れてしまったのだろう。小島家に残されている絵は扇子などに描かれた小品で、それから襖絵を想像することは難しい。

●会津鶴ヶ城で戦う

慶応《けいおう》三(一八六七)年、大政奉還が行われ、王政復古が宣言されて江戸幕府が滅亡する。同時に京都守護職も廃止された。鳥羽・伏見の戦が勃発したとき、徳川慶喜《よしのぶ》とともに松平容保も江戸へ下った。その後、松平容保は会津へ帰国し、家督を養子の嘉徳《よしのり》に譲って謹慎した。今や会津は「朝敵」として「新政府」に追討される立場になり、新政府軍は江戸を制圧した後、東北地方へ進軍し会津藩を攻めたてた。容保は若松城(鶴ヶ城)に籠城して新政府軍に抗戦したが、慶応から明治と改元された一五日目の九月二二日に降伏した。

『石亭画談』には、次のように記されている。

会(会津)藩王師(官軍)ニ抗するニ当テ兵卒たらズ　童隊女隊を設ケて防戦をナス　池旭此募ニ応じて女隊ニ入リ　長刀を振い出て戦ひ遂ニ官軍ニ獲らレ　既ニ刑せられんとす

武家の女性たちは松平容保の義姉照姫の元に団結し、炊き出しや弾丸作り、傷病者の看護などに奮闘した。鶴ヶ城に籠城した女性の中では男装をしてスペンサー銃で戦った山本八重《やまもとやえ》が有名だが、「娘子軍《じょうしぐん》・娘子隊」の中野竹子《なかのたけこ》や神保雪子《じんぼゆきこ》なども城外で奮戦し、命を落とした。また、多くの女性たちが自刃している。

会津関係の記録を見ると、池旭が娘子隊のメンバーであったという説がある。城内で藩士の賄を引き受けていた女たちを指揮し、食糧の調達に出た処で敵に遭遇し戦ったという説は、『石亭画談』の話に近い。新政府軍に捕らえられ、まさに首をはねられようとしたとき、池旭は「余素来会津の臣ニあらズ　帝都漫遊の一画師也　時（会津）侯ニ従ひ奥州ニ下る　皆勢止むを不得の所致也　素より王師ニ抗する物ナらんや」と必死に弁明し、訴えた。

『石亭画談』には「実ヲ咄て是を訴フ」とあるから、これは池旭の本心であっただろう。

では、なぜ池旭はわざわざ会津に赴き、戦ったのだろうか。多摩地域との縁で、おそらく小島鹿之助や本田覚庵を通じて新撰組を始め佐幕派の人々に共感していたと思われるが、御用屋敷の襖絵を描いたというだけで、「侯の会津ニ赴くニ従て行」だろうか。もしかしたら、池旭が襖絵を描いたのは容保の寝所とする部屋などであったから、池旭は容保と対面したことがあったのではないか。容保その人に触れ、主君のためにという情が湧いたかもしれない。

けれども、彼女には会津藩の武家の女性たちのように主君や藩、家の為という武士の義に殉じる気持ちはなく、敢然と絵師たる自分の立場を主張した。この新しい時代の先取りとも言える池旭の矜持は、「敵」の心をも動かしたのではないだろうか。果たして、「官軍其画師タルを疑ひ陣中ニ延て画を試るニ　果して画を能ス　官軍心解け許して之を放つ」と、放免された。

ところで、幕末から明治にかけて活躍した女性画家として、枕山とも親交のあった漢学者・漢詩人梁川《やながわ》星巌《せいがん》の妻紅蘭《こうらん》が挙げられる。夫とともに尊王攘夷運動に関わり、安政の大獄で連座した夫がコレラで死んだので、紅蘭は代わりに半年間入獄した。釈放後は、京都で女性のための私塾を開き漢学を教える傍ら、多作の画家であった。その後援者に明治の元勲のひとり木戸孝允《きどたかよし》がいる。明治元（一八六八）年、大沼沈山は弟子の奥原晴湖《おくはらせいこ》を伴って山内容堂《やまうちようどう》の画会に出席した。晴湖は同席していた木戸孝允と意気投合し、それ以後木戸の庇護を受けて、皇后陛下の御前で揮毫するなど華々しく活躍するようになる。やがて、明治一二（一八七九）年の「皇国名誉書画人名録」に閨秀画家《けいしゅうがか》（女性画家のこと）として筆頭にのぼった。

紅蘭と晴湖は生き方は異なるものの、ともに「勝者」の側に立った画家だった。

●戊辰戦争後の池旭

放免された池旭がその後どのような日々を送ったのか、わずかながら多摩地域に足跡を残している。

「明治五（一八七二）年七月三日、午時に山際村《やまぎわ》（今の厚木市）より池旭が一八（※実際は一七）年ぶりに来て、鹿之助に面会した。しかし鹿之助は、持病で床についていたので、息子の守政《もりまさ》が相手をした。話は尽きることなく、深宵まで続いた。」（『小島日記』）また本田定年《ていねん》（覚庵の子）日記七月七日の条には、「小池水琴女史　此日小のじより来る」とあった。「敗者」に与《くみ》して激動の中を過ごした池旭にとって、戊辰戦争後の暮らしは心休まるものではなかっただろう。そのような中で、小島家や本田家の人々とは唯一本音で語ることができたのではないだろうか。いつになく多弁で、そのまま逗留した。

さらに、一二月二日再び小島家を訪れ、翌三日は太陰暦から太陽暦に改められたので明治六年一月一日になり、六日まで逗留した。義妹が世話になったという枕山の礼状が、翌二月に小島鹿之助宛てに届いている。六日の朝、池旭は玄関で扇子に絵を描いたが、それ以後小島家を訪問したという記述はない。

●敗者の復権

池旭の最後について『石亭画談』には「明治十一年卒ス歳五十五」とあるが、池旭の死を知らせる枕山の手紙が小島家に残っているので、確かなのは明治一二（一八七九）年である。また、大沼家の過去帳にも次の記載がある。

登輝水琴信女　小池氏加賀国、明治十二年一月十日三州吉田の客舎、枕義妹タリ、画師ニシテ国事ニ奔走ス

枕山の四代目の子孫にあたる大沼千早氏によると、この過去帳は枕山の孫ひさの夫楠木正三郎がそれまで伝聞した事柄を参考にして作成したものである。「画師ニシテ国事ニ奔走ス」という短い一文に、池旭の生涯の証が表れているのではないだろうか。

それより前の明治一六（一八八三）年一〇月七日、本田定年らは『武蔵野叢誌《むさしのそうし》』を刊行したが、その中に近藤勇・土方歳三の顕彰碑を建立しようとする動きが記されている。三多摩の豪農たちは、近藤や土方と縁戚関係にある場合が少なくないところから、王政復古後の二人の処遇への関心と哀悼の思いが強かった。この「両雄の碑」は明治一七年に建てられる予定だったが、実現したのは明治二一（一八八八）年である。

このように見てくると、なぜ『今古雅俗石亭画談』に池旭が取り上げられているのか、合点がいく。明治維新後、明治一〇～二〇年代の潮流の中で、「朝敵」を顕彰する碑が「公然憚る処なきを以って」建立されたということは、同様の復権が他にもあったと考えてよい。竹本又八郎は今こそ池旭を「京都守護屋敷の襖絵を描いた女性絵師として顕彰」し、復権させることを願ったのではないだろうか。同様に、大沼枕

山もかねてから気にしていた義妹の墓をようやく作ることができたのではないかと思われる。

奇しくも池旭の墓が作られた明治二三（一八九〇）年、陸軍省より会津鶴ヶ城跡が松平容保に払い下げられた。そして、明治二六（一八九三）年、松平容保は戊辰戦争について黙して語らず五九歳で薨去《こうきょ》した。会津藩の元重臣山川浩（大蔵《おおくら》）は、その容保と会津藩の忠誠を明らかにし、戊辰戦争での「朝敵」の汚名が謂れないものであることを主張しようとして『京都守護職始末』稿本を完成させた。それは孝明天皇三〇年祭の行われた明治三〇（一八九七）年だった。

（牛尾眞澄）

【参考文献】

竹本又八郎興著・編纂『今古雅俗石亭画談』（市島文庫、一八八四年、早稲田大学蔵）

山川浩著・遠山茂樹校注『京都守護職始末一・二旧会津藩老臣の手記』（東洋文庫・平凡社、一九六五年）

永井荷風『下谷叢話』（岩波文庫、二〇〇〇年）

小島日記研究会編『小島日記物語』（小島資料館、二〇〇一年）

家近良樹『江戸幕府崩壊　孝明天皇と「一会桑」』（講談社学術文庫、二〇一四年）

パトリシア・フィスター『近世の女性画家たち～美術とジェンダー』（思文閣出版、一九九四年）

第10章　新しい時代の中の二人

1　中島信行と岸田俊子 ―永遠限りなき朋友―

●中島信行と岸田俊子

中島信行は、明治二三（一八九〇）年一一月二五日に開催された第一回帝国議会の初代衆議院議長として、日本近代の憲政史上にその名が刻まれている。彼は土佐国《とさ》（高知県）の郷士《ごうし》の出身で、幕末は勤王の志士として活躍し海援隊にも所属していた。維新後は神奈川県令・元老院議官等、草創期の明治政府を支える重要なポストを歴任している。政府内にあっては開明派県令、民権派議官として政治改革に積極的な意欲を見せ、元老院議官依願免官後は、自由党副総理・立憲政党総理として反政府運動に挺身した。民権運動の最重要課題であった立憲政体の樹立後は、党を離れて再び政府に戻り、イタリア特命全権公使を拝命、男爵・貴族院議員に列せられている。

中島信行の政治的同志として、また人生の伴侶として彼と共に歩んだ岸田俊子は『二六新報』で「男性的論客・革命的健児」と評せられ、当時大いに話題となった女性民権家である。彼女の華々しい女権拡張論の展開や、男性の「権柄《けんぺい》」（傲慢、横柄）を糾弾した政治行動は、近世以降、儒教の「女大学的」倫理道徳観のもとで自己主張をする事を許されず自己表現の道も閉ざされていた女性たちにとって、一度に閉塞感を解かれた思いがあっただろう。

●中島家と俊子

二人の結婚については、時期についてしばらく不明であったが、中島家の除籍謄本から明治一八

（一八八五）年八月二六日に婚姻届が出されたことが明らかになった。自由党の解党から国会開設までの準備期間中である。中島にとっては二度目の結婚であった。最初の妻初穂《はつほ》は、亀山社中以来の盟友陸奥宗光《むつむねみつ》の妹で、三子を残して一八七七年に病死している。土佐市にある中島の従兄中島余市郎《なかじまよいちろう》の碑文には、「明治一七年一二月、従四位中島信行撰、妻岸田俊書」と刻まれており、一八八四年には実質的な結婚があったと思われる。

昭和女子大学編『近代文学叢書』六には中島の長男久万吉《くまきち》の直話が収録されており、彼は「（岸田は）早くからよく出入りをしておりました。ずるずるといつの間にか中島家にはいり込んだのです。もちろん結婚式などは挙げません。まあ自由結婚ですよ」と述べている。「中島家にはいり込む」「自由結婚」という表現には、いわば横からふらりと入りこんだ同居人、中島家とは別の人間という彼の家意識が感ぜられる。

俊子と子たちを隔てる壁には、初穂の代からの執事打出鹿《うちでしか》の存在もあった。彼女は「新しい夫人の手にかけず立派に育ててみせると意気込んでいた」という。俊子が来る前までは、留守中の中島家の采配を彼女が握っており、気丈な俊子も継母としての人並みの苦労を負っていたようだ。

●中島家の財産と相馬黒光

俊子の死後、俊子固有の財産（婚前所有の財産）、書画・著作は母に、残りはすべて長男である久万吉に引き継がれた。

相馬黒光《そうまこっこう》は自著『明治初期の三女性』で、俊子が財産を社会に有益なことに使わずに子孫に遺したのは「姐御風《あねごふう》の義侠心が欠けていたため」であるとし、それは俊子にとって「珠《たま》に瑕《きず》の憾《うら》み」であったと評している。

黒光は周知のように新宿中村屋の創業者であり、夫愛蔵とともに多くの文化人、芸術家を支援した人物である。インド独立運動の志士ボースを匿い、長女俊子をボースと結婚させた。長女の名は憧れていた俊子にあやかってつけたという。彼女は宮城の女学校時代に受洗しており、兄の影響で民権運動にも関心があった。上京してからは、俊子がかつて教師として勤務していた横浜のフェリス和英女学校に入学し、俊子が支援していた明治女学校に転入して卒業した。直接面識はなかったものの、俊子との「因縁浅からぬ」ものを感じ、『明治初期の三女性』を書き上げたと述べている。

事業経営や義捐活動、有能な青年たちへの支援を、文字通り「姐御風の義侠心」で行っていた黒光にしてみれば、俊子の資産の運用に物足りなさを感じたのもやむを得ない。ただ中島が政治家であったことを考慮しなければならないだろう。政治に手を染めると「井戸塀《いどべい》になる」。つまり資産を食い尽くし最後には井戸と塀しか残らないといわれた時代である。指導的立場にあり清潔な政治を志す者ほど内情は苦しい。資金は政治的理想のため、天下国家のために費やされるべきものであり、使途は黒光の考えるものとは違ってくる。

相続権について言及すれば、当時の民法では長男単独相続制で、妻は自由に財産を処分することができない。加えて、中島から預かった財産を彼の子孫に引き渡さなければならないという、俊子が自らに課した継母ゆえの責任があった。久万吉の結婚相手に岩倉具視《いわくらともみ》の孫娘を迎えるため奔走したというのも、中島家の行く末を考えての行動であった。俊子といえども「家」のもつ重みからは逃れられなかったのであろう。

●親子の心情

明治一八（一八八五）年に結婚したとすれば、俊子は満二五歳、長男久万吉は一二歳、下に一〇歳の多《た》嘉吉《かきち》と八歳の邦彦《くにひこ》がいる。上の二人は初穂が亡くなった後、一時土佐の伯母に預けられていたが、久万吉著の『政界財界五十年』によれば、一二歳の時に土佐から東京に戻り（恐らく多嘉吉も同行）、しばらく慶応義塾の幼稚舎に在学し、次いで東京一致英和学校予備門に入学。のち東京一致英和学校が明治学院と改称し芝白金に新校舎を移すに至って、同校の寄宿舎に入ったとある。また神奈川県高座郡《こうざぐん》羽鳥村《はとりむら》（現藤沢市）の耕餘塾《こうよじゅく》にも、一時久万吉と邦彦が在籍した記録がある。

久万吉は、中島が衆議院議長の頃（一八九一年頃）、「政治論議にうつつを抜かして教師の不興を買って」明治学院を中退し、家でぶらぶらしていた時期があった。その当時のエピソードとして、次のような話をしている。

当時私の家には朝に夕に多数院外団の者が出入りしていたので、私が或る晩其等二三人の輩と雑談し大に氣焔を揚げて居ると、卒然父が出て来て、イキナリ筆を把り障子の面に「親が苦労で子が楽過ぎて孫がお蔭《ママ》で苦労する」と大書し、之を見よとて立ち去った。

中島は、生来温厚でめったに感情をあらわにすることがなかったが、子に対しては歯がゆい思いがあったのだろう。二、三日して久万吉が部屋で『商業要項』を読み耽っていたところ、今度は俊子がやってきて本のカバーを眺め「思い入れの態」で戻っていった。その翌日、当時高等商業学校（現・一橋大学）の校長であった矢野次郎《やのじろう》に宛てた封書を持参し、これを持って今夜にでも矢野先生を訪問するようにと命じた。その後高等商業を無事卒業した久万吉は、桂太郎《かつらたろう》・西園寺公望《さいおんじきんもち》総理大臣の秘書官を経て商業人の道を歩み、横浜ゴム・古河電気工業の社長に就任。斎藤実《さいとうまこと》内閣の時には商工大臣を務めた。

久万吉は継母俊子のことを、幼少時に漢学を教わった師弟の因縁があり、父が亡くなってからは広く宗教、文芸、時事を論ずる「会心の友」であったと語っている。友人である島崎藤村《しまざきとうそん》の才能に早くから目を留めていたのも俊子であったという。はじめは噛み合わなかった母子の間であったが、中島の死後はじめて人間的交流が生まれていた。

●新しい夫婦像

結婚後、俊子は政治的活動で表に出ることはほとんどなくなったが、中島を物心両面で支える役割を果たしている。郷士出身の中島と商家出身の俊子とは、生活面での勤倹は一致していたが、生来恬淡な中島には蓄財の才がなかった。彼の政治的活動を資金面で支えたのは彼女の商才に負うところが大きい。中島が俊子の土地や株の売買による経済活動、また教師や文筆家としての社会活動を規制した様子はない。衆議院議長の時は来客の応接、手紙の返信といった秘書官のような役割も俊子に任せていた。

明治二五（一八九二）年九月二九日の彼女の日記には「君（中島）雨中散策を試む、帰夜に入る。君笑て曰く、『又面倒談をもたらし帰る』と。我答て、『如何なる面倒事も我其任に当らん』と。これより対坐相話して遂に夢に就く」とある。中島が自由党を脱党し、将来について選択を考えていた時期である。二人の会話からは、妻の意見を聞こうとする夫と、夫の力になれることを喜びとする妻の、互いに強く結ばれた信頼関係を見ることができる。俊子を「永遠限りなき朋友」と呼んだ中島には、対等な夫婦関係を築こうとする新しいタイプの夫像が浮かんでくる。

●二人の「転向」

中島の政治的業績について、その経歴に比してこれまであまり高い評価は聞かれていない。その原因のひとつには、彼の官民にわたる政治的立場の転換がある。とくに国会開設後に自由党を脱党し、政府からイタリア全権公使を拝命したこと、男爵の叙勲を受けたことなどが、共に政府と戦ってきた民権家からは背信行為と映っていた。

他方俊子も、明治二二（一八八九）年に『都の花』に発表した自伝的小説「山間の名花」に、中島と結婚してからは「流石《さすが》婦人だけあって飄々《ひょうひょう》として拠るべき地なきときは已《や》むことなく国事に奔走すれど三間の茅屋でも巣を構えてはもう夫切《それき》りだ」と噂されていたことが記されている。つまり夫婦揃って「節を曲げ」「転向」したということである。

●中島の政治姿勢・俊子の女性解放の手段

では二人の行為は本当に「転向」といえるのか。先にあげた「山間の名花」の中で、高園幹一《たかぞのかんいち》（中島信行のモデル）は次のように述べている。「喉元《のどもと》過ぎて熱さ忘るるとはよくいったもので、今日の有様を考へるに朝野共に昔日の艱苦《かんく》を忘れて表面の太平に安じ、唯漫《みだり》に強国の奢侈を学び争いて苟且偸安《こうしょとうあん》の策を建るばかり」。「朝野」（政府と民間）ともに維新の頃の志を忘れ、贅沢やかりそめの安楽のみにはしる状況を嘆いている。

中島の考える国家建設とは、かつて坂本龍馬《さかもとりょうま》が長州藩士三吉慎蔵《みよししんぞう》に送った書簡に「国ヲ開クノ道ハ戦スルモノハ戦ヒ修行スルモノハ修行シ商法ハ商法デ名々カヘリ見ズヤラ子《ね》バ不相成事《あいならざる》」と書いたように、官であれ民であれ、新しい国家建設のために死力を尽くすのであれば、どちらに身を置こうと変わりはなかった。

俊子の方はどうだろう。彼女は全国行脚《あんぎゃ》・遊説の経験から、古い因習に囚われた男女の社会通念を変えるには「十年や廿年」では到底むりであると感じていた。女は嫁に行って夫につかえるのが当たり前、当然職業の自由や政治への参加、財産権ももたない。そのような社会状況の中で、男性に対抗しうる実現可能な手段は何かと彼女は考えていた。

中島との結婚は、相手の思想・人格を認めた上での対等のものであったが、先ず自分自身がこれまでの家婢的な妻から自主的・積極的内助を果たせる妻（交際官的妻）を実践し、それが男女両方の幸福につながることを示す必要があった。結局自らの生き方を通して、迂遠であっても家庭内から女性の地位を向上させる方策を選んでいる。しかし同時にこの結婚が「不羈《ふき》の気象」（才気が優れ律しきれない）といわれた彼女を抑える結果となったことも否めない。

●癒す言葉

西南戦争の折り、中島の義兄陸奥宗光は高知立志社の社員を中心に計画された政府転覆計画に加担していた。そのことが発覚し山形監獄に入獄していた時期があった。罪への悔恨と持病の肺疾に苦しむも陸奥の脳裏には懐かしい人物の言葉がよぎっていた。彼の「面壁独語」に「余が旧友に土佐人坂本龍馬といふ者あり。…此龍馬云く、人苟《いやしく》も一個の志望を抱けば、常に之を進捗するの手段を図り、苟も退屈の弱気を発す可からず。仮令《たと》ひ未だ其目的を成就するに至らざるも、必ず其之に到達すべき旅中に死すべきなり」とある。人はひとたび志をもったならば、常に精進の努力を絶やさず、たとえ成就が叶わずとも、精進の最中で死ぬべきであるという内容である。同じく坂本龍馬に教えを受けた中島にも思い出す言葉があった。

俊子が夫から聞いて記した「人の長所、短所」という一文である。

「或人、氏〔坂本龍馬〕が終始一回だも人の非事を説ざるを怪みたりしかば、氏答て、人の長所を称すれば其短所は自ら知るべきなりと。離間讒謗《りかんざんぼう》愈《いよいよ》勢を得んとするの世に当て尤も氏が言の甘きを覚ゆ」。中島が民権運動の統一を図り、急進派から敵視されて誹謗中傷にさらされていた時期に書かれたものである。「或人」とは中島のことか。坂本の言葉の優しさが夫を気遣う俊子をも癒している。

●信仰と二人

「山間の名花」で、中島と思われる登場人物がある青年の所属する党のことを、「其約定中に盗む勿れ。殺す勿れ。酒楼に登る勿れ。父老を扶け、児女を憐むの義務あるべきものなり」の明文があり、形に顕れた団結は運動に不自由なので団結はしていないが、その結び付きは強く「一種動かす事が出来ない友情」をもっていると評している。青年の所属する党の約定は、キリスト教の戒律を思わせる。政府が明治一五（一八八二）年に発令した改正集会条例で活動を縮小せられ、発足当初からの資金不足で立憲政党は解党を余儀なくされたが、この時に中島が党という形式にこだわらず、信条を共にする仲間たちと運動を続けようと決意したことにも合致している。民権運動に日常的な勤勉や市民的倫理道徳規範を求めていた俊子にとっても、キリスト教は受け入れ易いものとなっていた。

明治三二（一八九九）年、五二歳で中島が亡くなった時に、二人の友人である巌本善治《いわもとよしはる》は『女学雑誌』四月一〇日号に「長城居士《ちょうじょうこじ》（中島）は博士モーア氏に受洗せり。又初め担山《たんざん》（曹洞宗原坦山）に聞き、近ころ宗演《そうえん》（臨済宗釈宗演）を友とし、耶佛を併せ信仰す。其臨終に臨みて、公案を提唱し、且つ夫人の祈祷をして引導とす、真とに異例といふべし」と記している。二人は晩年キリスト教と禅道の両方に境地を求めていた。俊子の没年である明治三四（一九〇一）年元旦の日記には、病気と憂愁は「己を琢磨するの材料」、「終には無垢無愁に帰する」もの、未練なく「無必要の身」となって初めて知る「精神琢磨の清地に向ふの旅行」とある。自我を捨て無心に帰す法悦はキリスト教、仏教の両方に共通する境地ではなかったか。

（横澤清子）

【参考文献】
中島久万吉『政界財界五十年』（大日本雄弁会講談社、一九五一年）
鈴木裕子編『岸田俊子文学集』（不二出版、一九八五年）
鈴木裕子編『岸田俊子評論集』（不二出版、一九八五年）
鈴木裕子編『湘煙日記』（不二出版、一九八六年）
相馬黒光『明治初期の三女性—中島湘煙・若松賤子・清水紫琴』（不二出版、復刻版一九八五年）
横澤清子『自由民権家中島信行と岸田俊子—自由への闘い』（明石書房、二〇〇六年）

2　森鷗外と山県有朋 ―南北朝正閏問題を中心に―

●問題の始まり

明治末期、当時使用されていた文部省編纂の国定教科書『尋常小学校日本歴史』の記述をめぐって、政界を揺るがし、以後の学問・教育に大きな影響を及ぼすことになる事件が起こった。南北朝正閏《せいじゅん》問題（論争）である。

南北朝といえば、南朝が後醍醐《ごだいご》天皇以下の大覚寺《だいかくじ》統、北朝が北条氏および足利氏の奉じた持明院《じみょういん》統を指していること、この二つの皇統が一三三〇年代以降、およそ六〇年もの長きにわたって対立を続けていたことなどでよく知られている。すなわち南北朝正閏問題とは、まさにその両統のうち、いずれを正統もしくは閏統（傍系）とみるか、さらには両統対等とみるかの論争なのである。

南北朝の取り扱いをどのようにすべきか。明治三七（一九〇四）年四月から使用予定の国定・日本歴史教科書の執筆にさいし、文部編修官喜田貞吉《きたさだきち》は悩んだ。明治維新以来の官撰私撰の日本歴史の多くが、水戸藩主徳川光圀《みつくに》の命になる『大日本史《だいにほんし》』の立て方に準拠して南朝＝正位、北朝＝閏位の書き方を採っていたからである。しかし喜田が参考にしたのは、東京帝国大学史料編纂掛編《へんさん》『大日本史料』の採った、各年次について両天皇の名と、両朝の年号とを並べ掲げて、その間に軽重を示さないという両朝並立の方法であった――南北朝正閏問題について、後年、喜田自身が著述したものに私家版『還暦記念・六十年之回顧』（一九三三年、のち『喜田貞吉著作集』一四巻、平凡社、一九八二年、再録）がある――。

この問題が大きく動きはじめたきっかけは、明治四四年一月一九日の『読売新聞』が社説「南北朝対立問題（国定教科書の失態）」を掲載し、南朝正統論の立場から両朝並立の国定教科書を非難したことにあった。以来、「文部省は天に二日《にじつ》の存在を認めるか（二人の天皇が同時に位にはありえない）」などといった攻撃が高まっていったのである。

●問題の政治化

同年二月四日、大阪府選出の藤沢元造《ふじさわもとぞう》代議士は多数の賛成者を得て、「(国定教科書は）国民ヲシテ順逆正邪ヲ誤ラシメ、皇室ノ尊厳ヲ傷《きずつ》ケ奉《たてまつ》リ、教育ノ根柢《こんてい》ヲ破壊スル憂《うれい》ナキカ」という質問書を衆議院に提出した。ことの重大さに驚いた政府は、桂太郎《かつらたろう》首相みずから藤沢代議士と会見するなどして質問書を撤回させたものの、その後、立憲国民党から政府弾劾《だんがい》決議案が提出され、党首犬養毅《いぬかいつよし》による激烈な弾劾演説も行われるに至った。

このため政府は事態の収拾を急ぎ、喜田を休職処分にするとともに、閣議で南朝正統説の採用を決定し、桂首相からこれを明治天皇に上奏した。南北朝正閏問題が南朝正統の勅裁《ちょくさい》(天皇の裁断)という形で一応の決着をみたのは三月三日のことであった。もちろん従来の教科書も修正されたが、新しい教科書では「南北朝」の名称が「吉野の朝廷」と改められることになったのである。

●南北朝正閏問題と大逆事件

それではなぜ、明治三七年から使用されてきた南北朝並立の教科書が、七年後、突然に政治問題となったのであろうか。そこで注目されるのが、教科書非難の記事が最初に『読売新聞』に掲載された一月一九日という日付である。というのもその前日こそ、前年五月、明治天皇暗殺計画の容疑によって幸徳《こうとく》秋水《しゅうすい》らが逮捕された、いわゆる大逆《たいぎゃく》事件の判決が出された日にほかならないからである。教科書執筆者の喜田によると、「喜田は幸徳一派の一味で、国体を破壊し、国家の顛覆《てんぷく》を図るべく、永遠の計画をもってまずその思想を小学児童に植え付けんとするものだとのデマ」も流されたという。すなわち南北朝正閏問題は大逆事件と結びつけられ、「こんな不祥事の起こるのも畢竟《ひっきょう》文部省の歴史教育の方針が当を得ぬからだとの議論」となって尖鋭化していったのである。

●鷗外の「かのやうに」

南北朝正閏問題が語られる時、しばしば言及されるものに、翌明治四五（大正元・一九一二）年一月、明治・大正期を代表する文学者で、また陸軍軍医として陸軍軍医総監・陸軍省医務局長という最高職にのぼりつめた森鷗外《もりおうがい》が『中央公論』に発表した小説「かのやうに」がある。それはこの作品が大逆事件や南北朝正閏問題を契機として執筆されたとみなされ、さらに作中人物のモデルをめぐっても興味深い指摘がなされているからである。

「かのやうに」が描いているのは、ドイツ留学を終えて帰国し、日本の歴史を書くことを自己の職業と定めたものの、神話と歴史的事実との間にあって苦悩する主人公五条秀麿《ひでまろ》の姿である――この場合の神話については、日本国生成の神話に限定されるものではなく、南朝正統論も含めて、現人神である天皇制神話のすべてを指すという説に賛同したい――。

秀麿は悩んだ。自分は神話と歴史的事実とは区別すべきものと考えている。しかし時代の状況は思わしくなく、なかでも父の五条子爵《ししゃく》は、そうした考え方を決して許しはしないと思われるからである。彼の父についての理解は、まさかお父《と》う様だって、草昧《そうまい》の世に一国民の造った神話をその儘《まま》歴史だと信じてはゐられまいが、うかと神話が歴史でないと云ふことを言明しては、人生の重大な物の一角が崩れ始めて、船底の穴から水の這入《はい》るやうに物質的思想が這入って来て、船を沈没させずには置かないと思ってゐられるのではあるまいか。

というものであった――以下、鷗外の著述に関しては『鷗外全集』（岩波書店、一九七一～七五年）による――。

それでは神話と歴史的事実との矛盾をどのように解決したらよいか。この切実な課題に対して、苦悩のなかから秀麿が到達した結論こそ、小説のタイトルどおりの「かのやうに」の哲学であった。それは、実際には存在しないものを、あたかもあるかのようにみなすという考え方である。秀麿は友人に説明する。たとえば数学で用いる点だとか線だとかは本来は存在するものではないが、点と線があるかのように考えなくては幾何学は成立しない。神についても同様で、神が事実でないことはどうしても認めざるをえないが、それを認めて神を汚すことから危険が生じるので、自分はこれから、神が事実であるかのように、神話が歴史であるかのように考えていこうと思う。そうすれば、「この位《くらい》安全な、危険でない思想はないぢゃないか」と。

右に紹介した「かのやうに」について、とくにここで注目したいのは、主人公五条秀麿が鷗外の苦悩の代弁者であるとして、その彼に「皇室の藩屏《はんぺい》（守りとなる人）」としての働きを期待する父五条子爵のモデルが、当時、政界・軍部に絶大な権力を及ぼしていた元老山県有朋《やまがたありとも》ではないかとみられていることである。そこで、まず山県と南北朝正閏問題との関わり、ついで鷗外と山県との関係を探ることにしたい。

●山県と南北朝正閏問題

大逆事件のさい、社会主義に対する徹底的な取締りを主張した山県は、南北朝正閏問題においても南朝正統論の立場から重要な役割を果たしている。牧野謙次郎《まきのけんじろう》『先朝遺文《せんちょういぶん》』（前掲喜田の回顧録参照）によると、当時小田原の別邸（古稀庵）にあった山県は寺内正毅《てらうちまさたけ》陸相や桂首相に書状を送り、事態を善処するように求めていたが、ついに上京して天皇に謁し、決死の覚悟で進言しようとしたところ、顔色を正した天皇から南朝正統の勅言をうけ、涙を流して感激したという――この点、『明治天皇紀』には、山県の直奏《じきそう》までは至らなかったとある――。

さて、ここで紹介しておきたいのは、徳富蘇峰《とくとみそほう》編述『公爵山県有朋伝』（原書房、一九六九年復刻版）に「実話」として載せる井上通泰《みちやす》（民俗学者柳田国男の弟で医師にして歌人・国文学者）の話である。後述するように井上は鷗外とともに山県の意向をうけて設立された歌会常盤会《ときわかい》のメンバーで、この「実話」と照応する記述が鷗外の日記にもみられるからである。

井上によると、彼が賀古鶴所《かこつるど》・市村瓚次郎《いちむらさんじろう》を伴って小田原の古稀庵を訪れ、南北朝正閏問題の詳細を報告したところ、山県は大いに驚き、「桂は何をして居る」と言って、早速、徳大寺《とくだいじ》侍従長と桂首相に長文の書簡を出し、「寺内陸相にも言ふてやる」と述べたという――賀古も市村も鷗外の友人。とくに終生の盟友といわれる賀古については後述――。またその数日後、井上は山県から聞いたとして、徳大寺侍従長宛ての書簡に目をとおした天皇に召し出され、小田原から上京した山県に対し、親しく「南朝正統の御勅裁」があったという話も語っている。この井上の話にしても、先に紹介したように『明治天皇紀』は山県の直奏までは至らなかったとしていることから、なお疑問は残るが、南北朝正閏問題に対して山県が積極的に関わっていたことをよく示しているといえよう。

●山県の南朝正統論の意図

南北朝正閏問題当時の山県の動きについて語る井上の話のなかで、いまひとつ見落とせないのは、そこに山県がなぜ南朝正統説を主張したかについての手がかりが含まれていることである。それは、もし今日のように南朝の天皇と並んで北朝の天皇の名が掲げられるのであれば、「王政維新の鴻業《こうぎょう》（明治維新の大事業）」の説明がつかなくなるという山県の言葉である。これが先の『先朝遺文』にも、山県への明治天皇の言葉としてみえる「明治維新の大業は、実に建武中興の遺猷《いゆう》を継ぐ」と重なってくるのは明らかであろう。

すなわち、後醍醐天皇の南朝と敵対した足利氏の幕府と同じ武家政権である江戸幕府を倒した明治維新の大業は、後醍醐天皇による建武の中興の遺業を継ぐものとみなされていたのである。とすれば、そうした考えのもとに倒幕活動に奔走していた山県らにとって、南北朝並立が断じて受けいられないものであったのは、当然のことになるのである。

なお近年、南北朝正閏問題に対する山県の積極的な介入と早期解決の主張は、南北朝正閏問題についての国民的な議論が公に展開されることによって、いわゆる「国体」の権威が相対化されてしまうことを、山県らが危惧したからだという注目すべき指摘がなされていることも付け加えておきたいと思う。

●鷗外と山県

鷗外が陸軍軍医総監・陸軍省医務局長に就任したのは、明治四〇（一九〇七）年のことであるが、その背後には後援者としての陸軍の大御所《おおごしょ》山県の存在があったとみられている（当時、数え年で鷗外は四六歳、山県は七〇歳）。ただ山県が鷗外に注目し、さらに二人の間に親近な関係が生じるようになったのは、さほど早い時期からではなかった。鷗外は明治三二年から明治三五年まで第十二師団軍医部長として九州の小倉に赴任していた時、プロシアの陸軍大将クラウゼヴィッツの『戦論』（『戦争論』）を将校たちに講じ、その翻訳を行っているが、このことから山県は鷗外を認めるようになったと言われているのである。

やがて二人の接触は本格的になっていくが、その契機こそ、先にも触れた山県を囲む歌会「常盤会」の設立であった。山県の意向をうけて、鷗外と先述の賀古鶴所を幹事役とする常磐会の第一回の集まりがもたれたのは、明治三九年六月のことである。以来、大正一一（一九二二）年二月の山県の死去まで続いた毎月一回の例会への鷗外の出席率はきわめて高く、彼がいかにこの会を重視していたかがわかる。

常盤会の発会にあたり、幹事役として鷗外を推薦したのは、鷗外と同じ陸軍軍医の賀古であった。賀古は鷗外より七歳年長であったが、鷗外がその遺言のなかで「余ハ少年ノ時ヨリ老死ニ至ルマデ一切秘密無ク交際シタル友ハ賀古鶴所君ナリ」と述べているほどの親友であった。と同時に賀古はまた、明治二一年、内相時代の山県の欧米視察に随行して以来、その知遇を得てもいたのである。すなわち以前から鷗外を山県に接近させようとしていた賀古の尽力がようやく実を結ぶことになったのである。

鷗外の陸軍軍医総監・陸軍省医務局長就任は、この常磐会発足の翌年のことであった。もっとも山県が明らかに鷗外支援の立場から動いていたことがわかるのは、それよりさらに五年後の明治四五（大正元）年に起こった陸軍軍医部の人事権をめぐる抗争への介入が最初であったともいわれている。とはいえ、いずれにしても常磐会発足を契機として、山県が鷗外の後援者的存在となっていったことは確かである。

一方、鷗外も明治四二年、山県の依頼に応じて小田原・古稀庵の由来に関する「古稀庵記」を執筆している。それにしても、この別荘が山県の古稀にさいして建てられたということもあろうが、そこに「公爵は国家の柱石におはす」「公爵の気高くを、しきみ姿」などといった言葉が並んでいるのは印象的である。「古稀庵記」に対して、阿諛追従《あゆついしょう》の文などとする評価があることもやむをえないと言えよう。このような二人の関係は、奇しくも大正一一年という同年においてのあいつぐ二人の死まで続くことになったのである——山県は二月（八五歳）、鷗外は七月（六一歳）——。

●五条子爵のモデルは山県有朋

南北朝正閏問題を意識して執筆されたという「かのやうに」の主人公五条秀麿の父五条子爵のモデルは山県有朋か。この点を考えるにあたって、まず南北朝正閏問題と山県、ついで鷗外と山県との関係などに注目したが、それらをおもな判断材料とした上で結論的にいうと、五条子爵のモデル＝山県説の可能性は十分に高いものがあると思われる。

それは第一に山県が南朝正統説の立場から南北朝正閏問題と積極的に関わっていたこと、第二に山県の積極的な動きの影には鷗外の親友賀古鶴所ら、山県の意向をうけて設立された歌会「常盤会」のメンバーがいたこと、第三に南北朝正閏問題が起こり、「かのやうに」が発表された当時、すでに鷗外と山県との間に親近な関係が生じていたことなどが示すところである。さらに第四の根拠としてあげられるものに、大正七（一九一八）年一二月一七日付けの女婿山田珠樹《たまき》宛書簡がある。そのうちの「かのやうに」について触れた文面のなかに、「一層深ク云ヘバ小生ノ一長者ニ対スル心理状態ガ根調トナリ居リ」という文言がみえ、この「一長者」こそ山県を指していると推定されるからである。

●「かのやうに」の執筆動機

このようにみてくると、最後に考えておく必要があるのは南北朝正閏問題に対する鷗外の姿勢、言い替えれば「かのやうに」の執筆動機である。これについては次の三つの見方をあげることができる。

まず一つめは、大逆事件・南北朝正閏問題などがあいついだ状況下にあって、鷗外が山県ら保守勢力のために、いわゆる「危険思想」対策の方法を示したというものであり、二つめは、それと全く逆の見方、すなわち山県ら保守勢力による言論・思想統制への危機感、あるいは抵抗意識のもとに書かれたとする説である。そして三つめが、大逆事件や南北朝正閏問題に対しての自らの考えと山県への恩義や自分の地位との間で悩んだ鷗外による折衷《せっちゅう》的な立場の表明とする見方である。

これらのうち、もっとも妥当と考えられるのは、三つめの見方ではあるまいか。というのも先に紹介した井上通泰の話によると、南北朝正閏問題の発生当時、歌会「常磐会」のメンバーも活発に動いているが、親友賀古と並んで同会の幹事役であった鷗外は彼らと行動を共にせず、一線を画しているからである。その頃の鷗外の日記にみえる「賀古鶴所来て市村瓚次郎、井上通泰の二人と古稀庵を訪ひ、南朝正統論をなすべきを告ぐ」（明治四四年二月二三日）、「夜賀古鶴所来て南朝正統論同志者の行動を報ず」（同年月二七日）といった事実のみで感想をともなわない書き方、その一方で以後も変わらない「常盤会」への熱心な参加は、この三つめの見方の妥当性を物語っているように思われるのである。

（樋口州男）

【参考文献】
吉野俊彦『あきらめの哲学・森鷗外』（PHP研究所、一九七八年）

斉藤孝『昭和史学史ノート―歴史学の発想』（小学館、一九八四年）
山崎國紀『評伝森鷗外』（大修館書店、二〇〇七年）
小堀桂一郎『森鷗外』（ミネルヴァ書房、二〇一三年）

3　福澤諭吉と九鬼隆一　―もうひとつの明治一四年の政変―

●二通の書簡

二通の書簡がある。いずれも福澤諭吉《ふくざわゆきち》の書簡で、ある人物の論評が記されている。一通は、次のようなものである。福澤のところへ、ある人物が訪ねてきた。渡米することとなったため、アメリカ留学中であった福澤の子どもの面倒をみたいという。福澤はそれを拒んだものの、その人物が勝手を働くのではないかと心配し、アメリカにいる知人に書簡を宛てた。その人物を「反覆鉄面皮《はんぷくてつめんぴ》」と評し、場合によっては自分の子どもと幼いときから親しく、面倒を頼まれたと言うかもしれない。しかし、「少年輩の友としては、もっとも不適当」な人物であるから、「子供の世話など、もっての外」であるという。

もう一通も紹介しよう。福澤が会合を予定していたところ、「社の小僧」がある人物に招待状を送付してしまった。その人物は「全く賤丈夫《せんじょうふ》」であり、送り主の関係グループを常に「敵視するのみか、罵詈雑言《ばりぞうごん》」をわめき散らし、さらには「直に老生の一身を攻撃して、陰に陽に人に語る」ような者である。もっとも、その人物とはこれまで何度も顔を合わせているが、「座上に犬ころの居るがごとし」であり、「邪魔にもなんにもなら」ないけれども、自らの名で案内状を送付してしまったことは快くない。福澤は、招待状を出した「小僧」らを「目の玉の飛出る程」叱りつけたという。

手厳しい人物評である。周知のとおり福澤は、近代日本を代表する思想家であり、多くの著作や新聞社説などを通じて国民の啓蒙に努めた。その舌鋒《ぜっぽう》の鋭さゆえ、福澤には多くの論敵がいた。加藤弘之《かとうひろゆき》、福地《ふくち》桜痴《おうち》、陸羯南《くがかつなん》……明治の言論空間において、福澤と論争を繰り広げた者の名をあげれば、枚挙に遑《いとま》がない。こうした福澤による評ということであれば、歴史に造詣のある読者諸氏は、その手厳しさに納得できるかもしれない。けれども、自らの門下生に対する評だと知っても、同じように首肯できるであろうか。

評された者の名を、九鬼隆一《くきりゅういち》という。九鬼は、嘉永《かえい》五（一八五二）年八月七日、摂州三田藩《せっしゅうさんだ》士星崎貞幹《ほしざきさだもと》の次男として生まれた。その後、丹波綾部《たんばあやべ》藩の家老九鬼隆周《たかちか》の養子となり、九鬼性を名乗ることとなった。明治四（一八七一）年に慶応義塾へ入塾。翌年には文部省に出仕し、以後、貴族院議員や枢密顧問官も歴任した。九鬼の功績の白眉は、岡倉天心《おかくらてんしん》とともに日本美術の再評価を行い、帝国博物館の初代総長を務めたことであろう。なお、哲学者の九鬼周造《しゅうぞう》は、彼の四男である。

さて、福澤は出会った当初から九鬼を邪険に扱っていたわけではない。むしろ両者は、良好な関係にあった。それが破綻《はたん》したのは、明治一四年の政変以降である。明治一四年の政変とは、明治政府内において、憲法制定や議会開設をめぐって意見が割れ、大隈重信《おおくましげのぶ》一派が政府の中枢から追放されたものである。これにより、明治政府はプロイセン流の立憲君主制を採用することとなり、大隈や福澤が提唱したイギリス流の議院内閣制は実現しなかった。さらに同政変は、明治国家の方向性を定めたばかりでなく、福澤と九鬼の関係を壊し、福澤の「政治」への関わり方や私学に対する国家の対応の分水嶺《ぶんすいれい》にもなった。

一連の経緯をたどるにあたり、まずは政変以前、良好であった福澤と九鬼の関係から繙くこととしたい。

●師弟の間柄

九鬼隆一の生まれた摂州三田藩の藩主九鬼隆義《たかよし》は、西洋主義を奨励していたこともあり、福澤との関係は深く、三田藩の藩政改革にも福澤が関与していた。そうした中で福澤は九鬼隆一と出会い、その才能を認めたことから、九鬼が福澤の門下生となることも自然の成り行きであった。九鬼が慶応義塾に入塾したのは、明治四年二月二五日のことである。慶応義塾の当時の姓名録には、入塾にあたって保証人となる者の氏名が記されており、九鬼の場合は福澤自らが証人となっている。両者の信頼関係を物語っていよう。

九鬼の慶応義塾在籍期間は一年二か月に満たず、明治五年四月に文部省に出仕すると、出世の階段をトントン拍子で駆け上っていった。文部大輔《たいふ》田中不二麿《たなかふじまろ》が渡米中の明治九年四月から翌一〇年一月まで、文部大丞《たいじょう》兼一等法制官の九鬼が省務を代行した。弱冠二五歳のことである。

文部大輔の田中と福澤の関係は親密なものであり、福澤は自身の子どもたちの修学について田中に相談しているし、田中のもとで創設された東京学士会館の初代会長に互選された人物も福澤であった。福澤はまた、九鬼との関係について、「身の内外の有様までも語るの交際」であり、九鬼が官途に就いて以降も福澤宅を訪ねるなど、「家人同様」のつきあいであったと語っている。こうした関係は、福澤と文部省が密接な関係にあったことも意味する。明治一二年九月には、学制から自由主義的な方向へと大きく転換した教育令が公布された。これには、福澤の影響が多分にあったといわれている。「文部省は竹橋《たけばし》に在り、文部卿《きょう》は三田《みた》に在り」（当時の文部省は竹橋に位置しており、福澤は三田に住んでいた）という世評も、それを示唆するものである。

しかし、教育令の公布以降、福澤と九鬼の間に変化が生じてきた。明治一二年一〇月、福澤は日本初の社交クラブである交詢社《こうじゅんしゃ》の立ち上げにあたり、発起人であるにもかかわらず全く顔を見せない九鬼に対し、近況を尋ねる書簡を送った。九鬼家を訪問した者もいたが、九鬼自身は一向に応答しなかったという。九鬼に何があったのか。

教育令による教育の自由化は、意図するところに反して、現場に混乱を招いた。明治一三年には、その責任をとって田中が文部大輔を辞すこととなる。また、教育令への反発から、元田永孚《もとだながざね》や吉井友実《よしいともざね》などの侍補《じほ》グループが主導し、政府内で復古的な教育改革の機運を高めていった。侍補グループに接した九鬼が、近い将来の文教政策の転換を感じ取った時期は、先の福澤書簡の時期と符合する。また、教育令は官学と私学を区別しない寛容なものであったにもかかわらず、明治一二（一八七九）年一〇月公布の改正徴兵令は、公立学校の教員・生徒の兵役を免じる一方で、私立学校には一切それを認めなかった。徴兵猶予の有無は、私学の経営を左右するほどの意味をもち、それを認めないということは、私学に対する明らかな冷遇政策であった。

こうした状況を踏まえ、九鬼は福澤門下生として開明的な文部官僚としてあり続けるのか、復古的・儒教主義的教育を推進する文部官僚へ転身するのか、二者択一を迫られていたのではないか、と推察される。九鬼が選択したのは後者であった。

●両者の懸隔

九鬼の選択は、少なくとも短期的には成功した。明治一三年に文部卿となった河野敏鎌《こうのとがま》は教育行政に関心が薄いとされ、実質的な省務の担い手が文部少輔《しょうゆう》に昇任したばかりの九鬼であった。当時の九鬼には、「文部省内に飛ぶ鳥を落すの勢」があり、「九鬼の文部省」との声もあったという。

同年一二月、改正教育令が公布された。「修身」の重視や地方官長の権限強化など、以前の教育令と比べ、中央集権的かつ復古的色彩の濃いものであった。福澤は、改正教育令公布以前の二月、東京学士会館において私学にも徴兵猶予を求めることを提案し、会員たちの賛同を得ると文部卿にそれを建言している。このように、文部行政に疑問をもち始めた福澤からすれば、改正教育令は容易に受け入れられるものではなく、その中心に九鬼がいたことにも困惑したであろう。そして、福澤と九鬼の関係を違えさせた明治一四年の政変が起こるのである。

福澤によれば、明治一三年一二月、伊藤博文《いとうひろぶみ》、井上馨《いのうえかおる》、大隈重信の三参議から、政府機関紙の発行を依頼された。かねてから福澤は、政権交代のあるイギリス流の議院内閣制を構想しており、政府がこの路線を採らない限り、依頼を受諾するつもりはなかった。すると、伊藤や井上が福澤の構想に前向きになったことから、福澤は引き受けることを彼らに伝えたという。

一方、明治一四年三月、大隈がイギリス流議会の早期開設を謳う急進的な意見書を左大臣の有栖川宮熾仁親王《ありすがわのみやたるひとしんのう》に提出した。この意見書は、福澤門下生の矢野文雄《やのふみお》が起草しており、翌月に発表された慶応義塾関係者による交詢社私擬憲法案と似た内容であった。これに驚いたのが井上毅《いのうえこわし》である。井上は、イギリス流の制度の採用は共和制を招くおそれがあると考え、日本がプロイセン流の立憲君主制を採用すべきであると、伊藤や井上馨を説得した。同じ時期、黒田清隆《くろだきよたか》が主導した（北海道）開拓使の官有物を、同郷の五代友厚《ごだいともあつ》の関西貿易商会に安価で払い下げることが、政府内で決まった。これが突如としてスクープされ、福澤門下生たちが政府批判を展開すると、かねてからの国会開設運動と相まって政府転覆の機運が一気に高まった。

伊藤らは、一連の出来事には福澤と大隈が暗躍していると判断し、政府機関紙の刊行中止、払下げの延期、明治二三年の議会開設を宣言するとともに、大隈重信に加え、矢野文雄、犬養毅《いぬかいつよし》、尾崎行雄《おざきゆきお》ら慶応義塾出身官僚を政府から追放した。政府はプロイセン流の立憲君主制の採用を決め、伊藤は憲法調査のために欧州へ赴いた。福澤の構想は挫折したのである。以降、福澤は伊藤や井上に激怒し、彼らと距離を置くようになる。

この政変にあたって、福澤グループで政府内に留まった人物が、九鬼隆一であった。福澤は、九鬼を政府のスパイであると断じた。九鬼が福澤グループの動向を伊藤らに逐次報告し、批判的な情報をあげていたというのである。福澤は、明治一五年三月六日付の『時事新報』において、明治一四年の夏頃から私利私欲のために福澤を陥れようとする「軽薄児《けいはくじ》」が現れたと、九鬼の名こそ出さないものの、スパイの存在を示唆する記事を書いた。なお、冒頭の書簡は、一通目が明治一七年九月一一日に村井保固《むらいやすかた》へ宛てたものであり、二通目が明治二九年一月一五日に岡本貞烋《おかもとていきゅう》へ宛てたものである。九鬼に対する福澤の怒りはおさまることを知らず、やがては九鬼の美術行政にも向けられていく。

九鬼は、帝国博物館の設置・拡充に邁進したほか、明治二九年には古社寺保存会の会長に就任し、岡倉天心らとともに、古文化財や古美術の調査保存に傾注した。明治三〇年に制定された古社寺保存法は、九鬼の努力が結実したものである。また、明治二二年五月から一〇年以上帝国博物館総長を務めるなど、長きにわたって美術行政に専念した。美術行政における九鬼の功績は、決して小さなものではない。

しかしながら、これに批判的な論を展開したのが福澤であった。たとえば、古社寺保存法の制定に対しては、次のような社説を『時事新報』に掲載した。すなわち、国家は「古物のごとき、断じて眼中に置くべきではなく、「社会の安寧と、人民の繁栄」に全力を尽くすべきである。「古社寺古物のごとき、無用の長物」でしかなく、保存する必要はない。強いてその意義をあげるとすれば、せいぜい観光客を対象とした「商売上の方便」くらいである。

なんとも、皮肉な論である。福澤は実利を重んじていたとはいえ、一連の主張に対しては横車を押したものであるとの指摘もある。福澤の九鬼に対する個人的な思いが、九鬼の美術行政への批判という形で表出したのであろう。なお、明治一四年の政変以降、福澤の伊藤博文に対する怒りも同様に激しく、明治二〇年、伊藤からファンシーボール（仮装舞踏会）に誘われたときも、「家事之都合」、「無拠《よんどころなき》次第」という、皮肉をこめた理由で断っている。

●政変の意味

明治一四年の政変において、九鬼はスパイ活動を働いていたのであろうか。それを明瞭に示す資料は残されていない。また、福澤門下生の門野幾之進《かどのいくのしん》が、福澤の九鬼への見方には、福澤の思い過ごしもあった、と語ったともいわれている。他方、明治初期より、政府が福澤の周囲に密偵を放っていることは様々な資料から確認されている。政変前後の九鬼が、伊藤に政府内の情勢を報告する書簡も残存しており、九鬼が伊藤の密偵を担っていたことは間違いない。果たして、政変時の九鬼の動向が福澤の考えるとおりであったか否か、その判断は読者の考えに委ねるしかない。

翻って、福澤と九鬼の関係を一変させた点に着目したとき、近代日本の国家体制を方向づけた明治一四年の政変は、どのように位置づけられるのであろうか。一般に、福澤は「私立」の立場を貫き、「政治」と距離を置いたと捉えられる。慶応義塾についても、卒業生の活躍などから、実業界との関係が深いとされてきた。福澤の用いた「一身の独立」という言葉も、こうしたイメージの象徴として用いられることが多い。

しかしながら、帝国主義という時代のなかで日本の行く末を案じた福澤は、あくまで「一国の独立」という目的を達するための手段として、「一身の独立」を標榜したのである。執筆活動にせよ、言論活動にせよ、福澤の見据える先には、常に「政治」があった。その福澤が「政治」に直接的に関与した明治一四年の政変は、彼の敗北に終わった。爾来、福澤は「私立」の立場にあり続け、実業界に強い慶応義塾、というイメージも醸成されていった。

明治一四年の政変はまた、文部省による私学冷遇政策ももたらした。官学だけでなく私学への徴兵猶予も求める福澤に対して、文部省の回答は、私学の存在が国家に「必須緊要」ではないため受け入れられないという、冷淡なものであった。慶応義塾に徴兵猶予の特典が回復するのは、明治二九年九月のことである。また、明治一七年一月の中学校通則は、私学出身者が官公立中学校、師範学校の学校長・教頭になれないようにするなど、私学を圧迫するものであった。明治一四年の政変の、もうひとつの帰結である。

なお、大正八（一九一九）年三月、九鬼は故郷三田の心月院境内に景慕碑を建てた。碑面の上段には、木戸孝允《きどたかよし》、大久保利通《おおくぼとしみち》、岩倉具視《いわくらともみ》の名が並ぶ。中段には九鬼の恩師の名が連なり、フルベッキ、加藤弘之の間に「福澤先生尊霊」と刻まれている。九鬼がどのような思いで福澤の名を記したのか、今では知る由もない。

晩年、多病であった九鬼は、昭和六（一九三一）年八月一八日、鎌倉の別邸にてその生涯を閉じた。享年八〇。九鬼の墓もまた、心月院にある。

（久保田哲）

【参考文献】

伊藤正雄「福澤諭吉と岡倉天心——九鬼隆一をめぐる両者の立場について——」（『甲南大学紀要文学編Ⅰ 福

澤諭吉の研究』甲南大学、一九六六年）
寺崎修「徴兵令と慶應義塾」（笠原英彦・玉井清『日本政治の構造と展開』慶應義塾大学出版会、一九八八年）
寺崎修・都倉武之「史料　機密探偵報告書／福澤派の動静ほか――明治一四年政変前後、明治二〇年保安条例前後――」（『福澤諭吉年鑑』三一、二〇〇四年）
高橋眞司『九鬼隆一の研究――隆一・波津子・周造』（未来社、二〇〇八年）
小川原正道『福澤諭吉――「官」との闘い』（文藝春秋、二〇一一年）

4　尾崎行雄と与謝野晶子

わが国における最初の衆議院議員総選挙が行われたのは、明治二三（一八九〇）年のことである。以来、第二次世界大戦後、昭和二七（一九五二）年の第二五回総選挙まで、連続当選を果たした政党政治家がいた。尾崎行雄《おざきゆきお》（一八五八～一九五四）である。尾崎は最後の当選から二年後、九六歳の誕生日を目前にしてこの世を去ったが、六三年という長い議員生活の中でもっとも世に知られているのは、大正元（一九一二）年一二月から始まった第一次護憲運動の先頭に立ったことであろう。

●憲政の神様

この運動は「閥族打破《ばつぞくだは》・憲政擁護《けんせいようご》」（薩摩・長州藩出身者を中心とする政治を打ち破り、憲法に基づく政治を守る）のスローガンを掲げて全国的に広がり、当時の第三次桂太郎内閣を総辞職に追い込んだもので（大正政変《たいしょうせいへん》）、この時、衆議院において「彼等は玉座《ぎょくざ》を以《もっ》て胸壁《きょうへき》と為《な》し、詔勅《しょうちょく》を以て弾丸に代へて政敵を倒さんとするものではないか（桂首相らは天皇の権威や命令を利用して政敵を倒そうとしている）」という名演説を行った尾崎は、人々から「憲政の神様」と称えられるようになったのである。

第一次護憲運動のさい、尾崎と共に中心的役割を演じ、二人並んで「憲政の二柱の神」といわれたのが犬養毅《いぬかいつよし》である。犬養はその後、昭和に入り、政党内閣に不満をいだく軍部・右翼の動きが活発化する中、内閣を組織するが、昭和七年、海軍の青年将校らによって暗殺されてしまう（五・一五事件）。

我友の殺されたるを夢として聞かんと祈り真かと思ふ

年来の友の死を外遊中のロンドンで聞いた尾崎の歌である。その衝撃の大きさが伝わってくるが、帰国後の尾崎もまた、こうした厳しい時代の風潮と闘わねばならなかったことは言うまでもない。

●軍部独走に抗して

国際主義および平和主義の立場から強く軍部と戦ったとされるこの時期の尾崎について、彼の伝記などから、日本史教科書などにはほとんど記述のない、その具体的な活動の様子を四例ほど紹介しておこう。

（一）尾崎は五・一五事件の翌年早々帰国の途につくが、神戸入港のさい、右翼によって斬りつけられるという騒ぎが起こった。もとより、こうした事態を覚悟していた尾崎は、船中で遺書「墓標に代えて」を執筆し、その中で「軍国主義的国家主義を改めて国際協調主義への転換」を説いている。

（二）昭和一一（一九三六）年二月、青年将校らは軍事クーデターを起こして大蔵大臣高橋是清《これきよ》らを暗殺したが（二・二六事件）、翌年になると、今度は穏健派の陸軍大将宇垣一成《うがきかずしげ》が陸軍によって組閣を断念させられるという事態が起こった。この時、尾崎はすでに七九歳の高齢であったにもかかわらず、辞世の歌「正成《まさしげ》（楠木）が敵に臨める心もて我れは立つなり演壇の上」を懐にいれて衆議院に臨み、軍部の横暴（軍備拡張、宇垣内閣流産など）を追及している。

（三）昭和一五年、第二次近衛文麿《このえふみまろ》内閣のもとで日独伊三国同盟が締結され、大政翼賛会《たいせいよくさんかい》が発足した。前者はアメリカを刺激して日米関係を悪化させ、後者は結果的に新党結成にまで至らなかったが、当初、ナチスのような一国一党の強力な政党をめざすものであった。政府のこうした動きに対し、尾崎は議会での反対質問を試みるも、登壇に必要な賛同者を獲得できなかったため、質問書のみを提出している。

（四）昭和一六年、陸軍大将東条英機《とうじょうひでき》内閣のもとで太平洋戦争に突入するが、翌年、東条内閣は政府に協力する候補者（国家的人物）を推薦し、彼らを当選させて議会をかためるために翼賛選挙を実施した。言うまでもなく尾崎は推薦をうけずに立候補し、一時は厳しい立場に追い込まれるが、当選を果たしている（当選者は推薦候補三八一人、非推薦候補八五人）。

なお厳しい立場とは、尾崎が他の候補者の応援演説を行ったさい、「唐様《からよう》で売家と書く三代目」という川柳《せんりゅう》を引用したことから不敬罪《ふけいざい》（皇室に対する罪）の容疑で起訴されたことをいう。尾崎の意図は、明治に誕生した議会政治が、大正をへて昭和の今日、ついに滅びてしまうのを警告することにあったが、政府はこれを天皇への誹謗《ひぼう》にあたるとして起訴したのである。判決は一審（東京地裁）で有罪となったが、上告の結果、大審院《だいしんいん》では無罪が下された。

右の具体例からもうかがわれるように、尾崎といえば、憲政の神様、さらには国際主義者・平和主義者として語られることが多い。しかし、その尾崎にしても政治家としての生涯において、少なくとも二つの「後悔」を経験している。そして、その後悔が後述する明治三四（一九〇一）年刊行の第一歌集『みだれ髪』、三年後の日露戦争に出征した弟を思う歌「君死にたまふこと勿《なか》れ」（『明星《みょうじょう》』同年九月号掲載）で著名な歌人与謝野晶子《よさのあきこ》との交流につながっていくのである。

●神様の後悔

政治家尾崎行雄の二つの後悔とは、いずれも大正三（一九一四）年四月に成立した第二次大隈重信《おおくましげのぶ》内閣に司法大臣として入閣していた当時の出来事である。すなわちこの年七月、ヨーロッパで第一次世界大戦が勃発《ぼっぱつ》すると、日英同盟に基づいてドイツに宣戦を布告した大隈内閣が、懸案の陸軍二個師団増設などの軍備拡大計画を進めたこと、ヨーロッパ諸国がアジアに目を向ける余裕がないのを好機として、中国での権益を拡大しようとしたことの二つである。前者の師団増設は、先年、陸軍の要求するこれを拒否したため、第二次西園《さいおん》寺《じ》公望《きんもち》内閣が退陣を余儀なくされ、代わって第三次桂内閣が成立したいきさつからして、いわば尾崎らを中心として展開された第一次護憲運動開始の重要な契機となった問題である。それだけに大隈・尾崎らへの国民の非難・失望は大きく、尾崎自身もまた後年、次のように語っている。

此問題に就ては私《わたし》にもひとつの懺悔話《ざんげばなし》がある。二個師団増設問題は大正政変《たいしょうせいへん》の最大原因であり、兼《か》ねて我々の反対した所《ところ》のものでもあるが、大隈《おおくま》内閣は総選挙後の議会で、衆議院に多数を得たのを機会《きかい》に之《これ》を通過させた。私《わたし》は閣員の一人としても又《また》議員《ぎいん》としても、其《その》通過に協力したのである。それには相当《そうとう》の理由はあったが、随分苦しい立場でした。（『咢堂《がくどう》自伝《じでん》』咢堂自伝刊行会、一九三七年）

なお尾崎も右の回想で少し触れているように、師団増設案は同年一二月の議会では否決されているが、翌大正四年三月の総選挙では大隈・尾崎らの演説をレコードに吹き込むなどの新しい戦術の試み、大々的な選挙干渉や買収が行われ、与党立憲同志会が圧勝したことから、六月に可決されている。

もうひとつの後悔としてあげた中国における権益の拡大とは、大正四年一月一八日、大隈内閣が中国の袁《えん》世凱《せいがい》政府に対し、山東省のドイツ権益の継承、南満州・東部内蒙古における権益有効期限の延長、中国最大の製鉄会社の日中合弁化などといった二十一か条の要求をつきつけ、同年五月九日、最後通牒を発してその大部分を承認させたことである。これに対し、主権を侵害された中国国民の怒りは激しいものがあった。それは五月九日が国恥《こくち》記念日とされたことによく示されている。

後年、当時をふりかえって尾崎は、「いま日本が、こんなものを、支那に要求することは、日本が侵略的であることを、世界に表明するやうなものであるとして、極力反対した」が、「他の閣僚が、『このうち幾つでも承認させればいゝのだ』といふので、つひに賛成の調印をしてしまった。これは私の生涯の大失敗であった」と後悔し、さらに次のように述べている。

私はこのことを深く悔い、自責の念を実証するために、今後は如何なる内閣にも入閣しない旨を公表した。その後、私には幾度か入閣の機会もあったが、すべてこれを拒絶し、一衆議院議員として終始した。

（『尾崎咢堂全集』第一一巻、公論社、一九五五年）

尾崎の後悔の深さがうかがわれる言葉である。

●大隈・尾崎に対する批判

陸軍二個師団増設案を議会で通過させるため、大隈内閣が、衆議院の解散→総選挙→与党圧勝というコースをとったことについては、すでにみたところであるが、その総選挙のさい、大隈のために活発に動いたグループがあった。大隈の創立した早稲田大学校友を中心に各地に結成された大隈伯後援会である。

しかし早稲田大学の卒業生の中には、この大隈伯後援会のあり方が「盲目的後援」になることを危惧し、早稲田大学の恩人に対して「謝するには謝する法」があり、「それを誤って国家の政治と混同し、善悪に拘《かかわ》らず彼《か》れの政策を弁護し、彼れの内閣を擁護するが彼れに尽す所以《ゆえん》と考うるは、私情を以って公事を断ずるものである」と述べ、『東洋経済新報《とうようけいざいしんぽう》』を背景に大隈内閣批判を展開した言論人がいた。約四〇年後に首相となる若き日の石橋湛山《いしばしたんざん》である（一八八四〜一九七三）。次の文章は、湛山が、中国に対する最後通牒から二か月後、衆議院における二個師団増設案可決から一か月後の七月に執筆したものである。

大隈伯及び尾崎氏等が多年主張しつつあった（若《も》しくは主張しつつあるらしく見えた）自由主義、平民主義、若しくは平和主義は、其《そ》の細部に於《お》いては兎《と》に角《かく》、傾向として吾輩《わがはい》の主張と一致し、而《しか》して之《こ》れは我が政界に殆《ほとん》ど全く欠如せる思想である。されば吾輩は現内閣の成立すると共に、切に伯及び其《そ》の閣僚の平常の主張を実際政治の上に実現せんことを望んで已《や》まなかった。而して若し之れが望み通りに行ったならば、吾輩は申すまでもなく現内閣の友である。然《しか》るに事実は何《ど》うだ。（中略）其の根本政策と見るべき軍備問題や外交問題に至っては、殆んど悉《ことごと》く自由主義、平民主義、平和主義と相反した態度を取った。

（以上は『石橋湛山全集』第二巻、東洋経済新報社、二〇一〇年、ルビ追加は筆者）

ここからは大隈・尾崎らの内閣に対する期待から失望へという湛山の心の動きがよく読みとれるのではあるまいか。

ところで、この湛山が、当時、「婦人の中から」見い出した「味方」こそ、先に紹介した与謝野晶子である。次に湛山によって、

男の中で、僕は今晶子氏ほどの説を立てる人を余り発見しない。多くの男は軍備拡張論者である。然《しか》るに晶子氏は非軍備論者である。多くの男は囚《とらわ》れた保守主義者である。然らずんば放漫なる耽溺《たんでき》主義である。然るに晶子氏は自由思想家である。僕は氏が唯《た》だ非軍備論者であるだけでも、而《しか》して生活と政治とを結び付けて考えておるだけでも非常に嬉しく思わぬわけには行かぬ。

（全集第一六巻＝補巻、二〇一一年、ルビ追加は筆者）

と絶賛される与謝野晶子の大隈・尾崎批判へと話を移そう。

●与謝野晶子の批判

明治一一（一八七八）年、現大阪府堺市の商家に生まれた与謝野晶子は、近代日本における代表的ロマ

ン主義歌人として知られるが、その活動は多彩で、婦人・教育問題をはじめとする評論の分野での活躍も著しいものがあった。六四年の生涯において晶子がまとめた一五冊もの評論集（歌集は二四冊）のうち、「女性による女性のための女性論の嚆矢《こうし》」と評価される最初の評論集『一隅より』が世に出たのは、明治四四年のことである。同書において晶子は、「みずから自分を育て自分を生かすという『独立自営』の自律精神を身にそなえた新時代の女となることを呼びかけた」といわれるが、この点で見逃せないのは、同年、女性の解放をめざす平塚らいてうらによって結成された青鞜《せいとう》社、および雑誌『青鞜』との関わりである。というのも晶子もまた、青鞜社の賛助員のひとりであり、『青鞜』創刊号に、高校日本史教科書にも掲載されるようになった、次のような詩を寄せているからである。

山の動く日来《きた》る
かく云《い》へども人われを信ぜじ
山は姑《しばら》く眠《ねむ》りしのみ
その昔に於《おい》て山は皆《みな》火に燃えて動きしものを
されど、そは信ぜずともよし
人よ、ああ、唯《ただ》これを信ぜよ
すべて眠りし女《おなご》今ぞ目覚《めざ》めて動くなる

（『高等学校日本史B・最新版』清水書院）

同じく『青鞜』に掲げられ、近代女性の解放宣言として著名な、平塚らいてうの「元始《げんし》、女性は実に太陽であった。真正《しんせい》の人であった。今、女性は月である」に始まる一文は、晶子の「山の動く日来る〜」の詩を受けとってから書かれたという。

石橋湛山から「非軍備論者」「自由思想家」と呼ばれ、幅広い評論活動を展開していた晶子が、大正四（一九一五）年の総選挙後、中国への二十一か条の要求、および二個師団増設案可決を強行した大隈内閣に向かって、何の対応も示さないはずはなかった――総選挙には夫の与謝野寛《ひろし》も京都から立候補したが、落選――。同年五月、晶子は「『誠』と『真実』」と題して次のような文章を発表している。そこに書き連ねられた「剽盗劫掠《ひょうとうごうりゃく》」「権謀と虚偽」「厚顔無節操」などといった文言からは、晶子の怒り、さらには失望・無念の思いが伝わってくる。

> 私は日本が青島《チンタオ》（中国におけるドイツの根拠地）に出兵したことを其《その》当時から一人苦苦《にがにが》しいことだと思って居た。更《さら》に支那に対する外交談判を見て、今の政治家は王道の国を覇道《はどう》の国に堕落させ、文明仁義の民に剽盗劫掠の蛮族たることを強《し》ひるものだと思った。
>
> 加藤（高明《たかあき》）、尾崎、武富《たけとみ》（時敏《ときとし》）三氏のやうな比較的文徳の士を以て世の中から信頼されて居る政治家が「選挙干渉の事業は断じて無い」と云ひ「外交に失敗の点があるなら細目《さいもく》に亘《わた》って論証して欲しい」と云って在野党に挑戦して居るのを見ると、今上《きんじょう》の御世となっても政治家は益々権謀と虚偽を能事《のうじ》として愧《は》ぢないのである。
>
> 増師案に対して鮮明に反対説を唱えて居た大隈、尾崎二氏が、一旦政権に縋《すが》りつくや否や、理由らしい理由もなくて増師案賛成者に一変した厚顔無節操の如きも、国民教育の上に大きな悪感化を及ぼすことである。（『與謝野晶子評論著作集』第三巻、龍渓書舎、二〇〇一年、注やルビの追加は筆者）

ところで、右の「厚顔無節操」とまで決めつけた大隈・尾崎らに対する厳しい批判も二か月後の一文「私の目に映じた政治」になると、尾崎行雄氏ほどの正直な人が遽《にわ》かに増師問題に賛成したのは俗人の忖度《そんたく》するやうな心から変説《へんせつ》したのではなからう、多分軍事当局者の秘密を聞いた上で変説して疾《やま》しくないだけの確かな理由を発見したからであらうと想《おも》ふ私は、(中略)何等《なんら》かの形式で軍備拡張の必要な根本理由を暗示して欲しいと思う。

(前掲評論著作集　第一七巻、二〇〇二年、原文の総ルビ削減は筆者)

といった具合に、ややトーンが下がってきていることは興味深い。数年後、晶子と尾崎との間で親しい交流が始まるからである。

●歌を介して

大正一〇(一九二一)年は、「憲政の神様」といわれた政治家と、その「変説」を痛烈に非難した「自由思想家」「非軍備論者」とも評される歌人とが、たがいに信頼しあう関係に至ったことを世に示した年として注目される。

まず次の四首の歌からみてみよう。

主人達討死しけん牛の群《むれ》夕日に食むフランスの野辺

その家の跡探すらし孫の手を取りて佇《たたず》む悲しき媼《おうな》

一本の残る木も無しヴェルダンの城を周れる五十里の山

毀《こぼ》たれし村のかずかず過ぎり来て悪魔の国に在りと思ひぬ

いずれも同年一一月、与謝野寛・晶子夫妻によって復刊された第二次『明星』の創刊号に収められている尾崎行雄「新戦場を観て」の中から引いた歌である——明治中期のロマン主義の中心となった詩歌中心の文芸雑誌『明星』(第一次)は一三年前に終刊——。タイトルの「新戦場」とは、大正八年一月から始まったフランスのパリにおける講和会議（ヴェルサイユ条約調印）をもって第一次世界大戦が終結するが、その会議中から欧米視察に出かけた尾崎の訪問先、ヴェルダン（フランス）などの激戦地を指す。紹介した四首からだけでも、その折、尾崎のうけた衝撃の大きさは十分に伝わってくるが、この点について尾崎は、

（ヴェルダンの）何処《どこ》へ行って見ても兜《かぶと》だの剣だのが散乱していた。（略）惨憺《さんたん》たる光景は言語に絶《ぜっ》する。何《ど》んな天変地異でも、とてもあれだけの破壊《はかい》は出来まいと思った。兎《と》に角《かく》、（略）理義不分明《りぎふぶんめい》な戦闘を六年も続けたのであるから、其愚劣《そのぐれつ》、実に驚く外はない。私は人間《にんげん》の無制限なる愚劣さ加減《かげん》を見に来たやうなものだ。

と語り、ついには

帰朝後は文化の向上、軍備の制限と改良及び国際平和等の為に微力を尽し、以《もっ》て帝国に貢献しようと決心した（前掲『咢堂自伝』）。

と、その決意のほどを述べている。すなわち、こうして国際平和への強い思いをもって帰国した尾崎を、晶子は復刊『明星』の誌友として迎えたのである。

二人の交流について、いまひとつ付け加えておきたいのは、九か月前の同年二月、尾崎が「新戦場」での決意を実践すべく、議会に「軍備縮小決議案」を提出し、登壇して大演説を行ったものの、圧倒的多数の反対票をもって案が否決された時のことである。晶子は「尾崎行雄氏の軍備縮少論」を執筆し、その中で、

私はまた個人としての尾崎氏がこの提案の先唱者たることに由って、人間的感情の「若返り」を示されたことを喜びます。氏の心臓には新代の愛を育《はぐく》む熱い血が再び沸き、氏の頭脳には新代の人道と共鳴する明敏な理性が復活して来たらしく想はれます。（略）老人はすべて思想的に硬化して廃人となり

つつある今日に、私は尾崎氏の思想が流動性を失はず、将来の新生活に対して青年のやうな直観力を持たれることを感嘆する一人です。

（前掲評論著作集第一〇巻）

と、エールを送っているのである。

以後、尾崎の軽井沢の別荘莫哀山荘《ばくあいさんそう》での歌会に晶子が参加したり、尾崎が「晶子さんの（歌の）弟子」を称するような交友関係が生じることになるが――尾崎は一万首にのぼる歌を遺したとされるが、その「和歌修行」については、好きな軽井沢（莫哀山荘）との頻繁な往復で、汽車の乗車時間が増えたため、その「暇潰しに始めた」と語っている――（前掲『尾崎咢堂全集』第九・一二巻）、この点についてはほかに二人の接近を尾崎の大正八年の渡欧以前とする見方もある。すなわち、それによれば尾崎の渡欧の折に、晶子が「海の色信濃の国の高原に摘みて賜ひし草に似よかし」という一首を送って航海の無事を祈り、尾崎もまた洋上から「益良夫も遠く及ばじ国の為め世のため運ぶ水茎の跡」という返歌を送ったというような交流があったことになるのである。

（樋口州男）

【参考文献】

伊佐秀雄『尾崎行雄』（吉川弘文館、一九六〇年）
山本千恵『山の動く日きたる―評伝与謝野晶子―』（大月書店、一九八六年）
上田博『尾崎行雄―「議会の父」と与謝野晶子―』（三一書房、一九九八年）

※本書は尾崎と晶子の交友を詳述し、また尾崎と石川啄木・九条武子・佐々木信綱らの歌人との触れあい、さらに歌人としての尾崎にも言及している。小論も多くを依拠した。なお尾崎の歌は掲載書により表記が異なるため、小論では本書並びに伊佐前掲書から引用した（注・ルビの追加は筆者）。

第11章　時代を超えて

1　野口雨情と楠木氏

●二つの童謡

一、青葉茂れる桜井の　里のわたりの夕まぐれ
　木《こ》の下かげに駒とめて　世の行末《ゆくすえ》をつくづくと
　しのぶ鎧の袖の上に　散るは涙かはた露か
二、正成《まさしげ》涙を打ち払い　我が子正行《まさつら》呼び寄せて
　父は兵庫に赴かん　彼方《かなた》の浦にて討ち死にせん
　汝《なんじ》はここまで来つれども　とくとく帰れ故郷へ

「桜井の訣別《わかれ》」の歌が、『尋常小学唱歌』として小学四年生の教材に登場するのは、明治四四（一九一一）年のことである。

この歌は、建武三（一三三六）年、死を覚悟して湊川《みなとがわ》の戦に臨もうとする楠木《くすのき》正成が、桜井宿《さくらいのしゅく》（大阪府三島島本町）で、わが子正行に別れを告げた『太平記』巻一六に語られる次の名場面を唱歌にしたものである。

今生《こんじょう》にて汝が顔を見ん事、これを限りと思ふなり。正成すでに討死すと聞きなば、天下は必ず将軍の代となるべしと心得《こころう》べし。しかりと云へども、一旦《いったん》の身命《しんみょう》を助けんために、多年の忠烈《ちゅうれつ》を失ひて、降参不義の行跡《ふるまい》を致す事あるべからず。一族若党一人《いちにん》も死に残つてあらん程は、金剛山《こんごうせん》に引《ひ》きもり　敵

寄せ来たらば、命を兵刃《へいじん》に堕《お》として、名を後代《こうだい》に遺《のこ》すべし。これを汝が孝行と思ふべし
（兵藤裕己校注『太平記』三　岩波文庫）

外国曲を廃し、日本人の新作のみで構成された唱歌の教科書を編纂するという文部省方針が、この唱歌「桜井の訣別」誕生の背景にあった。明治四三（一九一〇）年に、『尋常小学校日本歴史』の南北朝時代記述をめぐって、いわゆる「南北朝正閏《せいじゅん》問題」（本書第10章2「森鷗外と山県有朋」参照）がおこると、南朝を正統とし、南朝の忠臣であった楠木正成・正行父子を美化する教科書の編集方針は、唱歌以外にも拡大していった。大正九（一九二〇）年の改定では、唱歌ばかりでなく、小学三年国語に「千早城」、小学五年歴史・修身に「楠木正成」、小学六年修身に「楠木正行（忠考）」と、様々な教科が連動して、忠臣楠木正成父子像が形成されていったのである。

さて、この頃、童謡作詞家として「赤い靴」「七つの子」等、次々名作を発表していくのが、野口雨情《うじょう》である。そして、雨情の生家には、楠木正成の弟正季《まさすえ》を祖とするという伝承が長年伝えられていた。「青葉茂れる」と「赤い靴」、二つの唱歌の邂逅《かいこう》である。

●楠木氏苦難の時代

楠木正成が、湊川の戦で自害した後、その子正行も、父の遺訓《いくん》に従い、正平《しょうへい》三（一三四八）年四條畷《しじょうなわて》の戦で弟正時《まさとき》とともに自害する。その後、弟の正儀《まさのり》が南北朝内乱期に両朝合一をめざし尽力したが叶わず、明徳《めいとく》三（一三九二）年に圧倒的優位の中で南北朝が合一すると、楠木氏にとっては長い苦難の時代が訪れた。

伏見宮貞成《ふしみのみやさだふさ》親王の日記『看聞日記《かんもんにっき》』には、永享《えいきょう》元（一四二九）年九月一八日、将軍足利義教《よしのり》暗殺を企て

た楠木光正《みつまさ》という人物が京の六条河原で首を刎ねられたことや、永享九年八月三日河内国《かわち》凶徒楠木党が挙兵し、討死したという記録が残されている。貞成親王は、この事件について、「朝敵悉く《ちょうてきことごと》滅亡し、天下大慶《てんかたいけい》」と感想を記している。また、寛正元（一四六〇）年に、楠木氏が滅んだことを聞いた禅僧大極《たいぎょく》は、多くの「無辜《むこ》の民」を殺戮《さつりく》した「積悪《せきあく》の報《むく》い」であると述べる。北朝の世では、楠木氏は朝敵であり、多くの罪のない民衆を苦しめる存在なのであった。

●楠木氏復権の時代

永禄《えいろく》二（一五五九）年に楠木正虎《まさとら》という人物が、楠木氏の朝敵恩免の綸旨《りんじ》を、正親町《おおぎまち》天皇から得ている（「楠文書」）。楠木氏の孫を称する正虎は、文筆に秀で、書道にも巧みであったことから、松永久秀《まつながひさひで》の仲介で朝廷に仕え、この後、信長・秀吉の右筆《ゆうひつ》としても活躍している。

正虎の先祖は、伊勢の北畠《きたばたけ》氏に伝えた下級武士で、後に河内の大饗《おおあえ》に土着し大饗氏を称していたが、赦《しゃ》免《めん》の綸旨を得て、正式に楠木正虎を自称するようになった。足利氏の衰退や、『太平記』に語られる楠木流軍学の流布が、楠木氏復権の背景にあるだろう。

●水戸光圀による楠木氏復権

楠木氏の復権について、欠かすことのできない存在が、水戸藩主徳川光圀《みつくに》である。光圀は、修史事業を志し、自ら史局員を全国各地に派遣して、信頼性の高い史料の採訪に取り組ませた。また、この頃流布していた『太平記』にも大きな関心を寄せたのである。

延宝《えんぽう》四（一六七六）年から始まったこの史料採訪事業によって、光圀は、南朝正統の念を次第に固めていく。光圀が水戸藩主となると、小石川藩邸内に彰考館《しょうこうかん》をおき、修史編纂事業は本格的なものとなった。

南朝正統論は水戸史学の大きな特色のひとつとなるのであった。

元禄《げんろく》五（一六九二）年には、光圀によって、楠木正成終焉の地とされる湊川に、正成の墓が建立された。その墓碑には、光圀自身の揮毫《きごう》で「嗚呼《ああ》忠臣楠子之墓《ちゅうしんなんし》」の文字が刻まれ、賛文は朱舜水《しゅしゅんすい》が作った。この墓前には、後に、吉田松陰《よしだしょういん》、坂本龍馬《さかもとりょうま》、高杉晋作《たかすぎしんさく》、西郷隆盛《さいごうたかもり》、伊藤博文《いとうひろぶみ》らがぬかずいたといわれ、楠木正成は幕末維新の志士らにとっても英雄となっていったことがうかがえる。

●楠木正成と野口家

野口家は、楠木正季《まさすえ》の後裔と伝承されている。正季は伝来される系図によれば正成の弟にあたり、『太平記』では湊川の戦いで兄正成と刺し違えて自害している。

野口家の祖先は、南朝方の武将足助重範《あすけしげのり》の子孫を頼って三河《みかわ》国加茂郡野口村（現在名古屋市）に隠棲し、この地で姓を野口と改めた。その後、三河国の大名今川氏に仕えた後、今川氏衰亡後、常陸《ひたち》国多賀郡磯原（現茨城県北茨城市原町）に移住したといわれる。

野口勝親《かつちか》は、慶安《けいあん》三（一六五〇）年に水戸徳川家の藩主頼房《よりふさ》に召されることになる。風光明媚な磯原の野口邸は、度々、水戸藩主の宿泊所ともなった。藩の記録では、寛文《かんぶん》九（一六六九）年の段階で、野口家は水戸藩に一〇人いる郷士《ごうし》のひとりとして、その名が確認される。

野口家蔵の系図には、「楠氏ノ裔ナルヲ以《もつて》、水戸威公（頼房）様ヨリ水戸藩郷士に召出し相成《あいなり》」と記され、野口勝親を郷士に起用したのは、勝親の祖先が楠木氏であったことに由来すると伝えられる。水戸藩が、楠木氏を祖とする野口家を重用したのも、南朝正統を唱える水戸史学の潮流がその背景にあったと考えられよう。野口家は、勝親以来、代々水戸藩の薪炭《しんたん》奉行をつとめる一方、廻船問屋も営み、川尻（日立市）以北の海上輸送を藩よりゆだねられる。
幕末期、激動の時代をむかえると、先祖が楠木氏であると信じる野口家は、尊王思想に篤い家系であり、その豊かな財力をもって多くの維新の志士たちを支援する一方、自らも激動の渦中にかかわっていくことになる。

●野口家と尊王攘夷運動

雨情の曾祖父野口正安《まさやす》（哲太郎）は、少年期より水戸学の大家である藤田東湖《ふじたとうこ》に学び、しだいに自身も尊王攘夷運動にも加わっていく。

正安の子勝章《かつあき》（雨情の祖父）は、安政《あんせい》五（一八五八）年尊王攘夷派を助けたという理由で水戸赤沼牢に入獄され、さらに、慶応《けいおう》四（一八六八）年には将軍慶喜《よしのぶ》の命をおびて、仙台藩へ帰順を勧める密書を届ける途上、反対派によって惨殺されている。

また、勝章の弟義勝《よしかつ》（雨情にとっては大叔父）は（野口氏と並ぶ素封家西丸家の養子となり西丸帯刀《にしまるたてわき》と号する）、雄藩連合による改革を主張し、長州藩との盟約締結のために奔走した。桜田門外の変直後の万延元（一八六〇）年七月、軍艦丙辰丸《へいしんまる》の艦上で、長州藩の桂小五郎《かつらこごろう》らと水戸藩の西丸帯刀らによって締結されたのが「丙辰丸の盟約《めいやく》」である。この盟約は、尊王攘夷派の長州藩士と水戸藩士等による政治改革についての密約で、世の中をかき乱し（破）、混乱に乗じて改革を成し遂げる（成）ことをめざすものであり、水戸が「破」、長州が「成」を役割分担すると決められた。しかし、盟約は結ばれたものの、実際に両藩の中枢まで含めた行動指針とはならなかった。西丸帯刀は、元治《げんじ》元（一八六四）年、攘夷を実行しない幕府に憤激し、藤田東湖の子小四郎ら天狗党《てんぐとう》とともに筑波山で挙兵したが、志ならず、明治元（一八六八）年まで四年半潜伏《せんぷく》生活をおくった。

●作詞家野口雨情

明治維新の際、勅命によって明治五（一八七二）年兵庫県に湊川神社が創建され、明治一三（一八八〇）年には、楠木正成に正一位《しょういちい》が贈られた。雨情が生まれたのはこの頃である。もはや、正成は国民的英雄であり、皇居前広場には正成の銅像も建てられた。楠木正成の末裔であるという系図は、野口一家の誇りであったろう。

野口勝章の長男勝一は政治家を志し県会議長や衆議院議員となったため、弟の量平が野口本家を継いだ。この量平がすなわち雨情の父である。

雨情は、東京の伯父勝一の家に寄宿し、東京専門学校高等予科文学科（現早稲田大学）に学び、詩人をめざすが、父の急死により磯原に帰郷して家督を相続する。この頃、野口家の家運も傾き、失意の日々をおくる雨情のもとに、東京専門学校時代の恩師坪内逍遙《つぼうちしょうよう》から届いた「ローカルカラーを生かした歌か短編を創作してみたらどうか」という手紙が、彼のひとつの転機となった。

大正一〇（一九二一）年、民謡「枯れすすき」として雨情が作詞し、中山晋平が作曲して翌年「船頭小唄」として発表されたのが次の歌である。

おれは河原の　枯れすすき　同じお前も　枯れすすき
どうせ二人は　この世では　花の咲かない　枯れすすき
死ぬも生きるも　ねえお前　水の流れに　何変ろ
おれもお前も　利根川の　船の船頭で暮さうよ

中山晋平の哀愁あるメロデイにのせて、この「船頭小唄」が多くの人々に愛唱されている最中に、関東大震災がおこる。人生を「花の咲かない　枯れすすき」と厭世的にとらえつつも、故郷磯原に近い馴染みある利根川で、この地で生きていこうとする船頭の姿を歌いあげているところに、雨情の作詞家としてのひとつの覚悟を感じとることができよう。雨情は、後に「民謡は、民族生活の情緒をつたふ、唯一の郷土詩であり、土の自然詩である」と述べている。

●童謡と野口雨情

この後、雨情は、西条八十《さいじょうやそ》の紹介もあり児童向けの雑誌に多くの童謡を発表することになる。雨情の作詞した童謡は、純真無垢な童心をうたいあげているが、その歌詞にはどこか哀愁を秘めているといわれる。「十五夜お月さん」は田舎に貰われていった妹を気遣い、「シャボン玉」は生後まもなく亡くなった我が子への鎮魂歌でもあるといわれる。

赤い靴　はいてた　女の子　異人さんにつれられて　行っちゃった
横浜の　埠頭《はとば》から　船に乗って　異人さんに　つれられて　行っちゃった
今では　青い目に　なっちゃって　異人さんの　お国に　いるんだらう
赤い靴　見るたび　考える　異人さん　逢《あ》うたび　考える

この童謡「赤い靴」は、アメリカ人夫妻の養女となった九歳の少女がモデルだといわれている。赤い靴をはいた女の子の可愛いイメージとともに、雨情自身は、この歌詞から「女の児に対する惻隠《そくいん》（あわれみ）の情がふくまれていることを見遁さぬやうにしていただきたい」と自ら述べている。

●桜田門外の烈士を讃える詩

二〇一四（平成二六）年秋、野口雨情作「桜田門外の変の浪士を讃《たた》えた詩」の存在がＮＨＫニュースによって報道された。雨情が知人に宛てた書簡の中から発見されたという。

陰暦《いんれき》三月三日なり　桜の花にも雪は降り　桜田門外水戸烈士
太刀打ち　はげしく切りむすび　幕府の権力応じんや
身は捨石《すていし》の覚悟なり　うれしや降り積む白雪に
一挙に本懐《ほんかい》遂げしより　天下の人心ふるへ立ち
維新の大業《たいぎょう》は緒《ちょ》に着きぬ

桜田門外の変は、安政七（一八六〇）年三月、水戸藩士佐野竹之介《たけのすけ》ら数名が藩を脱走して、大老井伊直弼《いいなおすけ》を江戸城桜田門外で襲撃した事件である。後年、野口雨情が友人に贈った茶碗の由来記にも、「この茶碗は、徳川光圀より楠木正季十世末裔の野口勝親へ下賜《かし》された当家の秘蔵品である。安政六年野口正安は、佐野竹之介と憂国の交りがあり。佐野氏が正安の家を訪問した際には、この茶碗に冷酒を盛り、報国の盟《めい》宴《えん》を為して別れた」と書かれている。

雨情は、一二歳になった長男に、「二〇歳になったら開けるように」と野口家略来歴一巻を託している。その書には、「吾家《わがや》ハ其初《そのはじ》メ楠木七郎橘正季ニ出ツ、吉野没落後、三河加茂郡野口村ニ移ル、野口姓ヲ称ス所以《ゆえん》ナリ」からはじまり、「長子雅夫ニ告グ。家名ヲ重ンジ忘レルナカレ」と結ばれている。

自作の「桜田門外の烈士を讃える詩」をはじめ、先祖から伝来した楠木氏末裔伝承からは、雨情が、つねに主君や民衆のために尽くした先祖たちに大きな誇りに思っていたことがしのばれる。

名家の末裔としての雨情の矜持《きょうじ》と使命感は、閉塞感のある社会を生き抜く人々に共感される童謡や民謡の普及に託したとも言えないだろうか。

（錦　昭江）

【参考文献】

村田正志「楠文書の研究」（『國學院雑誌』、一九六一年）
長久保片雲『野口雨情の生涯』（暁印書館、一九八〇年）
平輪光三『野口雨情』（株式会社日本図書センター、一九八七年）
北茨城市史編さん委員会『北茨城市史』（一九八八年）
佐藤和彦編『楠木正成のすべて』（一九八九年）
いわき市立草野心平記念文学館編『野口雨情図録』（二〇〇〇年）
鈴木瑛一『徳川光圀』（吉川弘文館、二〇〇六年）
瀬谷義彦『水戸藩郷士の研究』（筑波書林、二〇〇六年）

2　渋沢栄一と松平定信 ―日本近代における徳川政権の描かれ方―

●『楽翁公伝』の刊行

昭和一二（一九三七）年、「近代日本資本主義の父」と呼ばれ、明治期から昭和初期にかけて活躍した実業家・渋沢栄一《しぶさわえいいち》は、『楽翁公伝《らくおうこうでん》』と題した、江戸時代の大名で老中も務めた松平定信《まつだいらさだのぶ》の伝記を刊行した。執筆理由については「自序」に次のように記されている。そこには「現今の世態は、頗《すこぶ》る公の如き公明忠正なる政治家を必要とする秋《とき》であると感じたから」とある。では「現今の世態」とはどのような時代であったのか。渋沢は言う。「一般社会の状態を観るに、人心漸く弛廃《しはい》して浮華淫佚《ふかいんいつ》に流れ、且つ政治界といはず経済界といはず、私利を趁《お》うて公利を遺れる弊が頗る多く、心ある者をして眉を顰《ひそ》めしむるもの枚挙に遑《いとま》なきばかりである」と昭和初期の社会状況を述べ、このような時代だからこそ、定信の事蹟を紹介するのに意味があるのだと主張している。

意訳すると、今、人々の心は緩み、贅沢にふけっている。社会はうわべは華やかに見えても、実質に乏しい。さらには政界でも財界でも私利私欲にふける人間が多く、心ある者はこうした状況を不快に思っている。だからこそ定信のような公明忠正な政治家を紹介し、ひとりでも多くの人々に定信の事蹟を見倣って欲しい。そしてそうした人々たちがこの現状を変えて欲しい。そういう渋沢の願いが『楽翁公伝』の刊行には込められていた。

とはいえ、なぜ松平定信なのか。歴史上の人物で「公明忠正」であったのはなにも定信だけでない。本稿では、この渋沢栄一による定信の再評価という動向を通して、近代日本において、旧幕臣たちが徳川政権をどのように評価・周知しようとしていたのか、ひとつの在り方を提示し、その意義を考えてみたい。

●定信による「寛政の改革」とその意義

まず、松平定信とはどのような人物なのか、また、何を行ったのかを確認する。定信は宝暦《ほうれき》八(一七五八)年、御三卿のひとつである田安宗武《たやすむねたけ》の第三子として誕生した。八代将軍・吉宗《よしむね》の孫にあたる。一七歳の時に将軍・家治《いえはる》の命により奥州白河藩主・松平定邦《さだくに》の養子となる。『楽翁公伝』は、この養子縁組を「運命の転換」と呼び、この縁組を仕組んだのも、そしてその後、田安家を継いだ兄・治察《はるさと》が亡くなった際に、定信の田安家復帰を阻んだのも時の老中・田沼意次《たぬまおきつぐ》であると記している。定信があまりにも優秀であったため、将来的な将軍就任の芽を摘んでおくためというのがその理由であった。

確かに、この縁組により、定信は将軍への道を閉ざされ、一大名としてその後の人生を歩んでいくことを鑑みれば、「運命の転換」と言ってもよいだろう。白河藩主就任後の定信は、藩政に力を入れ、「名君」としてその評価は高まっていく。幕政に携わるようになるのは、天明《てんめい》七(一七八七)年のことで、三〇歳の時であった。老中就任後すぐに首座となり、幕政改革に着手する。これが後に近世期における三大幕政改革のひとつ「寛政《かんせい》の改革」と呼ばれた定信による治政であった。老中退任後は再び白河藩主として財政や民政の立て直しを図るなど、藩政に尽力するも文化《ぶんか》九(一八一二)年に長男の定永《さだなが》に家督を譲り隠居し、文政一二(一八二九)年に七二歳で死去するまで著述活動などに専念した。

寛政の改革に話を戻すと、定信の老中在職期間は約六年にわたる。そのため寛政の改革の内容も多岐にわたる。『広辞苑』(第三版)には「倹約令・棄捐令・七分金積立・人返し・人足寄場・異学の禁等の諸政策で、田沼時代に深まった幕藩体制の危機を乗り切ろうとしたもの」とある。定信は徳川幕府の開祖・家康と祖父である吉宗の政治を理想としていた。そのため、田沼意次が進めた重商主義的改革を否定し、飢饉などによって危機に陥った財政の改善を目指すとともに、緩んだ士風を引き締め、幕府権威の再建を目指したのである。その厳しい統制や倹約令は民衆の反発も招いたが、一時的には幕府権威を高めたことも事実である。

このような寛政の改革の中で渋沢がとくに着目したのが「七分金積立」であった。そこで簡単に説明すると、七分金積立とは、寛政三（一七九一）年に、定信が発令した江戸市民の救済施設としての町会所の維持・運営のための積立金制度のことである。これは竹内誠氏の研究によると「物価引下策の一手段として立案され」た政策で、具体的には、「江戸町人（地主層）が負担する町入用を節減し、その節減額の七分（＝七〇％）を新たに設置した町会所に江戸町人をして毎年積金させ、その積金の約半額を目途に籾を購入して飢饉に備え、残余の積金は、不動産を担保に低利融資するという仕法」で、つまり飢饉や災害時に困窮した貧民を救済するための制度であった。その意味では町会所を社会救済事業を担う機関と位置付けることもできよう。

そして定信が老中退任以後も細かな変更はあったにせよ、この制度は廃止されず、幕府瓦解まで続けられた。

●「七分金積立金」のその後

実は、この積立金は、明治期になると、東京府の運用財源として活用されることとなる。渋沢がそのことを知るのは、明治六（一八七三）年、大蔵省を辞して自らが創立した第一国立銀行（現みずほ銀行）の総監役（頭取）に就任した直後のことであった。時の東京府知事・大久保一翁《おおくぼいちおう》からこの積立金の取締役のひとりに任命された時だったと回顧している。そしてこの時から渋沢は定信を崇敬するようになる。

幕府瓦解により、江戸の町の支配も幕府から明治政府へと移る。それにともない町会所も新たに設置された市政裁判所の管轄下に引き継がれたが、明治元（一八六八）年六月には遂に七分金所積立金も廃止となった。しかし維新の動乱の最中ということもあり、貧民救済の必要性は増すばかりであったため、翌年には再開され、水害や火災に苦しむ市民への救恤金として使用された。

そのほかにも積立金は財政難にあえぐ東京府にとって打ち出の小槌として、様々な使われ方がなされた。明治五年、廃止された町会所の機能を引き継ぐ形で設立された東京営繕会議所（現東京商工会議所）の事業を挙げると、道路橋梁の整備、ガス灯の整備、東京養育院や商法講習所（現一橋大学）の運営がある。従来の社会事業だけでなく、新たに加わった営繕事業の原資となったのが七分金積立金であり、そしてその営繕会議所の会頭が渋沢だったのである。

渋沢は自身が死去するまで深く経営に関わった東京養育院について話した講話の中で、東京養育院の設立・運営資金に七分金積立金が使われていることから「養育院の今日あるのも、殆ど楽翁侯の積金が元を為したといってもよいのでございます」と述べているほどである。渋沢にとって七分金積立金は自らが事業を進めるうえで非常に重要な資金であった。それが定信への崇敬の始まりとなり、さらには自らの事業の正当性を示すべく『楽翁公伝』の刊行を実施したと言えるだろう。

●近代における「定信像」の創出

近代国家が、歴史上の人物を「偉人」として発見・顕彰し、国家政策の精神的支柱として祭り上げていった事例は多々ある。その最たる例が二宮尊徳《にのみやたかのり》と彼の思想である報徳思想の啓蒙と言える。日露戦争後の多大な戦費による財政破綻の立て直しのため、また社会矛盾の激化、講和条約への不満などで動揺する民心を国家主義で統合するために、内務省が主導して進められた官製運動である地方改良運動と地域における偉人顕彰を結びつける研究は多く、尊徳とその思想が広く紹介されていったのもその一環とされている。

本稿で取り上げる定信についてはどうであろうか。見城悌治氏の研究によると、定信が「偉人」としてその事跡を積極的に評価されていく動きが見られるようになるのは、日露戦争後であると言う。そしてその主導者が三上参次《みかみさんじ》と渋沢であったと指摘する。三上が『白河《しらかわ》楽翁公と徳川時代』を刊行したのは、帝国大学史料編纂掛（現東京大学史料編纂所）に勤めていた明治二四（一八九一）年のことである。三上は、史料を重視する実証史学の方法論を導入して近代日本史学の基礎を築いた人物として有名な歴史学者であった。

その序文に三上は、「日本歴史の中より人物も事業もともに秀でて、日本人の模範の一として、景慕すべく、また以て歴史の一時期を代表せしむるに足るべき偉人」として定信を取り上げたと記している。そしてその目的は、「真の日本人の養成」することであった。

しかし、近代における定信の伝記刊行事業は、もう少し時代を遡ることができる。管見の限りでは、堀川陸太郎が明治一九（一八八六）年に刊行した『白河楽翁公伝』がある。そして三上の伝記刊行後、まもなく定信の著作物が刊行され、明治三〇（一八九七）年には、裳華書房が刊行したシリーズ本「偉人史叢」の第一〇巻に『白河楽翁』と題された定信の伝記が刊行されている。著者は当時、宇都宮市の副市長を務めていた上野雄図馬《おとま》で、同シリーズの蒲生君平《がもうくんぺい》も彼の手によるもので、すでにこの時期には定信が「偉人」

となっていたことがわかる。

明治四一（一九〇八）年、明治天皇は定信に対して正三位を追贈する。この追贈を記念して同年には、元桑名藩士・和田綱紀《つなのり》が『楽翁公と教育』を九華堂から刊行している。この書籍は発行元・売捌所ともに東京の会社であったが、巻末の地方売捌所には福島県・三重県・新潟県の書店が並び、定信ゆかりの地でも販売された。そして大正一一（一九二二）年には白河の地に定信を祭神とする南湖神社が建立される。これにより定信は「偉人」から「神」へと祭り上げられたのである。ちなみに、この神社の建立には渋沢も尽力している。

●旧幕臣としての渋沢栄一による徳川礼賛

さらに渋沢は、定信だけでなく、『徳川慶喜公《よしのぶ》伝』という徳川政権時代の最後の将軍・徳川慶喜の伝記も大正七（一九一八）年に刊行している。その理由が『楽翁公伝』の「自序」には記されている。ひとつは世間に知られていない慶喜の心中を明らかにすること、もうひとつは、明治維新前後に誤って伝えられた史実を是正することであった。渋沢はこれこそが慶喜からの御恩に報いることと考えていた。

遅ればせながら、安藤優一郎氏が「最後の幕臣」と評した渋沢の経歴を簡単に紹介しておこう。渋沢は天保《てんぽう》一一（一八四〇）年、武蔵《むさし》国榛沢《はんざわ》郡血洗島《あらいじま》村（現埼玉県深谷市）にて藍玉の製造販売業や養蚕業を営む豪農の家の長男として誕生した。一橋家の家臣となったのは元治《げんじ》元（一八六四）年、二五歳の時で、慶《けい》応《おう》二（一八六六）年、慶喜の将軍就任にともない、幕臣となる。そして翌慶応三年には慶喜の弟昭武《あきたけ》に随行し、パリ万博視察団の一員として渡欧。ヨーロッパ諸国の視察も行っている。帰国後は、大蔵省に勤務するも明治六（一八七三）年には退官し、以後、民間人として第一国立銀行の経営を皮切りに、企業の創設や育成に尽力。生涯で約五〇〇もの企業に関わった。さらには、約六〇〇もの教育機関や社会公共事業の支援にも携わるなど、昭和六（一九三一）年、九一歳で亡くなるまで、精力的な活動を続けた。

幕臣であった渋沢の周囲には、当然ながら多くの旧幕臣やその子弟などが集まっており、その中には留学経験により先進的な知識を持った人間や実務に明るい人間も多くいた。渋沢はそうした旧幕臣たちを、銀行などの企業や教育や福祉などの社会公共事業に積極的に登用していったと言われている。

そのような渋沢にとって慶喜の汚名をすすぐための伝記編纂は「私に対する天の使命」と述べるほど重大事であった。そこに渋沢の主家である徳川家への思いを見ることができる。

もちろん、こうした思いを抱いた旧幕臣は渋沢だけではない。次に明治期の幕臣たちの徳川礼賛の動向を見てみよう。

●近代における旧幕臣たちによる徳川政権の再検証

明治二二（一八八九）年八月二六日、上野公園において東京開市三百年祭が開催された。これは天正一八（一五九〇）年八月一日、徳川家康が江戸に入府した故事（江戸時代は「八朔《はっさく》」と呼ばれた）に倣って「江戸会」が主体となって挙行した祭事であった。江戸会とは明治二二年に旧幕臣たちが集まって結成した親睦団体である。江戸時代には水戸藩校弘道館で助教も務めた漢学者・小宮山綏介《やすすけ》が中心となり、監事には当時、郵便報知新聞の主筆を務めていた栗本鋤雲《じょうん》などを迎え、会の運営がなされた。栗本と渋沢は一緒にフランスに遊学した仲であった。

江戸会は、江戸時代の政治・経済・社会・文化などの調査活動を目的とし、機関誌『江戸会雑誌』（後に『江戸会誌』と改称）も発行。さらに江戸時代の偉人を顕彰した式典の開催も会の目的のひとつに掲げていた。東京開市三百年祭もこの目的に沿って開催されたと言えよう。

この三百年祭を期に、江戸礼賛の気運が高まる。江戸会以外にも、旧幕臣たちが刊行した雑誌が明治二九（一八九六）年に創刊される。『同方会誌』である。旧幕臣同士の親睦を目的に、実録談や論考を発表する場として昭和一六（一九四一）年まで続いた。『渋沢栄一伝記資料』第二八巻には、同方会についての記述がある。明治三五（一九〇二）年九月の項には「是《これ》ヨリ先、明治二十九年榎本武揚《えのもとたけあき》ヲ会長トシ、旧幕臣子孫等ノ親睦ヲ計ルノ目的ヲ以テ同方会設立セラル。是月栄一当会賛成員トナル」とあり、渋沢も会員であった。

なぜ旧幕臣たちはこのように集まって式典を開催したり、雑誌を刊行したのか。それは自らがかつて拠って立っていた徳川政権の名誉の回復にあった。渋沢が『徳川慶喜公伝』を刊行しようとしたのとまさしく同様の理由である。誤って伝わった史実、または時の政府によって不当に評価された徳川政権をもう一度、再検証することが彼らの目的であった。

渋沢は、『楽翁公伝』を刊行することによって、江戸時代の徳川政権には定信のような先見性を持った政治家がいたことを周知すると同時に、七分金積立のような江戸時代から続く制度が明治時代になっても教育や福祉といった社会事業に大きく役立てられていることを示すことで、徳川政権の再評価を促したのである。それが渋沢の考える、幕臣なりの徳川家の御恩の報い方であった。

先に述べた明治中期、とくに日露戦争期の「偉人」創出期は、吉田松陰、坂本龍馬などを明治維新の立役者として位置づけた伝記が刊行され、顕彰されていく時期でもあった。だからこそ渋沢をはじめとした旧幕臣たちは、徳川時代そのものや、その時代に生きた人々を「偉人」として顕彰する必要があった。それは政権返還後、約三〇年が経ち、人々の記憶が薄れていったということもあるが、なによりも前時代としての不当な評価を防ぐためであったと言えるだろう。そしてそれは自らのアイデンティティの確立でもあったのである。

（瀬戸口龍一）

【参考文献】

『都史紀要　第七　七分積立　その明治以降の展開』（東京都、一九六〇）
渋沢栄一『徳川慶喜公伝』（竜門社、一九一八）
渋沢栄一『楽翁公伝』（岩波書店、一九三七）
磯崎康彦『松平定信の生涯と芸術』（ゆまに書房、二〇一〇）
安藤優一郎『徳川慶喜と渋沢栄一　最後の将軍に仕えた最後の幕臣』（日本経済新聞出版社、二〇一二）
竹内誠『寛政改革の研究』（吉川弘文館、二〇〇九）
藤田覚『松平定信　政治改革に挑んだ老中』（中央公論社、一九九三）
見城悌治「近代日本における「偉人」松平定信の表象」（『千葉大学留学生センター紀要』第三号、一九九七）

あとがき

昨年放映されたNHK大河ドラマ『西郷《せご》どん』の主人公は、あらためて紹介するまでもなく、明治一〇（一八七七）年、最後の反政府士族反乱といわれる西南戦争を起こしながらも、現在もなお、東京・上野公園の銅像などで人々に親しまれている西郷隆盛である。

ところで、この西郷の生涯が大河ドラマで取りあげられるという話を知った時、私の記憶の中から蘇ってきたのは四〇年以上も前の昭和五一（一九七六）年に放映された大河ドラマ『風と雲と虹と』であり、その主人公平将門《まさかど》であった。平将門といえば、平安時代中期（一〇世紀前半）、みずから新皇と称して関東一円に勢力をふるったが、一族の平貞盛《さだもり》や下野《しもつけ》国の豪族藤原秀郷《ひでさと》らに滅ぼされた武将である。

いったい何が、およそ九〇〇年もの時を隔てたこの二人の主人公を、私の中で結びつけたのであろうか。その役割を果たしたのはほかでもない。『風と雲と虹と』が放映された頃に読んだ竹内理三「初期の武士団―平将門と平忠常」（『竹内理三著作集』第五巻、角川書店、一九九九年、初出は一九六一年）の中の次の文章である。

たしかに将門は、自負するように「武芸」者、武士であった。しかしこれは古代の武士に通ずるものであり、中世の武士に通ずるものではなかった。ここに将門の悲劇がある。将門の乱に、中世の発端としての意義をみとめようとする考え方がある。しかしそれは、古代における壬申の乱と大海人皇子に比すべきではなくて、明治における西南戦役と西郷隆盛とに通ずる評価を与えるべきであろう。すなわち将門と西郷との類似性として、両者の「古さ」を指摘するという――その当否はさておくとして

――、時空をこえての斬新な発想が私の中にひそやかにまたしっかりと残っていたがゆえ、昨年の『西郷どん』放映にさいして再び浮上してきたものと考えられるのである。さらにまた、このたびの本書のテーマ「歴史と人物」に向けて、歴史上の「二人」を軸に迫っていこうという企画方針を打ち出すさい、積極的に賛同したのも同様に私の中に残っていた記憶が作用したような気がしてならない――ただし企画段階ではいまだ明確になっていなかったため、「将門と西郷」を項目として立てることはできなかった。今後の課題である――。

「歴史上の二人を語る」ことの面白さの具体例を紹介するはずが、まとまりのない独白めいた話になったことはお許しいただくとして、二〇一五年暮れの本書編集委員会でお名前のあがった執筆予定者の皆さんへお送りした「本企画の趣旨」は次のとおりである。

古代から近代にいたる歴史上の人物を二人ずつ取り上げ、その関係を解説することで日本史をたどる。過去、二人の関係性で読ませる本はいくつも存在するが、本書では今までにない意外な組み合わせや、組み合わせ自体はオーソドックスでもその関係性があまり知られていない、などの点において新鮮味を出すことを主旨とする。

右の呼びかけに応じて――なおその後の編集過程で「二人」の意味については、「個人と個人」ばかりでなく、「個人と複数人」、「複数人と複数人」にまで解釈を拡大した場合もあることを、ここで付記しておきたい――、幸いにも執筆者各位から編集委員会の予想を大きく上回る興味深い原稿が次々に寄せられ、魅力ある一書として読者のもとにお届けできるようになったことは望外の喜びである。執筆者各位に感謝するとともに、早くに原稿を提出されながら、編集委員会の不手際から、刊行時期が当初の予定より大幅に遅れたことをお詫びする次第である。
最後になったが、編集委員会発足時から企画に参加されたものの、御事情により途中で委員を辞された村岡薫氏、および小径選書の第四弾としての本書刊行に御尽力をいただいた小径社の稲葉義之氏に心より御礼を申し上げたい。

二〇一九年一月

編集委員を代表して　樋口 州男

【編著者略歴】

〈代表〉

樋口州男（ひぐち　くにお）
一九四五年生まれ。早稲田大学大学院文学研究科博士課程単位取得（満期退学）。博士（文学）。
▼『中世の史実と伝承』（東京堂出版）、『日本中世の伝承世界』（校倉書房）、『将門伝説の歴史』（吉川弘文館）ほか。

戸川点（とがわ　ともる）
一九五八年生まれ。上智大学大学院文学研究科博士後期課程中退。現在、拓殖大学国際学部教授。
▼『平安時代の政治秩序』（同成社）、『平安時代の死刑』（吉川弘文館）、『検証・日本史の舞台』（共編著、東京堂出版）ほか。

野口華世（のぐち　はなよ）
一九七二生まれ。東京都立大学大学院人文科学研究科博士課程単位取得。博士（史学）。現在、共愛学園前橋国際大学准教授。
▼『「平家物語」の時代を生きた女性たち』（共著、小径社）、『再検証　史料が語る新事実　書き換えられる日本史』（共編著、小径社）、『日本中世史入門』（共編著、勉誠出版）ほか。

小林風（こばやし　しなど）
一九七四年生まれ。専修大学大学院文学研究科歴史学専攻博士後期課程修了。博士（歴史学）。現在、町田市立自由民権資料館学芸担当。
▼『東海道神奈川宿本陣　石井順孝日記』1～3（校訂、ゆまに書房）、『生産・流通・消費の近世史』（共著、勉誠出版）ほか。

中村俊之（なかむら　としゆき）
一九五九年生まれ。東京都出身。明治大学文学部卒業。現在、駒込学園講師。
▼『史料が語るエピソード　日本史１００話』（共著、小径社）、『新説日本史』（共著、日本文芸社）、『東京都謎解き散歩』（共著、新人物往来社）ほか。

【執筆者略歴】

石原比伊呂（いしはら　ひいろ）
一九七六年生まれ。青山学院大学大学院文学研究科史学専攻博士後期課程修了。博士（歴史学）。現在、聖心女子大学准教授。
▼『室町時代の将軍家と天皇家』（勉誠出版）、『足利将軍と室町幕府』（戎光祥出版）ほか。

岩田慎平（いわた　しんぺい）
一九七八年生まれ。関西学院大学大学院文学研究科博士課程後期課程修了。博士（歴史学）。現在、佛教大学非常勤講師。
▼『平清盛』（新人物往来社）、『歴史と文学―文学作品はどこまで史料たりうるか―』（共著、小径社）ほか。

牛尾眞澄（うしお　ますみ）
一九四九年生まれ。東京女子大学文理学部社会学科卒業。現在、色彩心理研究室主宰。
▼『社会科読本　相模原の歴史』（共著、相模原市教育委員会）、『色のふしぎ百科』（共著、樹立社）

久保田哲（くぼた　さとし）
一九八二年生まれ。慶應義塾大学大学院法学研究科後期博士課程単位取得。博士（法学）。現在、武蔵野学院大学国際コミュニケーション学部准教授。
▼『元老院の研究』（慶應義塾大学出版会）、『帝国議会』（中央公論新社）、『なぜ日本型統治システムは疲弊したのか』（共著、ミネルヴァ書房）ほか。

佐伯智広（さえき　ともひろ）
一九七七年生まれ。京都大学大

学院人間・環境学研究科博士後期課程修了。博士（人間・環境学）。現在、帝京大学文学部講師。
▼『中世前期の政治構造と王家』（東京大学出版会）、『「平家物語」の時代を生きた女性たち』（共著、小径社）、『歴史と文学―文学作品はどこまで史料たりうるか―』（共著、小径社）ほか。

坂本達彦（さかもと　たつひこ）
一九七六年生まれ。國學院大学大学院文学研究科日本史学専攻博士課程後期修了。博士（歴史学）。現在、國學院大學栃木短期大学日本文化学科教授。
▼『近世館林の歴史』（共著、館林市）、「安政四年における改革組合村囚人番人足の制度改変―武州多摩郡小野路村寄場組合を事例に―」（『日本文化研究』二号）、『森林と権力の比較史』（共著、勉誠出版）ほか。

下村周太郎（しもむら　しゅうたろう）
一九八一年生まれ。早稲田大学大学院文学研究科博士後期課程修了。博士（文学）。現在、東京学芸大学准教授。
▼『征夷大将軍研究の最前線』（共著、洋泉社）、『変革期の社会と九条兼実』（共著、勉誠出版）ほか。

瀬戸口龍一（せとぐち　りゅういち）
一九七〇年生まれ。専修大学大学院文学研究科博士後期課程退学。現在、専修大学大学史資料室長。
▼『専修大学の歴史』（共著、平凡社）、『埋もれし近代日本の経済学者たち』（共著、昭和堂）、『三くだり半の世界とその周縁』（共著、日本経済評論社）ほか。

曽根勇二（そね　ゆうじ）
一九五四年生まれ。東洋大学大学院文学研究科修士課程修了。博士（文学）。現在、横浜都市発展記念館職員。
▼『片桐且元』（吉川弘文館）、『大坂の陣と豊臣秀頼（敗者の日本史）』（吉川弘文館）ほか。

田中大喜（たなか　ひろき）
一九七二年生まれ。学習院大学大学院人文科学研究科史学専攻博士後期課程修了。博士（史学）。現在、国立歴史民俗博物館准教授。
▼『中世武士団構造の研究』（校倉書房）、『新田一族の中世「武家の棟梁」への道』（吉川弘文館）、『日本中世史入門　論文を書こう』（共編著、勉誠出版）ほか。

長村祥知（ながむら　よしとも）
一九八二年生まれ。京都大学大学院人間・環境学研究科博士後期課程修了。博士（人間・環境学）。現在、京都府京都文化博物館学芸員。
▼『中世公武関係と承久の乱』（吉川弘文館）、『歴史と文学―文学作品はどこまで史料たりうるか―』（共著、小径社）、『中世の人物　京・鎌倉の時代編　２』（共著、清文堂出版）ほか。

錦昭江（にしき　あきえ）
一九五五年生まれ。東京学芸大学大学院教育学研究科修士課程修了。博士（文学）。現在、鎌倉女学院中学校高等学校校長。
▼『刀禰と中世村落』（校倉書房）、『鎌倉遺文にみる中世のことば辞典』（共編、東京堂出版）ほか。

西澤美穂子（にしざわ　みほこ）
一九七二年生まれ。専修大学大学院文学研究科史学専攻博士後期課程修了。博士（歴史学）。現在、専修大学非常勤講師。
▼『和親条約と日蘭関係』（吉川弘文館）ほか。

長谷川裕子（はせがわ　やすこ）
一九七二年生まれ。立教大学大学院文学研究科史学専攻博士課程後期課程満期退学。博士（文学）。現在、福井大学准教授。
▼『中近世移行期における村の生存と土豪』（校倉書房）、『戦国期の地域権力と惣国一揆』（岩田書院）ほか。

樋口健太郎（ひぐち　けんたろう）
一九七四年生まれ。神戸大学大学院文化学研究科博士課程修了。博士（文学）。現在、龍谷大学文学部特任准教授。
▼『中世摂関家の家と権力』（校倉書房）、『九条兼実―貴族が見た『平家物語』と内乱の時代―』（戎光祥出版）、『中世王権の形成と摂関家』（吉川弘文館）。

福澤徹三（ふくざわ　てつぞう）
一九七二年生まれ。一橋大学大学院社会学研究科博士課程修了、博士（社会学）。現在、すみだ郷土文化資料館資料館学芸員、埼玉学園大学兼任講師。
▼『一九世紀の豪農・名望家と地域社会』（思文閣出版）、『藩地域の農政と学問・金融』（共編、岩田書院）ほか。

服藤早苗（ふくとう　さなえ）
一九四七年生まれ。東京都立大学大学院人文科学研究科博士課程。文学博士。現在、埼玉学園大学名誉教授。
▼『藤原彰子』（吉川弘文館）、『平安王朝の五節舞姫・童女～天皇と大嘗祭・新嘗祭』（明石書店）、『平安王朝社会のジェンダー』（校倉書房）ほか。

丸山理（まるやま　おさむ）
一九五四年生まれ。埼玉大学教養学部教養学科卒業。現在、神奈川県立高等学校教諭。
▼『日本歴史地名大系　11　埼玉県』（共著、平凡社）、『歴史研究の現在と教科書問題』（共著、青木書店）、『訳注日本史料　延喜式　下』（共著、集英社）ほか。

皆川雅樹（みながわ　まさき）
一九七八年生まれ。専修大学大学院文学研究科歴史学専攻博士後期課程修了。博士（歴史学）。現在、産業能率大学経営学部准教授。
▼『日本古代王権と唐物交易』（吉川弘文館）、『新装版　唐物と東アジア』（共編著、勉誠出版）、『アクティブラーニングに導くKP法実践』（共編著、みくに出版）ほか。

宮田直樹（みやた　なおき）
一九八四年生まれ。東北大学大学院文学研究科博士課程前期修了。現在、米沢市教育委員会文化課主任、山形県立米沢女子短期大学非常勤講師。
▼『東北からみえる近世・近現代』（共著、岩田書院）ほか。

横澤清子（よこざわ　きよこ）
一九四七年生まれ。専修大学大学院文学研究科後期博士課程単位取得。博士（歴史学）現在、フリーライター。
▼『自由民権家　中島信行と岸田俊子―自由への闘い』（明石書店）、『市川房枝の言説と行動』1～3巻（共著、市川房枝記念会女性と政治センター）、『武相の女性・民権とキリスト教』（共著、町田市教育委員会）ほか。

小径選書 ❹

歴史の中の人物像 —二人の日本史—

2019年4月10日　第1刷発行

編著者　樋口州男（代表）・戸川点・野口華世・小林風・中村俊之
発行者　稲葉義之
印刷所　株式会社シナノパブリッシングプレス

発行所　株式会社 **小径社** Shokeisha Inc.
〒350-1103　埼玉県川越市霞ケ関東5-27-17　TEL 049-237-2788

ISBN　978-4-905350-10-1
◎定価はカバーに表示してあります。
◎落丁・乱丁はお取り替えいたします。
◎本書の内容を無断で複写・複製することを禁じます。

小径選書①

再検証 史料が語る新事実

書き換えられる日本史

村岡 薫　戸川 点
樋口州男　野口華世
武井弘一　藤木正史　／編著

歴史が変わる?! 歴史研究の最前線は今……

『歴史』の裏付けとなっている様々な史料も、視点を変えて読み解くと新たな側面がみえてくる。近年の研究により従来の『歴史』の記述が塗り換えられた、あるいは塗り換えられつつある事例をやさしく解説することにより、史料を研究することのおもしろさと歴史研究のダイナミズムを提示する」

本書はこの趣旨のもと、近年の新たな史料研究によってみえてきた、従来の常識をくつがえす日本史の真相に迫る。

ISBN978-4-905350-00-2　四六判／二五六頁／定価 一、六〇〇円（税別）

小径選書②

「平家物語」の時代を生きた女性たち

服藤早苗／編著

『平家物語』に登場する女性たちの実像が今明らかになる!!

建礼門院は、『平家物語』像をもとに、頭の悪い、思考力のない女性とされることが多かった。『平家物語』のみならず、実際の歴史研究でも、いまだに女性の出てくる史料や生活に関する史料をあまり重視しない傾向が強い。平家政権をとりまく政治勢力構造や推移を考察するとき、姻戚関係はきわめて重要な要素だが、婚姻儀礼や居住形態研究も、女性たちの朝廷内での女房役割や人間関係の研究も、まだまだ始まったばかりである。（はしがきより）

ISBN978-4-905350-02-6　四六判／二四八頁／定価 一、六〇〇円（税別）

小径選書③

歴史と文学

—文学作品はどこまで史料たりうるか—

樋口州男　村岡　薫
戸川　点　野口華世
田中暁龍
／編著

ISBN978-4-905350-04-0　四六判／二五六頁／定価 一、六〇〇円（税別）

文学作品を歴史研究に利用することは可能なのか?!

文学作品を歴史研究の史料として利用するさいのアプローチの方法は、たとえば「文学作品と歴史史料を対比させて展開する」「文学作品そのものの歴史史料性を追求する」「文学作品に描かれた内容から時代性を浮かび上がらせる」などさまざまである。そこから創作と史実の境界線を探ることもできるのではないかと考えたのが本書である。文学作品を読む楽しさと歴史を考える面白さを同時に味わっていただけると誠に幸いである。（はしがきより）

史料が語るエピソード

日本史100話

樋口州男／編著

ISBN978-4-905350-01-9　四六判／二九六頁／定価 一、七〇〇円（税別）

そんなこと知らなかった——

古代から近代まで、日本史の100の「?」を考察する!!

教科書の日本史はつまらないけれど、先生が語る歴史の裏話はとても面白い。誰もがそんな経験あるのではないでしょうか。本書はそんな日本史の一〇〇のエピソードを選び出し、解説しています。と言っても、本書は単なる面白本ではありません。すべて史料の裏付けのあるものばかりです。最新の研究成果に基づき、根拠をしっかり示した、少々「骨太」のエピソード集です。日本史の研究は日進月歩。目からウロコの日本史を楽しむことができる、日本史ファン待望の書です。

完訳 本朝高僧傳（一）

濃州盛徳沙門
卍元師蠻／撰述　斯于明／訳註

ISBN978-4-905350-07-1　A5判／三六八頁／定価 八、五〇〇円（税別）

わが国最大かつ最高水準を誇る僧侶の伝記大成を完訳!!

『本朝高僧伝』は、臨済宗の僧卍元《まんげん》師蠻《しばん》が、元禄十五（一七〇二）年に完成させたわが国最大の僧侶の伝記集で、仏教を初めてわが国に伝えた朝鮮僧曇慧《どんえ》・道深《どうじん》伝から、江戸寛文年間の禅僧隆琦《りゅうき》伝まで一二三〇余年間にわたる、一六六〇名あまりを収録した大僧伝です。

現代の歴史事典・百科事典・人名辞典の僧侶の略歴の多くは、本僧伝に基づいています。日本仏教史のみならず、様々な歴史分野における貴重な一級資料です。

本シリーズは、漢文で記された原文に訓読・語注を施し、完全現代語訳化を果たした、史上初の完訳本です。（二巻以降、順次刊行予定）

解説と鑑賞 書で味わう万葉百歌

針原孝之／福島一浩

ISBN978-4-905350-08-8　A5判／二一六頁／定価 二、三〇〇円（税別）

万葉集愛好家と書道を学ぶすべての人々に送る新しい万葉秀歌誕生!!

万葉集研究第一人者の針原孝之（二松学舎大学名誉教授）が万葉集から秀歌百首を選定して各首に丁寧な解説を施し、それらの百首を気鋭の仮名書家福島一浩（二松學舎大学教授）が、書下ろしで作品化しました。各作品には創作の意図と鑑賞法を解説を付し、書道の初心者でも楽しめる構成としました。書を味わいながら万葉の世界を徘徊することのできる画期的な万葉集歌集です。